対立軸でみる
公共政策入門

【第2版】

松田　憲忠
三田妃路佳　編

法律文化社

第 2 版はしがき

　本書は，公共政策の選択において「答えは1つではない」ことを，さまざまな政策課題について明らかすることを通じて，読者の方々がつぎのことを感じ取っていただくことを願って作成されている。すなわち，社会問題をめぐっては対立が不可避であること，それゆえ公共政策の選択には常に難しさと苦しさが伴うこと，この難しさと苦しさのなかで合意形成への歩みをあきらめてはいけないこと，の3点である（詳細については初版はしがきをお読みいただきたい）。

　こうしたコンセプトで本書が刊行されてから，5年半以上が経っている。この5年半のあいだ，「答えは1つではない」ことは一層明確になり，社会問題をめぐる対立の構図は益々複雑化し，合意形成への期待が混迷へと変わりかねない状況に陥っている。例えば，COVID-19パンデミックへの対応として，日本では学校の一斉休校が実施された。この対応は，学校教育の意義をめぐる社会対立を生み出した。そこで，教育機会の確保を目指して，ICT利活用の推進や入学時期の変更をはじめとする教育活動の改革が検討された。しかしながら，改革論議のなかで登場した新たな技術やアイディアは，その技術を利用するかしないか，誰がその技術の利活用を進めるのか，新たな技術で生じた格差をどうするのかといった，さらに別の対立を社会のなかに引き起こすこととなった。この事例から引き出される示唆の1つは，公共政策をめぐる対立の構図は決して固定的なものではなく，社会の変化とともにダイナミックに変容するものであるということである。そして，こうした変容が公共政策の選択に伴う難しさや苦しさをさらに深刻化させているのである。

　公共政策をめぐる対立軸のダイナミクスを踏まえて，今日の具体的な政策課題をめぐる対立の構図を改めて描出することが，本書第2版のねらいである。第2版で取り上げる政策課題は，初版から大きく変わっていないが，生命，国際情勢，エネルギー，財政状況等をめぐる危機の深刻化やICT等に関わる技術の革新といった近年の社会変化の影響やその影響への政策的対応についての考察が新たに加えられている。本書を通じて，読者の方々には，社会を統治す

る市民として，社会問題と公共政策とのダイナミックな関連性を対立軸から捉えて，対立の不可避性のなかで合意形成の可能性を信じて政治に参加するという，謙虚でありながらも極めて積極的な姿勢を意識するようになっていただければ幸いである。

＊　　　＊　　　＊

　第2版の刊行にあたっては，初版に引き続き，法律文化社の八木達也さんが編集者を務めてくださった。執筆者のあいだでの打合せや原稿の確認等においてさまざまな調整を進めていただいた。こうした八木さんのご尽力のおかげで，第2版を刊行することができた。深く感謝申し上げたい。

　2025年3月

松田　憲忠
三田妃路佳

初版はしがき

　「答えは1つではない」——これは，歌詞や小説，ドラマや映画など，いろいろなところで目にしたり耳にしたりするフレーズである。芸術の世界では，このフレーズに含意される奥深さは多くの共感を集め，ときに大きな感動を与える。しかしながら，実生活においては，このフレーズのままの状況では困惑を引き起こす。その困惑とは，対立する複数の答えが現れたときにどうすればよいのかという問題に直面することにほかならない。

　この問題がいっそう深刻になるのは，複数の人間からなる社会のなかで何かしらを選択しなくてはならない局面においてである。なぜなら，個々人によって選ぶ答えが異なりうるにもかかわらず，社会全体としては1つに決めなくてはならないからである。

　公共政策は，その選択において，まさにこの難局を突破しなくてはならない。目の前の社会の状況は政策的に対処すべきものであるのか，対処すべきであるならどのような政策が効果的であるのかといった問いには，多様な考えが存在し，それゆえに政策の望ましさについての価値対立が社会のなかで常に生起することになる。にもかかわらず，民主主義のもとでは，何かしらの対応（「何もしない」という選択も含めて）について，社会全体として合意することが求められるのである。

　本書は，こうした「価値対立の不可避性」という観点から，公共政策について解説を行う入門書である。公共政策の入門書として今日多くの良書が刊行されているなかで，本書は大きく以下の2点において特徴的である。

　第一に，公共政策の入門書では，公共政策をめぐる価値対立が具体的な文脈のなかで中心的に描かれることは多くない。むしろ一般的には，政策の価値についての説明の多くは理論的であったり補足的であったりする一方で，具体的な政策については，主にその政策の歴史や制度の側面に焦点を当てられてきている。それに対して，本書は，価値の対立の構図を，具体的な政策課題に言及しながら明らかにする。こうした本書のねらいは，対立の構図を把握すること

が，意見の異なる他者に対する理解を意識するための出発点となるという認識から生まれている。

本書では，各章ごとに特定の政策課題を取り上げる（第1章～第11章）。目次の順で列挙すると，福祉，教育，経済，農業，公共事業，公共交通，エネルギー，ICT（情報通信技術），外交・安全保障，移民，政府間関係，予算である。これらの政策課題の重要性は，これまでも，そしてこの先においても，きわめて高いことに疑問の余地はないであろう。こうした具体的な政策課題のなかで，政策の価値をめぐる対立軸の存在に触れることによって，読者の方々には，「答えは1つではない」ことを実感していただきたい。

第二に，2015年の選挙権年齢引き下げによって，主権者教育がますます注目されるようになっている。すなわち，社会問題についての理解が有権者の政治参加には重要であるという認識に基づいて，有権者が社会問題について考える機会が教育のなかで積極的に提供されるようになっている。こうした教育では，模擬選挙やディベートといった勝者と敗者が生み出される（対立が根本的に解消されることのない）活動が注目されがちである。それに対して，本書は「究極目標としての合意形成」を強調する。政策の価値をめぐって対立が不可避であるにもかかわらず，対立の解消ないし合意形成をあきらめないことへの期待を，本書全体を通して（特に終章で），読者の方々に伝えることを目指している。

具体的な政策課題について，対立の構図を描きながら，合意形成に向けて他者への理解を心がけることは，公共政策に職業的に関わる研究者や実務家，公共政策を専攻する学生だけに求められる姿勢ではない。むしろそれは民主主義を担う全ての市民にとって大切なことであろう。本書をきっかけにして，読者の方々が，対立軸から公共政策を俯瞰的にみることを実践してみようという気持ちになっていただければ幸いである。

*　　　　*　　　　*

本書の刊行は，法律文化社の2人の編集者のご尽力の賜物である。本書の企画は，上田哲平さんが，「公共政策についての新しいテキストを作りましょう」

初版はしがき

というお話を松田のところに持ってきてくださったことから始まった。その後，上田さんと松田・三田との間で，「大学1−2年次に配当される入門演習のような授業で使用できるテキスト」で，しかも「学べば学ぶほど歯がゆさを覚えるテキスト」にしようという方向性でまとまり，具体的には「対立の不可避性」をキーワードとすることが決まった。企画成立後は，執筆者を集めての検討会を開催することになり，そのためのさまざまな調整を上田さんが引き受けてくださった。こうした上田さんとの意見交換や検討会開催がなかったら，本書の刊行は実現されなかった。心より感謝申し上げたい。

　上田さんが諸事情により本企画の編集から離れられた後に，本企画をご担当くださったのが，八木達也さんであった。途中からの，しかも突然のご担当であったにもかかわらず，本企画の趣旨をご理解くださり，また本書の刊行が当初のスケジュールどおりに実現されるように執筆者に対する細かなケアをしていただいた。深くお礼申し上げたい。

　最後に，法律文化社で本書が企画され刊行されるそもそものきっかけは，田靡純子・代表取締役社長が，上田さんに松田のことを紹介してくださったことである。田靡さんからは「いつか一緒にお仕事を」というお話をいただき続けながら，なかなか具体化できずにいたなかで，本書を無事に刊行することができた。これまでの田靡さんのお心遣いに，この場を借りて，深謝申し上げたい。

　2019年7月

松田　憲忠
三田妃路佳

目　　次

第 2 版はしがき

初版はしがき

序　章　公共政策と価値対立——答えは 1 つではない　　1
　　1　公共政策をめぐる対立………………………………………………1
　　2　価値対立の不可避性…………………………………………………4
　　3　公共政策について考えるために……………………………………7

第 1 章　福祉政策——多くの対立軸と合意形成の難しさ　　12
　　1　社会統合と福祉国家………………………………………………12
　　2　グローバル化と福祉国家…………………………………………15
　　3　日本の福祉政策——高齢者重視か若年層重視か………………17
　　4　対立軸が錯綜する福祉政策………………………………………28

第 2 章　教育政策——公益と個人の幸福は両立するのか　　34
　　1　教育政策のアウトライン…………………………………………34
　　2　地方分権をめぐる対立——全国標準か地方の自由か…………36
　　3　選択の自由をめぐる対立…………………………………………38
　　4　民意をめぐる対立——政策を誰がつくるか……………………40
　　5　大学教育を受ける機会の平等をめぐる地域間の対立…………44
　　6　バランスのとれた教育政策——極端に走らないために………47

第 3 章　経済政策——市場メカニズムの活用とその限界　　51
　　1　経済政策とは何か…………………………………………………51
　　2　経済政策における様々な対立軸…………………………………53
　　3　市場での健全な競争環境の確保…………………………………59
　　4　経済成長を支えるイノベーション………………………………63
　　5　地球温暖化問題への取り組み……………………………………67
　　6　対立軸に対して私たちがなすべきことは何か…………………69

目　次

第 4 章　公共事業・公共交通政策——持続可能な社会に向けて　73

- 1　公共事業における変化と課題………………………………73
- 2　地域公共交通の現状と課題…………………………………79
- 3　公共事業・公共交通の担い手に関する視点………………81
- 4　インフラ・地域公共交通の維持をめぐる対立軸…………84
- 5　今後の公共事業・地域公共交通の進む道…………………91

第 5 章　エネルギー政策——脱原発か脱石炭火力か　94

- 1　エネルギー政策の 3 E と戦後日本…………………………94
- 2　福島原発事故以降の原発をめぐる価値対立………………97
- 3　エネルギー選択をめぐる政策論議…………………………100
- 4　脱石炭火力をめぐる国際的な価値対立……………………104
- 5　価値対立の教訓と今後の展望………………………………110

第 6 章　ICT 政策——AI 社会における情報の保護と活用　114

- 1　AI 社会とデータ………………………………………………114
- 2　AI をめぐる多様なアクター…………………………………116
- 3　新しい技術に対する評価の多様性…………………………120
- 4　政策的対応の可能性と限界…………………………………123
- 5　価値対立の解消は難しい……………………………………128

第 7 章　外交・安全保障政策——4 つの対立軸　132

- 1　外交・安全保障政策とはどういう政策か…………………132
- 2　外交政策における 4 つの対立軸……………………………135
- 3　日本の開発協力政策の事例…………………………………139
- 4　日本の安全保障政策の事例——沖縄の米軍基地問題を中心に…144
- 5　対立はどのように解決されうるのか………………………150

第 8 章　移民政策——社会統合政策との関連から　153

- 1　なぜ移民政策を取り上げるのか……………………………153
- 2　労働力としての移民…………………………………………158
- 3　生活者市民としての移民……………………………………160
- 4　シティズンシップについて…………………………………162
- 5　日本への示唆…………………………………………………164

第9章　公共政策と政府間関係——中央集権か地方分権か　170

1　なぜ公共政策と政府間関係なのか……………………………………… 170
2　政府間関係の変化 ……………………………………………………… 172
3　具体的な事例でみる対立軸 …………………………………………… 176
4　人口減少社会における公共政策と政府間関係をどう考えるか ……… 182

第10章　公共政策と予算——少子高齢化社会に対応して　190

1　公共政策と予算 ………………………………………………………… 190
2　予算に関する対立軸 …………………………………………………… 196
3　予算配分の課題 ………………………………………………………… 203
4　予算配分の主体はどこにあるのか …………………………………… 205
5　社会の変化に対応した予算配分 ……………………………………… 207

終　章　価値対立と合意形成——合意形成をあきらめない　212

1　民意の反映の限界 ……………………………………………………… 212
2　合意形成への志向 ……………………………………………………… 214
3　「とりあえず」の「おとしどころ」としての公共政策 …………………… 219

索　引　223

公共政策と価値対立
答えは1つではない

1 公共政策をめぐる対立

日常生活のなかでの公共政策　公共政策の存在は，日常生活のなかの至るところで確認することができる。小さいころから通い続けた学校であったり，学校まで歩いていた道路であったり，学校で運動した後に蛇口をひねって飲んだ水であったりである。また，日々使用している貨幣も，海外旅行で使用するパスポートも，公共政策の産物といえる。もちろん，警察や消防といった治安や安全に関わるサービスも，公共政策の1つである。

公共政策を日常のなかであまり実感することがなかったとしても，テレビや新聞やインターネットで発信されるニュースのなかにも，公共政策に関連する内容は多く含まれている。経済政策や外交政策のように「○○政策」という語で語られるものだけでなく，一般に政府や地方自治体がこれまで行ってきた活動やこれから行おうとしている活動はすべて公共政策に深く関わっている。

社会問題解決のための公共政策　ここで公共政策の一般的な定義を示しておくと，「公共的問題を解決するための，解決の方向性と具体的手段」となる（秋吉ほか 2020）。注目すべきは，第1に，公共政策には，問題とされる状況をどのような状況に変えるのか，そしてどのような手段で変えるのかについての考えや計画が含まれているという点である。ここに含意されることは，公共政策においては，何かしらの問題が存在することを前提としたうえで，その問題を解決するという役割が要求されるということである。

第2に，公共政策を通じて解決されるべき問題は公共的な問題であるという点が挙げられる。つまり，ある状況の影響ないし原因が個人レベルにとどまる場合は，公共政策の対象とはならない一方で，社会全体に大きな影響を及ぼすような状況が生じているのであれば，その状況の改善は公共政策の目的となり

うる。例えば，ある人が毎日遊びすぎて食事に充てるお金がなく，空腹に苦しんでいる場合は，その空腹という問題は公共政策を通じて解決が目指されることは一般的には想定しにくいが，多くの人が経済的不況の影響を受けて，日々の食事に苦労している状況に対しては，公共政策による対応が期待される。

　第3に，先述の定義では必ずしも明示されていないが，公共政策は何かしらの政府（国レベル，地方レベルなど）によって進められることになる（Birkland 2020）。公共政策の必要性については，経済学などで学ぶ「市場の失敗」との関連で説明されることが多い。個々の消費者と生産者が自由な行動をとる市場のメカニズムでは，社会的に効率的な状態（社会的余剰の最大化）が実現されることが理論的に明らかにされている。しかしながら，実際には，こうした市場のメカニズムが期待どおりに機能せず，社会的に望ましくない状況を引き起こす「市場の失敗」が起きることがある。このとき，市場で想定される行動原理とは異なる政府による介入を通じて，社会状況が改善されることが期待されるのである。

| 公共政策をめぐる利害対立 |

　このように，公共政策は，日常生活のなかで社会が直面する問題に対する解決策の1つとして必要とされる。換言すれば，良き公共政策とは，社会全体の厚生を改善するものにほかならない（Wheelan 2011）。しかしながら，公共政策を通じて社会全体の厚生の改善が目指されるとき，常に対立が生起する。例を挙げると，不況などの理由で経済的格差が大きくなったとき，所得再分配に代表される経済政策の実施が注目される（⇒第1章，第3章）。比較的裕福な人々の資源の一部を経済的困窮に苦しむ人々へ，税制などによって移す政策である。この所得再分配政策に対しては，強い反発が生まれやすい。なぜなら，例えば，資源の移転元である人々にとっては，この政策は自らの労働の成果を奪うものとして映りうるからである。

　こうした反発の背景には，ある政策によって利益を享受する側と，損失を被る側との間の利害対立がある。実際，政策をめぐる対立は，メディアなどで行われる解説をみてみると，利害対立として描写されることが多いであろう。現実の公共政策においてこうした利害対立が生じやすいことは，公共政策の決定の特異性を踏まえると，きわめて自然なことといえよう。その特異性とは，公

共政策の決定は，その決定に賛成しない人びとを含めた，社会のあらゆる人々を拘束するという性質である（Wheelan 2011）。ある政策から不利益を負わされると感じる人々は，その不利益を回避するために必死に反発するのである。

利害対立と価値対立　しかしながら，政策について自分たちの意見を訴えている当事者たちに目を向けると，自分たちの個人的な利益への影響を表立って主張することは珍しい。むしろ，当事者たちは，ある政策案に対する賛成や反対の声を，社会的に重要な価値（公共的利益，公益）の観点から正当化し，少しでも多くの支持を集めようと試みる。累進課税による所得再分配を要求する側は格差の是正や福祉の充実などの価値を掲げる一方で，それに反対する側は市場経済の効率性や経済成長といった価値への悪影響を強調する。

したがって，政策をめぐる利害対立は，政策について議論するプロセスのなかでは，社会的な利益についての異なる考え方の衝突，つまり価値対立として現れることになる。比喩的な表現を用いれば，政策をめぐって個人的利害の点で対立するアクターにとっては，自分たちの個人的な利益の増進を追求する姿勢を「公益のヴェール」（山之内 1992）で覆い隠して，個人的な理由で支持する政策を，あたかも社会的な価値を高める政策として主張することが，その政策の実現を促すための戦略的な行動となるのである。

利害対立と価値対立とのこうした関係性から示唆されるのは，どのような政策的立場も，何かしらの社会的な価値によって正当化されうるということである。換言すれば，社会的に望ましいとされうる政策は複数存在し，しかも，それらの政策は互いに対立しうるということである。では，政策の良し悪しを判断する基準となる「価値」とはどのようなものなのであろうか。それらの価値が対立するとはどういうことなのであろうか。本書は，これらの疑問について，具体的な政策課題を取り上げながら，論究を展開する。本書を通じて，公共政策をめぐって対立が生起する現実を多面的にとらえることの重要性を明らかにする。

2 価値対立の不可避性

価値の間のトレードオフ　本章は，どのような政策が望ましいかを考えるうえで直面する価値対立の問題とその帰結について概観し，次章以降の具体的な検討に向けた準備を提供する。政策の良し悪しの評価における価値対立とは，「トレードオフ」や「二律背反」と表現される関係性である。これは，いわゆる「あちらを立てればこちらが立たず」のことであり，一方の価値を追求すると，他方の価値が損なわれることを意味する。

例えば，ICT（情報通信技術）をめぐっては（⇒第6章），多様な情報の収集と利活用の促進という価値と，ICTの普及や活用範囲の拡大に対応した個人情報保護の厳格化という価値は，トレードオフの関係にある。また，移民政策の議論のなかでは（⇒第8章），移民に対して国民への同化を求める立場と，移民を市民として受け入れる立場が二律背反的に現れる。エネルギー政策に目を向けると（⇒第5章），エネルギーの確保という安全保障，費用的制約という経済性，環境への配慮という環境適合性が，追及されるべき価値として重視されるが，それら3つの価値の間には，相反する「トリレンマ」の関係が存在する。さらに，水道事業（⇒第4章）には安全で安価な水の供給が期待される一方で，安定した経営基盤も要求され，これらの価値の間にもトレードオフの関係が見出される。

複数の価値の間にトレードオフが存在する限り，どのような政策案も，対立するいずれかの価値の観点からは肯定的に描かれる一方で，他の価値を犠牲にするという批判を受けることにもなる。この状況は，あらゆる社会的な価値を改善させるような政策の方向性を見つけ出すことはほぼ不可能であることを意味する。したがって，複数の選択肢のなかから1つの政策に決めるということは，きわめて難しい選択なのである。

対立軸の多元性　ICT政策に関する個人情報保護とICTの利活用や，移民政策における国民への同化と市民としての受け入れは，それぞれの政策について社会を分断する「対立軸」と表現することができる。公共政策に関わる対立軸は，いかなる政策課題においても，1つしか存在

しないということはなく，むしろ多元的に錯綜する。この対立軸の多元性によって，公共政策をめぐる価値対立は一層複雑化する。

福祉政策を例に挙げると（⇒第1章），社会保障の受給を希望する人に対して資力調査（ミーンズテスト）や所得制限を実施するべきか否かという普遍主義と選別主義の対立が存在する。その一方で，財源の確保の手段として社会保険方式と税方式のどちらが望ましいかという点についても，社会のなかで意見が対立する。外交政策においては（⇒第7章），重視すべきは国家の利益か国際公益かという対立軸に加えて，国家全体のために一部の国民を犠牲すべきか否か，軍事的な安全保障をどの程度重視すべきか，経済制裁を含む強硬路線か対話路線か，といった他のさまざまな対立軸も重要な意味をもつ。

対立軸が多元的に錯綜する状況では，ある対立軸で互いに意見が異なるアクターたちが，別の対立軸では似たような認識をもつことが頻繁に起こりうる。その結果，1つの政策案に対して支持／不支持の声が複雑に飛び交い，その政策についての議論は，混乱したかたちで展開される。こうした議論を整理し，1つの政策案を選択することには，さらに深刻な困難が伴うことになる。

| 政策の形成をめぐる対立 | 公共政策をめぐる価値対立は，政策の具体的内容がどの社会的な価値を高めるべきかに関する対立にとどまらない。それに加えて，政策をどのように形成していくべきかという政策形成のプロセスや仕組みもまた，1つの対立軸となる。

例えば教育政策では（⇒第2章），政策形成に民意をどのように反映させるかが，教育政策を担当する組織のあり方を左右する重要な論点の1つである。また，全国標準を重視した政策を展開すべきか，もしくは地方の自由な判断に委ねるべきかについても，教育政策のなかで対立が生じる。同様の対立軸は他の政策においても見受けられる。

とりわけ後者の対立軸は，政府間関係をめぐる価値対立として描くことができる（⇒第9章）。政府間関係，すなわち国と地方との関係に関しては，中央集権か地方分権かで主張が対立することが多い。このとき，それぞれの主張を正当化する価値に着目すると，中央集権の立場は「ナショナルミニマム」を，地方分権の立場は「地方の自主・自律」を，重要な社会的価値として強調する。

政府間関係をめぐる価値対立は，他の価値対立と同様に，明確な二項対立と

はならない。実際，ある政策の領域を国の政府もしくは地方自治体が独占的に担当することは多くなく，両者が重複する形で担当することが一般的である。このようなグラデーションの形で，政府間関係のあり方について多様な立場が存在するなかで，特定の1つの政策案を社会的に最も望ましい方策として判断することは容易ではないといえよう。

政策間の調整をめぐる対立　具体的な政策の良し悪しの判断には，他の政策との関係性を考慮に入れることも求められる。一例を挙げると，日本における移民政策は移民を公式に受け入れる方向に進んでいるが，その背景には労働力不足と人口減少といった今日的変化がある（⇒第 **8** 章）。他方で，この労働力不足と人口減少の社会問題への対応は，福祉政策を通じても進められていくことが期待されている（⇒第 **1** 章）。つまり，労働力不足や人口減少においては，さまざまな政策課題が絡んでいるのである。したがって，これらの社会問題の解決に向けて求められるのは，移民政策だけでなく，他の多様な政策にも目を向けて，政策間の調整を測ることが不可欠であることにほかならない。

政策間の調整は，予算が関わる文脈のなかでも必要とされる（⇒第 **10** 章）。たとえば，公共事業の決定にあたっては（⇒第 **4** 章），予算的制約が存在するがゆえに，どの事業を優先的に進めるのかについて決断すること，すなわち事業間の優先順位をつけることが欠かせない。

予算を踏まえた優先順位の設定は，公共事業に限られたことではない。そもそも，どのような政策であれ，その実施には財政的コストがかかる。したがって，予算的制約が存在する限り，どの政策にどの程度の予算を充てるかは，避けて通れない検討課題となる。換言すれば，複数の異なる政策の間に優先順位をつけなければならい。これは，社会が直面するさまざまな問題について，それぞれの重要度を比較することにほかならない。その比較において大きな意味をもつのが，どの社会的な価値を重視すべきかという問いである。この問いに対する答えが人によって異なりうることを踏まえると，政策間の調整をめぐる価値対立もまた，政策の選択を困難にする一因であることが理解できよう。この困難性は，とりわけ今日の財政逼迫の状況のもとでは，ますます高まっている。

序章　公共政策と価値対立

> 変化する社会と
> 変化する対立

　社会は常にさまざまな側面で変化している。こうした社会変化に伴って，公共政策をめぐる価値対立も変化する。例えば ICT 利活用をめぐって，生成 AI の開発に代表されるように，多方面にわたる技術革新が急速に進められている（⇒第 **6** 章）。こうした技術革新はしばしば予想外の社会問題を引き起こす。このとき，その技術をどのように捉えるかという論点が，新たな対立軸として登場し，ICT 政策をめぐる価値対立の構図が複雑化する。結果として，ICT 政策の設計に伴う難しさは一層深刻なものとなる。すなわち，技術の急速な革新に追いつくことが求められるだけでなく，技術革新から引き起こされる新たな価値対立にも対処しなくてはならないという，極めて難しい要求に応えることが，ICT 政策に要求されるのである。

　技術革新にくわえて，COVID-19 のパンデミックのような社会危機の到来も，公共政策をめぐる価値対立を変化させる。COVID-19 のパンデミックは，公平性に対する人々の捉え方に影響を及ぼしたことが指摘されているが（⇒第 **3** 章），価値の解釈が異なれば，価値対立も異なる様相を示すことになろう。くわえて，COVID-19 のパンデミックによって，国と地方との役割分担に関わる制度的問題をめぐる対立や，移民政策をめぐる多文化共生とナショナリズムとの相剋といった価値対立も引き起こされた（⇒第 **8** 章）。

　これらの技術革新や社会危機の事例から引き出されることは，社会変化に伴って対立軸が複雑化しうるということである。換言すれば，公共政策を通じて克服すべき対立は常に変化しているのである。こうした価値対立のダイナミクスは今日の社会では益々顕著となっている。その意味で，公共政策の選択は今日一層難しい決断を必要としているのである。

3　公共政策について考えるために

> 答えは 1 つではない

　公共政策は，社会が直面する問題を解決するための手段としてきわめて重要な存在である一方で，具体的にどのような政策を採用すべきかを判断するには，価値の間のトレードオフという価値対立が常に伴う。このことは，その判断の答えが 1 つにはなりえないこ

とを意味する。立脚する価値が異なれば，社会的に最善の政策についての意見も違ってくるからである。

さらに，社会の人々の意見を分断する対立軸は，多元的に存在する。つまり，ある政策を通じてどのような社会の実現を目指すべきなのか，その政策をどのようなプロセスや仕組みのもとで進めるべきなのか，その政策と他の政策との関係性ないし優先順位をどのように設定すべきなのか，といった多様な価値判断が絡み合う。対立軸の多元性は，あるべき政策のあり方を1つに絞ることができないことにつながる。

答えが1つではないことが明らかであるなかで，具体的な政策の選択はどのように行えばよいのであろうか。これこそが，公共政策について考えるうえで直面する最も厄介な問題の1つといえる。政策の選択について何も決められずに悩み続けていると，悩んでいる時間の分だけ，目の前の社会状況は変化し続ける。どこかの段階で手を打たないと，社会状況は，もはや対処しようがないほどに悪化してしまうかもしれない。その一方で，価値対立が複雑に存在するなかでは，安易な政策の選択は社会内部の対立を深刻化させ，結果的に社会状況をさらに悪化させかねない。どうすればよいのであろうか。

解釈は多様に存在する　近年，社会のなかの様々な場面で，「エビデンス（evidence）」という語がよく見受けられる。証拠や科学的根拠などと訳されることが多い。エビデンスは政策形成・立案の文脈でも用いられ，とりわけ「エビデンスに基づく政策立案（証拠に基づく政策立案，evidence-based policy making：EBPM）」は大きな注目を集めている（杉谷 2022）。内閣府のウェブサイトによると，EBPMとは，「政策の企画をその場限りのエピソードに頼るのではなく，政策目的を明確にしたうえで合理的根拠（エビデンス）に基づく」ように進めていく政策立案として定義している（内閣府 2019）。つまり，エビデンスには，政策的介入が必要とされている現状を明示することと，それぞれの政策案の有効性についての理解と政策の目標の設定に寄与することが，一般的に期待されている（Sanderson 2002）。

エビデンスを積極的に活用することは，具体的な検討材料が議論の共通の土台として設定されるという意味で，印象論から脱却した政策形成の実現に少なからず貢献することになろう。しかしながら，エビデンスそれ自体では，価値

対立を克服することはできない。例えば、ICT 政策の検討のなかでは、プライバシー侵害のリスクに関する具体的な資料がエビデンスとして提示されることがよくある。しかしながら、その資料の内容をどのように評価するかは、個々人が立脚する価値に左右されるために、対立するさまざまな意見が1つにまとまるとは限らない（⇒第 6 章）。同様のことは、エネルギー政策における安心さについての評価にも当てはまるであろう（⇒第 5 章）。したがって、エビデンスないしデータがどれほど具体的なものであったとしても、価値対立を前提とする限り、その解釈は多様に存在しうるのである（松田 2016）。

ここに含意されることは、社会のすべての人が社会的な利益を最優先したうえで公共政策について考えていたとしても（個人的な利害に目を向けなかったとしても）、満場一致で支持される政策を考案することはほぼ不可能であるということである。どのような政策案であれ、社会のなかの誰かがその社会的意義を批判することになる。したがって、1つの政策に決めることは、必ず何かしらの社会的な価値を損なわせるという意味で、苦渋の決断なのである。もし、特定の政策案について諸手を挙げて意気揚々と支持している人がいるとすれば、その人は価値対立の不可避性を認識していない、もしくは個人的な利益を最優先していると判断することが妥当であろう。

> 価値対立の構図を描く

あらゆる社会的な価値を充足する政策案を設計できないのであるならば、公共政策のあり方や、公共政策を通じての社会状況の改善の進め方について、どのように考えていけばよいのであろうか。この問いが、本書全体を貫く問題認識である。しかしながら、この問いに対する直接的な答えを見つけ出すことはもちろん決して容易なことではなく、むしろ、より良き社会の実現を目指す人類が取り組むべき永遠の課題といえる。そこで、本書は、この問いについて熟慮するうえでのきっかけの1つを提供することに焦点を当てる。具体的には、価値対立の構図を描出することと、合意形成を目指し続けることの重要性を強調する。

そもそも、ある政策課題をめぐってどのような価値対立が存在しているのかを認識しない限り、自らの意見を絶対視しかねない。その一方で、他者との違いが明らかにされることは、対立するアクターの間の相互理解を促すであろう。この相互理解によって、完璧ないし絶対的な解ではないが、現状を少しは

改善できるかもしれない「とりあえず」の「おとしどころ」に到達できる可能性が高まることが期待される。

こうした問題認識を踏まえて，本書は，価値対立の構図を，具体的な政策の領域のなかで明示化することを試みる。具体的には，まず，個別の政策の領域として，福祉政策（第**1**章），教育政策（第**2**章），経済政策（第**3**章），公共事業・公共交通政策（第**4**章），エネルギー政策（第**5**章），ICT 政策（第**6**章），外交・安全保障政策（第**7**章），移民政策（第**8**章）を取り上げる。つぎに，政策の形成や政策間の調整のあり方をめぐる価値対立を描出するために，政府間関係（第**9**章）と予算配分（第**10**章）に着目する。

本書を通じて，公共政策をめぐる価値対立が避けられないことと，それゆえに，あるべき政策の答えは1つではないことを，読者には具体的に実感してもらいたい。そのうえで，本書では取り上げられなかった他の政策課題についても，価値対立の構図を描いてみて，その政策課題についての理解を深めてもらいたい。

> **合意形成を
> あきらめない**

しかしながら，価値対立の構図が明示化されても，その対立が解消されるとは限らない。むしろ，互いに対立する人たちの間に存在する，それぞれが重視する価値の違い，すなわちそれぞれが立脚する価値観の違いが顕在化されるだけかもしれない。結果的に，対立の解消の不可能性を強く認識させられるという悲観的な結論に直面することになるかもしれない。

日本をはじめ，多くの国や地域は，民主主義を重要な政治的理念として採用している。民主主義において「人民の人民による人民のための政治」の展開が期待されるのであれば，本書で導出される価値対立の不可避性は，「人民」のなかの対立が必然であるという意味で，民主主義の実践を混乱させたり不安定にさせたりしかねない。それにもかかわらず，民主主義が重視されるのはなぜであろうか。

本書では，価値対立が不可避的に存在するからこそ，民主主義のもとでの対立解消ないし合意形成を目指し続けるべきであることを強調する（田村 2008）。合意形成をあきらめることは，社会のなかに対立や不和がくすぶり続ける状態をもたらす。では，合意形成が促されるためには，民主主義のなかで公共政策

に関わる一人ひとりの市民にはどのような姿勢が求められるのであろうか。この問いについて，主に終章において考究する。読者には，価値対立の不可避性という悲観的な情景のなかに，小さな光を感じ取り，それを吸収したうえで公共政策についての考察を積極的に進めていってもらいたい。

📖 文献案内

① 秋吉貴雄・伊藤修一郎・北山俊哉，2020，『公共政策学の基礎〔第3版〕』有斐閣．
  政策そのものに関する知識と政策のプロセスに関する知識を軸にして，政策についての学問を描出する。これらの2つの軸は，政策の内容をめぐる価値対立と政策の形成をめぐる価値対立を考えるうえでの重要な示唆を提供する。

② ウルフ，ジョナサン／大澤津・原田健二朗訳，2016，『「正しい政策」がないならどうすべきか――政策のための哲学』勁草書房．
  具体的な社会問題をめぐる価値の対立を描出し，その対立の克服の可能性を探究するなかで，哲学的な思考と公共政策の考察との有機的関連性を析出することを目指す良書である。

③ 田畑真一・玉手慎太郎・山本圭編，2019，『政治において正しいとはどういうことか――ポスト基礎付け主義と規範の行方』ミネルヴァ書房．
  答えが1つではない現代において，「政治における正しさ」を語ることの可能性を問い，規範的主張のあり方を根本から再考する。政策をめぐる価値対立について哲学的に熟考したい読者に薦めたい一冊である。

〔引用・参考文献一覧〕

Birkland, Thomas A., 2020, *An Introduction to the Policy Process: Theories, Concepts, and Models of Public Policy Making*, 5th ed., M.E. Sharpe.
Sanderson, Ian, 2002, "Evaluation, Policy Learning and Evidence-Based Policy Making," *Public Administration*, 80(1): 1-22.
Wheelan, Charles, 2011, *Introduction to Public Policy*, W.W. Norton.
秋吉貴雄・伊藤修一郎・北山俊哉，2015，『公共政策学の基礎〔新版〕』有斐閣．
杉谷和哉，2022，『政策にエビデンスは必要なのか――EBPMと政治のあいだ』ミネルヴァ書房．
田村哲樹，2008，『熟議の理由――民主主義の政治理論』勁草書房．
内閣府，2019，「内閣府におけるEBPMへの取組」(2019年7月7日取得，https://www.cao.go.jp/others/kichou/ebpm/ebpm.html)．
松田憲忠，2016，「多様性のなかの政策分析と政策過程――社会選択・論理性・活用性」縣公一郎・藤井浩司編『ダイバーシティ時代の行政学』早稲田大学出版部．
山之内光躬，1992，『財政過程――利益集団の財政論』成文堂．

第1章 福祉政策
多くの対立軸と合意形成の難しさ

　福祉政策は，狭義では社会福祉がその対象となるが，広義でとらえると社会福祉を含む社会保障や労働問題，少子化対策も含まれる。

　前半では，福祉政策をマクロな視点で考えるために福祉国家を扱い，グローバル化と福祉国家について考察する。福祉国家は，20世紀半ばから本格的に形成されてきたが，1980年代の新自由主義的改革や1990年代以降のグローバル化によって揺らいでいる。現在はポピュリズムの台頭や国際情勢は新冷戦と呼ばれる状況のなかで，国家とは何か，国民とは何か，が問われている。

　後半では，日本の福祉政策を扱う。現在，日本は少子化・高齢化・人口減少によって福祉政策の改革が求められているものの，実効性が伴ったものにはなっていない。その理由としてこれらの政策には対立軸が錯綜している現状がある。どちらの対立軸に立場を置くかでみえる風景や考えが異なるため，合意形成が難しい。本章では，対立軸を中心に福祉政策を多角的な視点から考察する重要性を示す。

1　社会統合と福祉国家

市民革命と産業革命　第二次世界大戦以降，日本や西ヨーロッパの国々は福祉国家の道を歩んできた。福祉国家の危機といわれた1970年代も乗り越え，21世紀を迎えることとなった。まずは福祉国家の歴史や意義についてみていくこととする。

　かつて国家は夜警国家と呼ばれていた。18世紀の市民革命を経て，国家は市民生活にあまり介入すべきではないという考え方が広まっていった。そして，外交・国防・治安維持のみを行うべきという夜警国家の考え方が主流となっていった。これは精神的自由や経済的自由といった自由権の思想からみれば当然の結果であったともいえる。特に経済的自由によって営業の自由や契約の自由も認められるようになり，経済活動が活発化し，資本主義の発展へとつながっ

ていく。そして，18世紀後半から19世紀にかけて産業革命がイギリスで起こり，大量生産・大量消費の時代が到来した。この産業革命は，社会の構造を大きく変えた。大量生産が可能になったことで，手工業の職人などが失業することとなった。また，囲い込みにより農民が農地を奪われ，労働者として大都市部へ流入することとなった。この結果，大都市部に地縁・血縁のない個人が集中することで，公衆衛生やごみ問題，住宅問題などの「都市問題」が発生した。

産業革命は，生産活動を飛躍的に発展させた。しかし，この経済的な発展はすべての人を豊かにしたのではなかった。少数の資本家と大多数の労働者に社会の階層は二分され，資本家はますます豊かになり，労働者は低い賃金，長時間労働に従事させられ，低い所得ゆえに劣悪な住環境での生活を余儀なくされた。また，病気やケガによって仕事が続けられなくなった場合は，収入が断たれることを意味し，貧困へと転落する者も多く存在した。

|選挙権の拡大と福祉国家の誕生| 19世紀後半になると，選挙権の拡大が各国で行われるようになる。初期の選挙権拡大は，財産要件によって選挙権が付与された。その後，財産要件が緩和・撤廃されて，普通選挙となった。普通選挙が実施されることで，無産階級の人々にも選挙権が付与されることとなった。大衆デモクラシーの到来は，国家の役割を大きく変えた。それは労働者階級を支持基盤とする政党の登場である。これらの政党は，労働者の権利を重視する政策を掲げ，労働法制，社会保障制度などの整備を行っていった。

福祉国家で有名なスウェーデンは，1920年代に社会民主労働党による「国民の家（Folkhem）」構想により，福祉国家が形成されることとなる。イギリスは，1942年に「社会保険および関連サービス」という報告書，いわゆるベヴァリッジ報告が出され，それは，第二次世界大戦後の労働党による「ゆりかごから墓場まで」と呼ばれることとなる福祉国家形成の基礎となった。

また，所得税については累進課税が導入され，高所得者には高い税率を，低所得者には低い税率を課し，所得再分配により，経済的な格差を国家が介在することにより緩和させる機能も国家は果たすようになった。

このように福祉国家が形成されていくなかで，具体的な政策としては労働法

制，公的扶助（生活保護），失業保険，医療保険，年金といった社会保障制度が整備されるだけではなく，教育，地域間の経済的格差を是正するための公共事業なども行われるようになっていった。また，経済活動を完全な自由競争で行うのではなく，国家の許認可により経済的な弱者も保護する政策をとることになった（社会的規制といわれる）。さらに，経済政策（⇒第3章）も自由放任主義ではなく，ケインズ経済学に代表されるように財政政策や金融政策を用いることにより，好況・不況の調整を行うことも国家の重要な役割になるとともに，国家が肥大化することとなり，行政国家と呼ばれるようになった。

福祉国家の危機と新自由主義

福祉国家が大きな危機に直面したのは，1970年代である。特に1973年の石油危機により先進国は高度経済成長が終焉し，低成長，停滞の時代に突入した。顕著だったのは，イギリスであった。物価が上昇するインフレーション，財政赤字の増加が課題となった。また，様々な規制や許認可権により経済の活性化を図ることができず，加えて労働組合の抵抗やストライキの頻発により，「英国病」と呼ばれる経済的な停滞期をイギリスは経験した。

この「英国病」を新自由主義の思想で打破しようとしたのが，マーガレット・サッチャー（Thatcher, M.）である。新自由主義とは，「福祉を切り下げ，金融規制や雇用保護を撤廃し，より自由な市場を作りあげる，という方向」（田中 2017：129）という。1979年の総選挙で労働党から保守党への政権交代によって首相の座に就いたサッチャーは，国営企業の民営化や規制緩和，公的な領域への競争の導入などを実施するとともに，福祉の削減を行った。この新自由主義的思想は，サプライサイド（供給側）の思想ともいわれ，規制緩和を行うことで民間活力を用いての経済の活性化を図るとともに，福祉についてはその給付を削減することで自助を求め，福祉の領域にも市場メカニズムを導入することでその効率化を図ることを目標とした。

福祉国家の意義

福祉国家に対する評価は，その立場によって大きく変わる。福祉国家を評価する立場からは，国民が最低限の生活を送ることが保障されると同時に，失業や疾病による貧困に陥ることを防ぐ機能もあったという考えが出てくるだろう。その一方で福祉国家に否定的な立場からは，規制が多いために企業が自由な経済活動を行えず，経済を停滞

させるといった批判や，税金や社会保険料が高くなるために消費にまわる資金が少なくなる，財政支出が増えて慢性的な赤字になるといった議論もある。そして，充実した社会保障制度が，労働意欲を減退させるといった批判も多い。

このように福祉国家についての見方はその立場によって大きく異なる。しかし，1960年代が「福祉国家の黄金期」といわれるように，多くの先進国で福祉国家化が図られた。この福祉国家を支えていた要因は何であろうか。1960年代は世界的に高度経済成長の時代であった。経済的な果実が増えることが福祉国家的な政策を行うことを可能にした側面もある。それ以外に重要なものは何かというと，「国民」という一体感，「国民」というアイデンティティの確立であると考えられる。例えば，教育，特に初等教育を通じて，「国語」を勉強する。この国語で用いられる言語は各地の方言ではなく，主に「中心」とされる地域で話される言葉を「標準語」として国語を勉強する。また，新聞，ラジオ，テレビといったメディアを通じて住む地域が異なっていても同じ情報を得ることが可能になり，国民というアイデンティティが確立されていった。結果として，国民国家の一体感が生み出され，福祉国家的な政策によって社会の貧富の格差を緩和することも行われ，社会の統合が図られることとなったのである。福祉国家が形成された前提は，国民国家の存在であり，国民の存在だったということができる。

2　グローバル化と福祉国家

大きな政府・小さな政府・第三の道　この時期に大きな論争になっていたのは，「大きな政府」か「小さな政府」かという論争である。「市場の役割を重視して政府の役割を限定的にとらえる立場（＝小さな政府）と市場の役割を限定して政府の役割を広範囲にとらえる立場（＝大きな政府）」（日本経済新聞社編 2001：176）という説明がわかりやすいだろう。「大きな政府」は，政府の役割を広範囲にとらえるので，規制を強化したり，社会保障の拡充を図ったりすることが正当化される。その反面，「行政サービスの非効率化や『受益と負担』が見えづらくなり国民が必要以上の行政サービスを求めるようになる」（小塩 2002：187）ことで，財政が赤字になってしまうこともある。ただ，この

論争は，抽象的な部分もあり，実際とは大きく異なる部分もある[1]。

しかし，1980年代以降は，新自由主義的改革（⇒第**3**章）により，市場メカニズムを重視した改革が行われることとなる。規制緩和によって行政が関与できる領域を縮小し，国営企業の民営化を行うことで，公務員数の削減を図った。それと同時に，社会保障については，「自助」を強調し，様々なサービスが縮小，廃止されるに至った。これは，国家の役割を「縮小・削減」することから「小さな政府」と呼ばれることとなる。

イギリスでは，1997年の総選挙でトニー・ブレア（Blair, T.）が率いる労働党への政権交代が実現した。この政権交代は，かつての労働党が古典的な社会民主主義（国家による大幅な関与や企業の国有化など）から「第三の道」と呼ばれる[2]市場の効率性を重視しつつ，競争によって生じた格差の是正や公正は国家によって補完的になされるという政策を推進することに方針を転換したことが大きな要因といわれている。

ブレア政権では，welfare から workfare へということで，単に手厚い失業給付を実施するのではなく，段階的にその給付水準を下げると同時に，就労支援や職業訓練などを手厚くすることで再就職を促すという政策を行った。このような政策は積極的労働市場政策と呼ばれている。第三の道というのは，新自由主義的改革を全否定するのではなく，市場メカニズムを重視しつつも公正性を確保する模索であり，冷戦後に本格化した経済のグローバル化とも呼応していた。

| グローバル化と福祉国家 |

2000年代初頭は，経済のグローバル化が進展し，グローバル企業が国境を越えて経済活動を行っていくこととなった。企業は，規制が厳しい国家を避けるようになると同時に，法人税などの企業への税金の高い国家も避けるようになる。そのため各国は，法人税の減税と規制緩和が企業をその国に引き留める大きな要因であるとみなすようになった。企業が国外へ移転してしまえば，大きな雇用を失うこととなり，国家にとっては大きな問題である。そのような背景から法人税の減税や規制緩和を実施する国も多くなった。また，個人レベルでも，特に富裕層への所得税が高いままだと，その層を国外へ移住させることを促すことにもつながるので，所得税の最高税率の見直しも行われることとなった。結果，ヒトとモノとマ

ネーの移動が自由になった経済のグローバル化によって国家の存在意義が問われる時代でもあった。

ただ，近年では，企業も利益追求のみではなく，SDGs（持続可能な開発目標）やCSR（企業の社会的責任）が求められるようになってきている。また，国際的に展開する企業に対しての国家による課税などの動きもみられており，変わりつつある。加えて，新型コロナウイルスによって世界の貿易が停滞したことやアメリカをはじめとする民主主義国家とロシア・中国などとの対立により経済安全保障を重視する立場から，生産拠点をコスト面だけで選択しない傾向も現れている。

「国民」という共通のアイデンティティが存在したことにより福祉国家が機能したといえるが，現在は日本を含め多くの国で外国人も働くことが一般的となってきている。例えば，日本においては生活保護を日本人にのみ認めるべきであるという意見と日本に居住する在留外国人にも認めるべきであるという意見がある。福祉国家は経済のグローバル化だけでなく，グローバル化に伴う活発な人の移動においても対応に迫られている。

3　日本の福祉政策──高齢者重視か若年層重視か

日本の福祉政策の展開　日本の福祉政策の始まりは，1874年に制定された恤救（じゅっきゅう）規則である。これは救貧であり，その後は1922年には健康保険法，1941年には労働者年金保険法（1944年に厚生年金保険法に改正）が制定された。この間の社会保障制度の整備は戦争によるところが大きく，特に厚生年金は戦時中の1944年に始まっていることからもわかるであろう。

その後，1947年に施行された日本国憲法によって社会権が憲法に明記されたことにより，各種の法律が制定されていく。1946年には（旧）生活保護法，1947年には労働基準法，労働者災害補償保険法，失業保険法などが制定されるとともに，国民健康保険法が改正され，運営が市町村によって行われることとなった（なお，2018年度から都道府県が国民健康保険事業の財政責任主体となり，市町村とともに国保の運営を担うこととなった）。また，1961年には国民皆保険・国民皆年金が実現し，国民すべてが何らかの年金と医療保険に加入するという状況

になった。その後，1973年には田中内閣のもとで，福祉の拡充が行われ，老人医療費の無料化や高額療養費制度が創設された。年金については「5万円年金」と呼ばれる大幅な給付額の引き上げや，物価の変動に応じて公的年金の給付額を改定する物価スライド制の導入も行われた。

その後は1982年老人保健法により老人医療費無料化の廃止，1985年には国民年金の基礎年金化，1989年には「高齢者保健福祉推進十か年戦略（ゴールドプラン）」が策定され，来るべき高齢社会への対応が本格化した。1994年には「新・高齢者保健福祉推進十か年計画（新ゴールドプラン）」が策定され，1999年には「今後5か年間の高齢者保健福祉施策の方向（ゴールドプラン21）」も策定された。1997年には介護保険法が成立し，2000年から介護保険制度が開始となった。同年には，社会福祉基礎構造改革が行われた。2004年には年金改革，2006年には医療制度改革，2008年は後期高齢者医療制度の創設などが行われた。

日本の人口構成の変化　戦後，日本の人口構成は大きく変化した。1970年には高齢化率7％を超え高齢化社会となった。1994年には高齢化率14％を超え高齢社会へ，2007年には高齢化率21％を超え超高齢社会となった。現在では，65歳以上の高齢者は3600万人を超えて高齢化率は29.1％となっている。また後期高齢者となる75歳以上の高齢者は2000万人を超えた。こうした傾向は，2050年代まで継続し，最終的には高齢化率40％近くになるものと考えられる（図1-1）。子どもの数は，1947～49年の第一次ベビーブーム（団塊世代）と1971～74年の第二次ベビーブーム（団塊ジュニア）を除いては減少傾向である。1人の女性が一生涯に産む子どもの数を表す合計特殊出生率は，2005年に1.26を記録して，過去最低となった。その後，少し上昇したものの，コロナ禍を経て日本の少子化に拍車がかかり，2023年の合計特殊出生率は1.20となり，2024年はさらに下回るものと推測されている。

少子化については，その対策が遅れたといわれる。その背景は，戦時中の「産めよ増やせよ」という人口増加政策を国がとったことへの反省から戦後長い間，子どもの出産については個々人に委ねることとし，国があまり関与すべきではないとの考えから少子化への対策を本格的に講じることはなかった。大きく変わってきたのは，1989年の1.57ショック以降である[3]。1994年には「今後

第1章 福祉政策

図1-1 高齢化の推移と将来推計

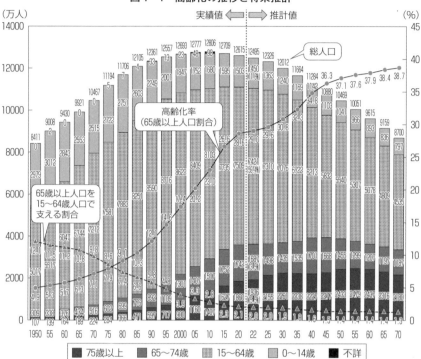

資　料：棒グラフと実線の高齢化率については，2020年までは総務省「国勢調査」（2015年及び2020年は不詳補完値による。），2022年は総務省「人口推計」（令和4年10月1日現在（確定値）），2025年以降は国立社会保障・人口問題研究所「日本の将来推計人口（令和5年推計）」の出生中位・死亡中位仮定による推計結果。

(注1) 2015年及び2020年の年齢階級別人口は不詳補完値によるため，年齢不詳は存在しない。2022年の年齢階級別人口は，総務省統計局「令和2年国勢調査」（不詳補完値）の人口に基づいて算出されていることから，年齢不詳は存在しない。2025年以降の年齢階級別人口は，総務省統計局「令和2年国勢調査　参考表：不詳補完結果」による年齢不詳をあん分した人口に基づいて算出されていることから，年齢不詳は存在しない。なお，1950年～2010年の高齢化率の算出には分母から年齢不詳を除いている。ただし，1950年及び1955年において割合を算出する際には，(注2)における沖縄県の一部の人口を不詳には含めないものとする。

(注2) 沖縄県の昭和25年70歳以上の外国人136人（男55人，女81人）及び昭和30年70歳以上23,328人（男8,090人，女15,238人）は65～74歳，75歳以上の人口から除き，不詳に含めている。

(注3) 将来人口推計とは，基準時点までに得られた人口学的データに基づき，それまでの傾向，趨勢を将来に向けて投影するものである。基準時点以降の構造的な変化等により，推計以降に得られる実績や新たな将来推計との間には乖離が生じうるものであり，将来推計人口はこのような実績等を踏まえて定期的に見直すこととしている。

(注4) 四捨五入の関係で，足し合わせても100.0%にならない場合がある。

出典：『令和5年版高齢社会白書』4頁。

の子育て支援のための施策の基本的方向について（エンゼルプラン）」が策定され，少子化対策が本格化した。その後，1999年には「重点的に推進すべき少子化対策の具体的実施計画について（新エンゼルプラン）」，2001年には「仕事と子育ての両立支援等の方針（待機児童ゼロ作戦など）」，2003年には少子化社会対策基本法の制定，2004年には子ども・子育て応援プラン，2015年には少子化社会対策大綱，2017年には子育て安心プラン，そして2023年にはこども家庭庁の発足と国も少子化対策に取り組んではいる。また，2003年からは少子化対策を担当する内閣府特命担当大臣が置かれているが，これまで出生率の改善に結びついているとは言い難い状況である（図1-2）。

岸田内閣は「異次元の少子化対策」を行うとして，児童手当の抜本的拡充や高等教育費の負担軽減などを挙げていた。国民の負担増加に懸念があったり，このような経済的支援によって出生数の好転が期待できるのかという疑問もあった。しかし，2024年10月に石破内閣となり，その後の衆議院議員総選挙で，少数与党となったことで，実効性のある少子化対策ができるか不透明な政治情勢となっている。

| 社会保障費の増大 |

このように人口構造が大きく変化しているわけだが，大きな課題となっているのが，社会保障費の増大である。1990年度の一般会計予算（66.2兆円）での社会保障関係費は，11.6兆円であった。それが，2024年度一般会計予算では約112兆5700億円となり，そのうち社会保障関係費は37.7兆円となり，一般会計に占める割合は33.5％となっている。特に，団塊世代が75歳以上の後期高齢者になる2025年には医療費や介護関係の費用が増大するといわれ，2025年問題ともいわれている。また，団塊ジュニア世代が65歳以上となる2040年代は日本の高齢化のピークとされ，2040年問題というものもある。他方，若年層向けの社会保障費や子育て世代向けの予算はあまり多くないのが現状で，高齢者に偏った社会保障制度となっている（図1-3）。

| 世代間格差とシルバーデモクラシー |

増え続ける社会保障費を賄うために，活用されたのが赤字国債である。1979年に大平内閣で一般大型間接税の導入を目指したが，衆院選で自民党の敗北，国民の反発から断念し，その後，竹下内閣によって1989年に消費税が3％で導入された。その後，1997年に

第1章　福祉政策

図1-2　これまでの少子化対策

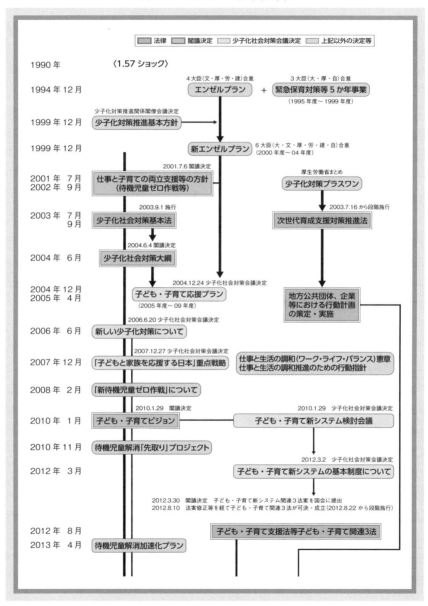

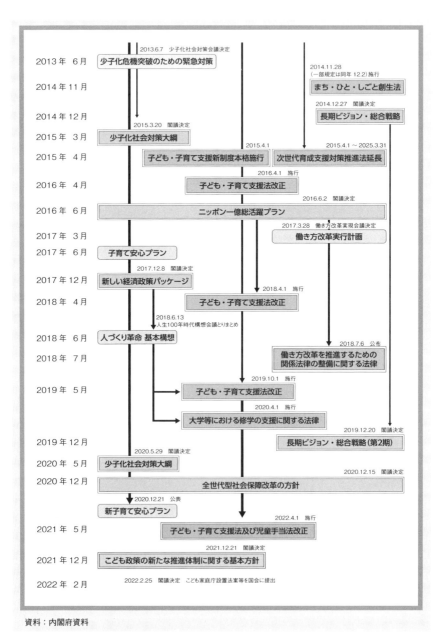

資料：内閣府資料

出典：『令和4年度少子化社会対策白書』48-49頁。

図1-3 社会保障給付費の推移

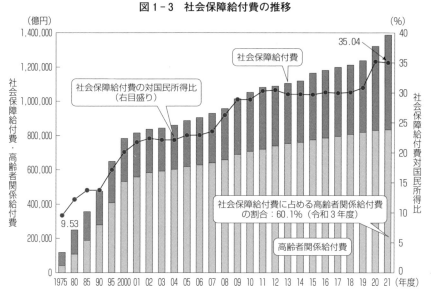

資　料：国立社会保障・人口問題研究所「令和3年度社会保障費用統計」
(注1)　高齢者関係給付費とは，年金保険給付費等，高齢者医療給付費，老人福祉サービス給付費及び高年齢雇用継続給付費を合わせたもので昭和48年度から集計
(注2)　高齢者医療給付費は，平成19年度までは旧老人保健制度からの医療給付額，平成20年度から平成29年度は後期高齢者医療制度からの医療給付額及び旧老人保健制度からの医療給付額，平成30年度は後期高齢者医療制度からの医療給付額が含まれている
出典：『令和6年度高齢社会白書』16頁。

5％に，2014年に8％となって，2019年10月には10％となり，軽減税率も導入された。2024年度一般会計当初予算では約112兆円の予算のうち，税収は約69.6兆円で約35兆円を公債から調達している。2022年頃からの物価上昇によって税収も伸びているものの，国・地方合わせた債務残高は1000兆円を超え，今後の高齢化に伴う社会保障費の増大が推測される日本の財政の持続可能性が大きな問題となってきている。この財政赤字は，将来世代へ借金のツケを回すという点で，世代間格差の典型ともいわれる。

　日本における社会保障費のうち，大きな割合を占めるのは，医療・年金・介護である。このうち医療と年金には，大きな対立軸が存在する。まず，1点目は医療についてである。現在，日本は国民皆保険となっており，国民は何らかの医療保険（健康保険）に加入している。医療機関で支払う自己負担は3割

Column

少子化対策をどのように考えるか

　日本は人口減少が深刻である。2023年の日本の人口減少は約83万人で過去最大となっており、この減少幅はしばらく大きく推移しそうである。日本の出生数も新型コロナウイルスが感染拡大した2020年以降急速に減少し、合計特殊出生率も2023年に過去最低の1.20を24年はさらに下回ると予測されている。

　日本の人口減少はすべての世代が減少に転じるのではなく、65歳以上の高齢者は2040年頃まで増えていくのに対し、0歳から14歳までの年少人口、15歳から64歳までの生産年齢人口は減少していく。これは労働力不足をもたらし、現在でも物流に日数がかかるようになったり、利用者がいるにもかかわらずバスの本数が減便されたりと私の生活にも影響を及ぼし始めている。

　日本の少子化傾向は今始まったことではない。総務省は2024年4月1日現在の15歳未満の子どもの推計人口を1401万人と発表し、子どもの数は43年連続減少している。日本が少子化対策に取り組み始めたのは1994年に策定されたエンゼルプランからである。このときから30年経過したが、少子化対策が功を奏したとはいえない状況である。2023年4月にこども家庭庁が発足し岸田内閣は「異次元の少子化対策」を行うとしている。

　少子化対策が成功するということは子どもが増えることであるが、「子どもを持つ

（70歳以上74歳以下は2割、75歳以上は1割）であり、残りは各保険から医療機関に支払われる。また、ある一定以上の医療費がかかった場合は、高額療養費制度がある。これにより国民が経済的な理由で医療機関を受診できないということがなくなり、国民の健康増進に寄与したことは大きい。近年は、医療技術の進歩と新薬開発に目覚ましい発展があり、かつては不治の病とされた病気も治る時代になっている。しかし、そこで投与される薬は高価なもので、それらが社会保障費を増大させる要因となってきている。「命はお金では代えられない」という考えも成り立てば、「1人の命のために多額の費用を費やすことの正当性をどう考えるか」という議論も出てくる。

　2点目は、年金である。年金はある年齢以上になった場合に給付される。言ってみれば、「長生きのリスク」に備えたものである。日本の年金制度は、「世代と世代の支え合い」といわれるように賦課方式で運営されている。つま

か持たないか，産むか産まないかは個人の究極な選択で極めて私的な事柄で基本的人権に関わることで政府が「出生率」や「出生数」の数値目標を掲げるものでもなくすべきでもない。政府や自治体がすべきことは人々の（子どもを産み育てる）希望が叶えられる「条件」を整備すること」であるという（香取 2021：156-158）。領域に関わることであるとともに，それぞれのライフデザインや体質の問題など複雑な側面もある。子どもが増え，人口減少に歯止めがかかることは日本社会の持続可能性を高めることにつながるが，「子どもを社会維持ための手段として考えるべきではない」との議論も成り立つ。また，「将来社会にとって利益があることなのだから，子どもを産み，育てることに対し，社会全体で支えるべき。そのためにそれなりの負担も必要である」との主張には，「生活に余裕があるから結婚や出産ができる。「子どもはぜいたく品」や「子持ち様」論争などSNSを中心に話題となっている。

　子育ては，親の経済的負担だけでなく，仕事との両立や子ども中心の生活など親のキャリアやライフスタイルにも大きな影響を及ぼす。そのため「子育てを社会全体で支える」こと自体を否定する人はそれほど多くないと考えられる。しかし，「結婚したくてもできなかった」，「子どもを産みたくても産むことができなかった」といった状況に置かれた人々も存在するのも事実である。こうした人々の存在も考えながら，少子化対策を行っていく必要がある。少子化対策はいくつもの対立軸が交差し，複雑に絡み合っている公共政策のひとつであるといえるのではないだろうか。

り，現在の年金制度は，現在20歳の人が50年後の自分が受け取る年金を想定して積立てているのではなく，現在20歳の人が納めた年金保険料が今の年金受給者の年金として使われている。この仕組みは，高齢者が少なく，若年層が多かった時代には少ない年金保険料を多くの人で支払い，少ない高齢者に給付するものとしてうまく機能していたが，今の日本は高齢者が多く，現役世代が少なくなりつつあるので，年金保険料の1人あたりの負担額は重く，高齢者の年金受給額は少なくなるという状況になる。高齢者が受給している年金の給付水準を引き上げることは現役世代の負担の増加を意味し，現役世代の年金保険料の引き下げは，高齢者の年金受給額の引き下げを意味し，世代間での合意形成が難しい政策の1つとなっている。

若年層への福祉政策　若い世代、特に子育て世代への福祉政策も重要である。近年、特に深刻化しているのは「子どもの貧困」と「児童虐待」、「ヤングケアラー」であろう。子どもの貧困は、親世代の貧困が子世代の貧困にも連鎖する「貧困の連鎖」が大きな問題になっている。これは、今の日本では、教育にかかる費用が多額なために必要な高等教育を子どもが受けることができず、そのため就職の機会すら恵まれず、低所得の職業に就かざるをえず、貧困が世代をまたいで連鎖していくというものである。主に、母子家庭で、かつ非正規雇用で生活している世帯でこうした傾向が強く、正規雇用への転換や教育の無償化などによって少しでも解消すべき課題ではあるが、財源が限られていることもあり、思うように進んではいない。

　また、「児童虐待」も子どもが直面している大きな問題である。過去に親から虐待を受けて子どもが死亡するといった事件が起こったが、2024年1月にも青森県八戸市で5歳女児が死亡する事件が起こっている。この種の事件で批判されるのは、児童相談所であるが、児童相談所も限られた人員と財源のなかで、児童虐待相談件数は増加しており、需要と供給のバランスが崩れているといってもよい状況である。児童相談所を充実させることが児童虐待の防止につながる側面は大いにあると思われるが、そのための財源の手当てができるかというとそう簡単な話ではない。また、児童相談所を新設するにしても、2021年4月に東京都港区子ども家庭総合支援センターが開設されたが、地域住民がセンターの開設に反対するなど、紆余曲折があった。その一方で、群馬県高崎市は中核市であるが、2025年秋に市が児童相談所を設置する予定の自治体もある。

　さらに、近年新たな問題として認識されてきたのが、「ヤングケアラー」である。ヤングケアラーとはこども家庭庁のHPによると、「本来大人が担うと想定されている家事や家族の世話などを日常的に行っているこどものこと。責任や負担の重さにより、学業や友人関係などに影響が出てしまうことがある。」と記されており、親や兄弟姉妹のケアのために学校に通うことが困難、場合によっては就職も困難な状況に置かれている子どものことである。2018年頃から認識され始めた問題で、ようやく国や地方自治体が課題解決のために取り組み始めたところである。

社会保障制度において，問題の所在がある程度わかっているにもかかわらず，解決の方向に向かわない要因は，合意形成の難しさである。特に，シルバーデモクラシーと呼ばれる状況で，これは有権者年齢の平均年齢が年々上昇していることと関係がある。現在，有権者年齢は満18歳以上であるが，若年層の投票率は低い。そうなれば，政治家は投票に多く来る高齢者向けの政策を訴えることとなる。もともと日本の社会保障制度は高齢者に偏ったものが多いため，それを政治が是正することがさらに難しくなってきているのである。

変わる日本の労働環境

　日本の雇用の特徴は，新卒一括採用，年功序列賃金，企業別組合といわれていた。しかし，「第二新卒」という言葉があるように就職後3年以内に離職する人も多くなり，日本の働き方に対する考えは，若年層を中心に変わりつつある。

　他方，バブル崩壊後の就職氷河期には，正社員の求人が少なくなり，契約社員や派遣社員といった非正規雇用で数カ月おきの雇用契約で不安定な労働を余儀なくされた人も多い。たとえ，正社員であっても給与水準は低く抑えられ，長時間労働，サービス残業，休日出勤を経験した人も多い。こうした状況により，未婚化や出生率の低下などが現れるようになった。また，こうした状況に置かれた人々の多くは，資産形成もなかなかできず，仕事上のスキルを蓄積する機会すら与えられなかった。あと20年後には65歳以上の高齢者になるわけだが，低年金の高齢者となり，その多くが生活保護を受給する可能性が高いだろう。経済的困難な状況にあった就職氷河期世代は，将来の日本にとってかなり大きな問題であるといえる。

　また，日本の働き方は，特に子育てをしている女性にとっては両立するのが難しい。近年は男性の育児休暇取得率も上昇しつつあるが，女性に比べるとまだ低い状況である。また「マタニティハラスメント（マタハラ）」や「パタニティハラスメント（パタハラ）」も依然として残っているとされる。性別によらずワークライフバランスが実現できるような取り組みも求められる。

　現在の日本では，人口減少が本格化し，労働力不足が大きな課題となっている。また，これまで「正社員＝副業禁止」と一般的な認識があったが，副業を認める企業も多くなってきている。また外国人を雇用する企業も多くなり，年功序列賃金体系も変わりつつあり，日本の労働環境が大きく変わろうとしている。

4　対立軸が錯綜する福祉政策

> 普遍主義と選別主義

　福祉政策には，社会保障（金銭給付や現物給付）を受給するにあたって2つの考え方がある。普遍主義（universalism）と選別主義（selectivism）である。普遍主義では，社会保障を受給するにあたって，受給を希望する人の資力調査（ミーンズテスト）や所得制限などを要せず，希望する人はその社会保障を受けることができるという考え方である。「社会保障や福祉は，一部の困窮した人々のための特別なものとはされず，すべて市民が人生の折々で当然に利用するものと位置づけられる」（宮本 2008：16）とも説明されている。選別主義は，普遍主義の対概念である。選別主義では，社会保障を受給するにあたっては，それを希望する人の資力調査を実施したり，その社会保障を受けるにあたって所得制限を設けたりして，希望する人がすべてその社会保障を受けることができない，ある意味，社会保障を受給する人を「選別」しているのである。そして，スティグマ（汚名・烙印）の問題も出てくる。

　具体的な制度で説明をすると，生活保護は選別主義の強い制度といえる。生活保護を受給するにあたっては，資力調査によって預貯金，保険，不動産，自動車の保有などといった資産を調査されると同時に，扶養義務者の有無も調査される。また，生活保護を受給しているときには，預貯金の制限や自家用車の保有なども制限される。家族構成や資産といったプライバシーに関わることも調査対象となるため，生活保護にはスティグマの問題も出てくる。普遍主義にあたるのは，主に社会保険で運営されている制度で，医療保険や介護保険があたるだろう。日本の医療保険に加入している人であれば，高所得者であっても低所得者であっても同じ病気であれば，同じ治療を受け，薬を処方される。その場合には支払う自己負担額は基本的には同じ金額であろう（ただし，高額療養費制度を使う場合は所得制限が設けられる）。

　普遍主義は，必要とするサービスを，必要とする人に広く提供することができる。また，そのサービスの利用に際しては，スティグマは生じない。しかし，高所得者であっても条件を満たせばそのサービスを受けることができるた

め，より多くの財源が必要になる。なお，究極の普遍主義の福祉政策は，ベーシックインカム[4]といえる。フィンランドでその給付実験が行われたことがあるが，本格的にこの制度を導入している国はない。他方，選別主義は，所得制限等を設けることで本当に必要な人にそのサービスを提供することができ，財源を効率よく活用できるが，スティグマの問題やギリギリのところでそのサービスを受給できない生活困窮者の存在などの問題もある。

社会保険方式か税方式

福祉政策を考えるうえで，財源の問題も大きなものとなっている。そこで出てくるのが社会保険方式でその制度を運営すべきなのか，税方式で運営すべきなのか，という問題である。特に，2000年から始まった介護保険の創設において，社会保険方式にすべきか税方式にすべきか，また2004年の年金改革の際にも話題となった。

まず，社会保険方式の利点は，負担と給付の関係が明確であるという点である。そもそも保険は，加入している人々の間で保険料を支払い，そのリスクに直面した際にその保険から保険金が給付される仕組みである。そのため，保険に加入していない人はそのリスクに直面しても保険金は一切支払われない。民間保険の場合，重い病気を抱えている人は保険に加入できないか，加入できたとしても高い保険料を支払わなければならないが，社会保険の場合にはそうした原則は適用されない。このような原則を給付・反対給付の原則というが，社会保険には適用されない。社会保険の具体例を挙げると，医療保険，年金保険，介護保険，雇用保険，労災保険である。これらは，給付内容や適用範囲などあらかじめ定められている。

次に，税方式であるが，これは2004年の年金改革の際に国民年金の未納が大きな社会問題となり，その解決策の1つとして基礎年金への税方式の導入が注目された。税金は国家の徴税権により国民から広く徴収する。そして，脱税は犯罪であるので，税金は必ず納めなければならないものである。そのため「未納」という問題は生じない。しかし，これまで年金保険料を納めていた人と未納だった人をどう扱うのか（未納だった人が得をする），などが問題となり大きな制度変更にはつながらなかった。税方式で運営されている福祉政策は，生活保護や児童手当，高校無償化・大学無償化など様々なものがあるが，ときどきの財政状況などにより給付範囲や給付内容が見直されることも多い。

社会保険であっても全額社会保険料で賄われているものは少なく，基礎年金（国民年金）の2分の1は国庫負担である。医療保険においては，それぞれの医療保険によって異なるが，特に市町村国民健康保険は50％の公費負担である。日本においては，社会保険に国費（公費）が多く投入されていることもあり，負担と給付の関係が不明確になっている側面もある。

世代間や家族観の対立　これからの福祉政策を考えるうえで，対立軸となりうる（もしくはすでになっている）ものは，世代間の対立や家族観の対立である。

　まず世代間の対立についてであるが，団塊の世代が2025年に後期高齢者となる。そのため社会保障給付費がさらに増加していくものと推測される。よくたとえで使われるのが，1人の高齢者を何人の現役世代で支えるかというものである。1960年代は約10人で1人の高齢者を支える「胴上げ型」だったものが，2000年代に入ると約3人で1人の高齢者を支える「騎馬戦型」，2040年に向かっては2人以下で1人の高齢者を支える「肩車型」である。現役世代にとっては厳しい状況である。少しでも現役世代の負担を減らすために，高齢者の負担を増やすことも必要となってくるが，激しい反発も予想され政治的に困難である。

　現在のインフレや円安の為替水準を考えると，これまでのように国債で財源を確保することも難しい状況であり，弥縫策ではない，世代間の公平感が確保できるような抜本的な改革が求められている。

　次に，家族観の対立である。1980年代までの日本では正社員を中心とした雇用が一般的で，専業主婦の存在も同様であった。家庭を守り，子育ても一手に担っていた専業主婦は親世代の介護の担い手でもあったのである。この数十年の間に家族観は大きく変化した。近年は夫婦別姓のみならず，同性婚も求める動きも活発である。単身世帯も多くなってきている。家族に対する価値観の相違は，福祉政策のスタンスの違いにもつながる。介護は一義的に家族が行うべきと考える人にとっては，公的な福祉の充実は負担が多くなるだけであまり評価しないだろう。他方，公的サービスをして自身の生活スタイルを維持したい人にとっては負担が大きくなってもサービスが充実すれば評価は高くなる。

未婚率が上昇し，単身世帯も増える現在の日本ではかつてのように家族が福祉の担い手と考える人の割合は減少傾向であると考えられるが，「夫婦別姓」や「同性婚」に対する是非と同じように福祉政策においても家族観が大きく影響しているといえる。

これからの福祉政策

　この節では，「普遍主義と選別主義」，「社会保険方式と税方式」，「世代間や家族観の対立」をみてきた。この他にも年金を「世代と世代の支え合い」と表現される「賦課方式」で運営すべきか，自分たちの世代が将来高齢者になったときに年金が支払われるようにする「積立方式」にすべきか，の議論もある。これも今まで年金保険料を支払った人をどのように扱うのか，インフレなどの物価の上昇があったときにどのように対応すべきか，などの論点も多い。

　これからの福祉政策を考えていくうえで，欠かすことのできない論点は，グローバル化であろう。グローバル化が進展している現在において，国境を越えて経済活動をしている企業，社員も多くいる。この際に問題になるのが，国と国との社会保障制度の相違である。例えば，日本に居住し働いている外国人は日本の社会保険に加入している。日本人の労働者と同じように年金保険料を支払っている。逆に，日本人が他の国に赴任した際にも先方の国の制度に加入しなければならないこともある。そこで各国と社会保障協定を締結して，年金保険料の二重払いを防止する仕組みを整えている。[5]

　現在の日本は，労働力不足を背景に多くの外国人を受け入れている。従来，外国人技能実習制度があったが，過酷な労働環境や暴力行為などの人権侵害が頻発した。批判も多く出たことから国は外国人技能実習制度を廃止し，育成就労制度を創設する法改正を2024年に行った。公式に「移民」を受け入れるとは表明していないものの，実質的な「移民」受け入れとみることができる。これまで福祉政策は，「国家」という枠組みのなかで立案され，「国民」というアイデンティティによって正統化され実施されてきた側面がある。人口減少の日本には，今後も多くの外国人が居住していくこととなる。働き方についても，単なる正規雇用と非正規雇用ではなく，地域限定正社員やテレワークなどこれまでみられなかった働き方が多くなっていくであろう。また，単身世帯の増加や性的マイノリティ（LGBT）のパートナーなど家族や結婚に対する考え方も大

きく変わりつつある。このように近年は、「ダイバーシティ（多様性）」という言葉が注目されるが、多様化していく社会で、福祉政策はどうあるべきか、という課題は様々な対立軸の存在を踏まえて考えていく必要があるであろう。

📖 文献案内

① 香取照幸，2021，『民主主義のための社会保障』東洋経済新報社．
　　日本の社会保障について，その役割，これまでの改革の歴史，そして日本の財政と経済との関わりについてなどについて記されている。
② NHKスペシャル取材班，2023，『中流危機』講談社．
　　日本の中間層がこの30年でどのように変化したのか。そして非正規雇用はなぜ増えたのか，中間層の変化が結婚などへどう影響したのか，など日本の中間層の危機とその処方箋が記されている。
③ 澁谷智子，2019，『ヤングケアラー――介護を担う子ども・若者の現実』中央公論新社．
　　ヤングケアラーがまだ社会でそれほど認識されていなかった時期に出版された本で，その後2022年にちくまプリマー新書から『ヤングケアラーってなんだろう』も出版されている。

1) 例えば，日本は「大きな政府」としてイメージされることが多いが，OECD諸国のなかで日本の公務員数は最も少ない国のなかに位置づけられており，その意味では小さな政府となる。
2) 「第三の道」とは，ブレア政権のブレーンであったアンソニー・ギデンズ（Anthony Giddens）が1998年に記した『The Third Way』から出てきたものである。
3) 1989年の合計特殊出生率が1966年の1.58を下回り，1.57となったことから1.57ショックと呼ばれる。1966年は丙午（ひのえうま）で，この年に生まれた女性に対しての迷信からもともと出生率が少ないのだが，それを下回ったことが少子化が本格化していることを実感させることとなった。
4) ベーシックインカムとは，すべての個人に最低限必要な所得を無条件で給付する制度のこと。ベーシックインカム導入に際しては，年金や生活保護が廃止され，行政コストの削減につながるという議論もある。
5) 2024年4月時点で，社会保障協定が発効しているのは，ドイツ，イギリス，韓国，アメリカなど23カ国である。

〔引用・参考文献一覧〕
岡沢憲芙・小渕優子編，2010，『少子化政策の新しい挑戦――各国の取組みを通して』中央法規出版．
香取照幸，2021，『民主主義のための社会保障』東洋経済新報社．

ギデンズ，アンソニー（佐和隆光訳），1999，『第三の道——効率と公正の新たな同盟』日本経済新聞出版社．
小塩隆士，2002，『高校生のための経済学入門』筑摩書房．
島澤諭，2017，『シルバー民主主義の政治経済学——世代間対立克服への戦略』日本経済新聞出版社．
田中拓道，2017，『福祉政治史——格差に抗するデモクラシー』勁草書房．
日本経済新聞社編，2001，『やさしい経済学』日本経済新聞出版社．
ベヴァリッジ，ウィリアム（一圓光彌監訳），2014，『ベヴァリッジ報告——社会保険および関連サービス』法律文化社．
水島治郎，2016，『ポピュリズムとは何か——民主主義の敵か，改革の希望か』中央公論新社．
宮本太郎，2008，『福祉政治——日本の生活保障とデモクラシー』有斐閣．
椋野美智子・田中耕太郎，2024，『はじめての社会保障——福祉を学ぶ人へ〔第21版〕』有斐閣．

第 2 章　教育政策
公益と個人の幸福は両立するのか

> 　教育政策は主として公的セクターによって担われる。特に義務教育，高校教育でその傾向が強く，公設公営主義である。本章では4つの対立軸を紹介する。①地方分権については，中央政府と地方自治体のいずれかだけが教育政策を担うのではなく，両者の協力と役割分担が必要である。②学校選択制については，完全な自由競争は実現できないことを認識することが何よりも重要である。③教育委員会制度については，教育政策を作る主体を政治家，教育専門家の二者択一としないスタンスが重要である。④大学の立地政策については，都市と地方の関係を念頭に，政府の介入がどういう効果をもたらすか検証が必要である。
> 　教育政策をめぐる議論では二者択一に陥りがちであるから，関係者が納得できる「納得解」に至る姿勢が特に求められる。また，政策決定までしか議論が盛り上がらない状況を改めて，政策実施の検証にも力を入れる必要がある。

1　教育政策のアウトライン

教育政策の守備範囲

　教育政策の射程は幅広い。まず学校教育であるが，幼児教育（幼稚園），初等教育（小学校），中等教育（中学校，高等学校），高等教育（大学，大学院），職業教育と対象となる年齢層が幅広い。さらに，学校教育以外には社会教育・生涯教育という領域もある。これは成人教育，女性教育などを含むものである。教育を所管する中央省庁は文部科学省である。文部科学省の所管領域は幅広く，教育の他に文化，スポーツ，科学技術がある。地方自治体では基本的には教育委員会が教育を担当するが，首長部局が私立学校を所管するほか，場合によっては文化，スポーツ，文化財保護を担当することもある。

　これまで教育のなかでも義務教育に重きが置かれてきた。そのため，高等学

校，大学教育についての政策的関与は弱かった。ところが2010年代以降これらの領域への関与が始まった。特に授業料などの負担軽減策が目立つ。高校についてはいわゆる無償化が民主党政権のころに開始された。大学についても第2次安倍内閣で消費税増税分の一部を財源とする支援策が始まった。

教育政策の特徴

　教育政策の提供スタイルには2つの特徴がある。第1に，多くの場合，公設公営だということである。医療，高齢者福祉（介護）（⇒第1章）と異なり，公設公営によるサービス提供が中心となっている。ただし，幼児教育，高等教育では私学が大きなシェアを占めている（が，税金で運営費や学費を支援している）。ここでいう公設公営の意味は，地方自治体などの設置者が土地を取得し，施設を建設し，その学校を運営（直営）するという意味である。さらに，そこでサービスを提供するのは地方公務員として雇用される教職員である。つまり，地方自治体による管理運営がなされる施設で地方公務員による教育サービスは提供される。このことから，国と地方の関係は教育政策を考える際に重要な要素となる。なぜならば，地方自治体が自力で教育サービスを提供できないため，中央政府からの財政移転（国庫補助負担金，地方交付税）が必要不可欠だからである。

　第2に，地方公務員に占める教員のシェアが大きいことである。地方公務員の数は約280万人であるが，教育部門がその4割近く（106万人）を占める。これだけのボリュームのある「業界」であるから，教育政策の焦点は自然と教員の人数や給与に絞られていく。教育サービスはヒューマンサービスの典型であり，労働集約型の領域である。大量に雇用される教員をどのように処遇するか，給与水準や給与の仕組みをどう設定するか，その財源をどう確保するか，どうモチベーションを高めるか，どう質を確保するかが政策課題となっていく。

教育政策の基本情報 ──加速する少子化

　本節の最後に学校教育の概要を示す数値を紹介する。教育が提供される学校の数は小学校1万8980校，中学校9944校（2023年度「学校基本調査」）であり，公立学校のシェアが高い（小学校98.4％，中学校91.5％）。最近の特徴として私立小学校が徐々に増えてきている。2005年度に194校だったのが2023年度には244校にまで増加した。他方，公立小中学校は2000年代に入ってからその数を減少させている。少子化による学校統廃合が進み，毎年200から400校が廃校となっている。高等学校は国公私立全体

で4791校，そのうち私立高校が1321校と3割近くのシェアとなっている。特に東京都など都市部の都道府県でのシェアは全国平均を上回っている。大学については国公私立全体で810，国立86校，公立102校，私立622校であり，私立大学のシェアが大きい。また公立大学も国立大学より多くなっているが，これは最近のトレンドである。

　少子化が教育政策にとっても考慮すべき重要な要素となっている。学校統廃合もそうだが，児童生徒数の減少は教員数の減少にもつながる。例えば，児童生徒数であるが，第2次ベビーブーム世代が就学した1981年度には1193万人の小学生がいたのに対して，2018年度時点では605万人となっている（ほぼ半減）。2024年の出生数は70万人を割り込み，少子化はさらに進んでいる。児童生徒数に応じて学校ごとの教員数は定められる。学級数が小さくなり，1学年1学級ばかりの学校が増えれば，統廃合を求める声が強まっていく。ちなみに2019年に統廃合の余地のない小学校1校中学校1校の地方自治体数は220（12.6％）であった（北村・青木・平野 2024：200）。こうしたことは大学でも当てはまる。倒産する私立大学が目立ち始め，国立大学では東京工業大学と東京医科歯科大学が統合し2024年に東京科学大学が設立された。

2　地方分権をめぐる対立——全国標準か地方の自由か

文部科学省も教育委員会も関わる教育政策　日本は単一主権国家であるから中央政府があらゆる政策領域にコミットする（⇒第9章）。教育にも中央政府がコミットする。中央政府が担うのは学校の設置者（国立大学法人，地方自治体，私立学校法人）に対する財政支援や全国的ガイドラインの設定である。つまり，学校の設置者はガイドラインの範囲内で教育サービスを提供する必要がある。

　さて本節は義務教育を中心に検討するため，地方自治体と中央政府，特に文部科学省との関係に焦点を当てていく。義務教育が近代国家で必要とされたのは何よりも国民の教育水準を高め，国家として発展する知的基盤を確立するためである。そのため，国家にとっては義務教育を国民に提供するという義務を課し，国民にとっては義務教育を受けるという義務を課すことになる。日本でも義務教育の重要性は憲法第26条の規定に反映されている。義務教育であるか

ら授業料は徴収せず国家が費用を負担することが原則となる。国家の財政負担が大きいこともあり，国家としての問題意識が強く反映される領域である。国家としては自らの意図を反映させた制度を好む一方で，実際に義務教育を実施する地方自治体は自らの自由度を高めようとする。ここに義務教育という場での教育政策上の対立点が生じる。

> 都道府県の少人数学級

この対立の好事例として，少人数学級編制をとりあげる。少人数学級編制とは国のガイドラインで定めた1クラス当たりの上限数よりも少ない人数で学校編制を行うことを意味する。2024年度時点で，小学校では35人が上限（2025年度に全学年で実現予定）である。ある学年が36人であれば，18人と18人の2クラスとなる。35人であれば1クラスである。少人数学級編制は国が定める上限を地方自治体が引き下げ，例えば30人を上限とすることをいう。

このような少人数学級編制は2000年に実施された地方分権改革までは公式には認められていなかった。地方分権改革以降，一部の学年について特例的に少人数学級を認めるようになった。山形県ではそれを受けて，当時の知事が「橋の一本や二本は節約してでも」と決断し，小中学校全学年で少人数学級（33人以下とする）の導入を図った（青木 2013：110）。このように全学年で県内全域を対象に実施することは想定されていなかったため，大変な物議を醸したが，最終的には導入が認められた。

> 市町村の少人数学級

また山形県と同時期の2000年代前半には市町村レベルでも独自の少人数学級編制を敢行しようとする地方自治体が現れた。それが埼玉県志木市と愛知県犬山市である。いずれも市が独自に教員を雇用して少人数学級編制を行うようになった。両市は埼玉県教育委員会と愛知県教育委員会と激しい交渉を繰り広げた。ここに，義務教育をめぐる大きな対立点がみえてくる。

日本全国どこでも同一水準の教育サービスを受けられることが重視されてきたにもかかわらず，山形県，志木市，犬山市はそれぞれ独自に少人数学級を行おうとした。それは明らかにこれまでの義務教育のあり方に対する挑戦と受けとめられた。特定の地方自治体だけがより高い水準の教育サービスを提供することに疑問が投げかけられた。文部科学省や県教育委員会は，義務教育サービ

スの水準が全国で不平等になってはいけないという機会均等の発想を持っていた。そのため、これらの地方自治体は批判を浴びた。

なお、志木市では教員の確保が困難になったとして2019年度から独自の少人数学級編制を廃止した。全国的な教員不足もあり、市町村が教員を独自雇用する政策環境が失われた。

> カリキュラムの地方分権

次にカリキュラムの地方分権をみていこう。日本では学習指導要領がナショナルスタンダードとして機能している。学習指導要領は授業時数、授業内容が定められているガイドラインである。地方分権改革前は、各学校で遵守しなければならないものとして受け止められてきた。地方分権改革後はこのカリキュラムの面でも変化が生じた。例えば、授業時間の上乗せが可能になったし、週当たりの授業時数も違ってきた。3学期制が当然だったものが2学期制も導入可能となった。

カリキュラムの内容面についても、地方自治体が申請すれば「教育課程特例校」として学習指導要領の枠にとらわれないですむ。例えば、国語の一部と総合的な学習の時間を統合して語彙力を高める「語彙科」を設けることができる（合田 2019）。さらに、歴史をさかのぼって教えることも可能であるし（教える順序）、授業の内容によって学年や学校を越えた大人数や少人数の授業を行うことも可能である。また、保健室登校や不登校傾向のある生徒向けに教員を配置することもできる。杓子定規な教育課程編成ばかりが強制されてはいない。

3　選択の自由をめぐる対立

> 学校選択制の現状

学校教育で選択の自由といえば、入学する学校を選択する自由を意味する。いわゆる学校選択制である。文部科学省の調査（2006年、2012年、2022年）からは、学校選択制には流行り廃りがあることと、実施できる地方自治体が限られていることがわかる。2006年度調査では、小学校で14.2％、中学校で13.9％の自治体で導入していたほか、検討中がそれぞれ33.5％、36.3％であり、学校選択制が流行の兆しをみせていた。ところが2012年度調査では導入検討中の自治体はほとんどなくなり、検討予定のない自治体が小学校、中学校ともに8割を超えた。この時期学校選択制

の流行は止み，文部科学省調査もその後9年間中断した。ところが2022年度調査では導入自治体が小学校で21.9%，中学校で19.2%と着実に増加したほか，検討予定の自治体も若干増加し，検討予定のない自治体は小学校，中学校ともに7割程度と減った。また，1751自治体のうち，学校選択制の導入可能な，つまり少なくとも2校以上の学校を設置する自治体は小学校で1455（83%），中学校で1131（65%）である。他方，導入後に廃止した自治体もある。2012年度調査でも小学校で8（0.5%），中学校で6（0.5%）の自治体で廃止されたが，2022年度調査時点では，小学校で23（1.6%），中学校で18（1.6%）の自治体で廃止された。これまでに学校選択制を廃止した自治体には，神奈川県横須賀市，埼玉県三郷市，埼玉県川口市，東京都杉並区など人口が一定規模の自治体が含まれている。

　もともと，学校選択制の導入に対して文部科学省は消極的だった。これに対して規制改革の旗印のもとで，官邸，具体的には規制改革・民間開放推進会議から学校選択制の導入が強く求められた。日本では「就学校指定制度」が基本であり，住居の最寄りの公立学校への就学を指定される。つまり，選択の自由は存在しなかった。規制改革の立場からすれば明らかに問題のある制度であり，早急に改める必要があると認識された。まがりなりにも学校選択制は導入できるようになったが，実際には，導入自治体数は漸増傾向であるが，導入可能な自治体は限られており，廃止した自治体すら存在する。

> 公立学校のライバル
> は私立学校

　そもそも，公立学校のなかだけに「市場」を作り出そうとすることに無理があった。日本には私立学校が存在するからである。公立学校に行かなければならないという規制はないが，私立小中学校の場合，学費がかかるので現実には制約がある。もちろん，思考実験としては私立学校に運営費を補助して，公立学校を廃止するという選択肢もある[1]。しかし，現実には義務教育の学校の設置は地方自治体の仕事とされている。

　ここで東京都23区の小学校卒業者の進学先をみてみよう。区別の私立中学校進学率は，文京区（49.0%），港区（41.5%），目黒区（39.6%），中央区（38.6%），千代田区（37.5%）である（東京都「公立学校統計調査（令和4年度）」）。このように顧客が退出する東京23区ではすでに区内公立中学校同士の競争が期待できな

い。学校選択制度が狙うサービスの提供者同士の競争によるサービス水準の向上の実現可能性は低い。公立と私立を通じた競争環境を作らない限り，こうした公立学校だけの競争を強制する政策には意味がない。

|消費者として学校を選べるか| 学校教育について，消費者の選択の自由はどこまで認められるだろうか。学校選択は消費財や耐久消費財の購入というよりは不動産の購入に近い。たしかに日本の規制改革論者のいうように，自分の住む土地の徒歩圏内でしか通学する学校を選択できない（指定される）のは選択の自由を制限している。

ただし，コンビニエンスストアで毎日おにぎりを違うチェーンの店舗で買うような選択行動は不可能である。そもそも学校選択のできない地域もある。その点で規制改革論者は学校選択制の実現可能性をやや過大に評価しているといえる。他方，学校選択制を入学時の一度限りのことと考えているのもまた「甘い」。学期ごと，学年ごとに選択することは想定されていないが，制度設計によってはそれは可能である。日本の学校選択制に関する制度設計の議論については，積極論者も消極論者も踏み込み不足であるといえる。

4　民意をめぐる対立——政策を誰がつくるか

|誰が教育政策をつくるのか| 日本の地方教育行政について政策を立案する主体は教育委員会である。まず教育委員会制度の歴史を振り返ってみよう。日本で教育委員会制度が生まれたのは戦後である。1948年にスタートしたときは住民の選挙で教育委員を選ぶ公選制であった。選挙が採用されるのは教育という領域が地方自治体や地域社会にとって重要であると判断されたからである。選ばれた教育委員によって教育委員会が構成された。教育委員は教育を生業としないため，教育委員会による意思決定をレイパーソンコントロールという。レイパーソンのことを「素人」と訳す場合があるが誤訳である。素人は無能力をイメージさせるが，レイパーソンは生業にしていないだけであり，教育に関する識見・能力は高いことが期待される。

他方，教育委員会が政策を実施する責任者である教育長を任命した。教育長は教育の専門家であり，プロフェッショナルリーダーシップという制度原理を

高校無償化は公私の切磋琢磨を促すか？

　高校教育の重要性が増している。2024年度現在，文部科学省発足当時は置かれていなかった高校担当の参事官（課長級）が初等中等教育局に置かれている。この背景には民主党政権から始まった高校無償化政策がある。サポートアンドコントロールのために文部科学省の組織は改組され，政策と予算は拡充している。

　この高校無償化の論点は所得制限の有無と公立私立の扱いの違いである。2020年度から私立高校無償化が国レベルで始まったことで，一部の地方自治体は上乗せするようになった。東京都は2024年度から所得制限なしで48万4000円を上限に無償化を始め，大阪府も2026年度から所得制限なしで63万円までの授業料を無償化（63万円を超える分は学校負担）を行う。ただ，2025年2月時点で国レベルの議論の行方は流動的である。

　首都圏や近畿圏では県境を越えた高校通学は珍しくない。例えば，千葉県から東京都の私立開成高校に通学する生徒がいる。その場合，東京都の制度の対象外となる。これは再分配政策を地方自治体が行うことの不都合の典型例である。千葉県では県議会でこうしたケースを含む無償化の議論がなされ，100億円の財源が必要との試算が示された（2023年12月13日総務防災常任委員会）。千葉県としては国レベルの対応を求める姿勢を示している。しかし国レベルの対応と地方自治体の上乗せはいたちごっことなる可能性がある。

　ところで日本の高校教育は義務教育と比べて私立比率が高い（高校27.6％）。特に東京都は6割，大阪府は4割が私立高校である。いずれの都府とも高校の学区は撤廃されているし，公共交通網も発達していて通学の便が良い。これらの条件を合わせると，私立高校無償化の充実は生徒の私立高校志向を促進すると予想される。すなわち，まずは県中心部の公立伝統校をダメ元で受験し，不合格でも中心部の私立高校に入学すれば良いと考えてもおかしくない。

　2023年に生まれた子ども達が高校に入学する2037年には，2023年の高校入学者と比べて3割も減少することがわかっている。少子化が急速に進展してはいるものの，私立高校のシェアは2014年26.6％から2023年度27.6％とむしろ上昇した。通学区域が撤廃された多くの県では地方部の公立高校ははじめから相手にされなくなっている。もともとの少子化に加えて私立へ流出するから定員割れが常態化する。

　私立高校の無償化の目的が公私の切磋琢磨，私学振興とされるが，むしろ公立高校こそ支援が必要な状況となっている。私立高校は通学バスを広域で運行するが公立高校ではそれほど一般的ではない。手の届く範囲から公立高校への支援も必要である。

体現する。つまりレイパーソンコントロールとプロフェッショナルリーダーシップという2つの制度原理の調和があらかじめ想定されていた。日本の教育委員会制度の歴史をみるとき，この2つの制度原理の調和問題の他に，教育に関する「民意」をどう体現するかという問題が揺れ動いてきたことがわかるだろう。

> 教育委員を選挙で選んだ時代

公選制の時代は1956年までであり，選挙は3回行われた。第1回（1948年10月）の投票率は56.5％，第2回（1950年11月）は52.8％，第3回（1952年10月）は59.8％であった。2010年代の国政選挙の投票率からみれば高いと思うかもしれないが，当時の市町村議会議員選挙（1947年4月）は81.1％，都道府県議会議員選挙（1947年4月）は81.6％であったので，教育委員選挙の投票率は低かったといえる。当時の新聞では投票の呼びかけが紹介されていた。東京の省線や私鉄の車内のビラ掲示，都電や都バスの横断幕，さらには文部省の屋上から「十月五日は教育委員の選挙の日」という垂れ幕もぶら下げられた（『朝日新聞』1948.10.3）。投票率が低いと組織票に左右されやすくなる。実際，教職員組合の支援を受けた現職教員が大量に当選して問題となった（安田 2007）。そうなれば，教育委員（会）が民意を適切に反映しているとはいえなくなる。特定の利益集団（教職員組合）の意見は民意とはいえない。

> 首長が教育委員を選ぶ時代へ

そこで案出されたのが任命制教育委員会制度である。公選制教育委員会の混乱と停滞への反省に立って，首長が教育委員を任命することで，間接的に（首長を媒介として）民意を反映する仕組みとなった。その教育委員が教育長を任命することになった。つまり，民意は住民が選挙で選んだ首長が体現し，首長がまず教育委員を任命する。そして教育委員が合議で教育長を任命することになった。ただし，教育長は常勤であり，教育委員は本業が別にある非常勤であったため，実態は教育長が教育委員会に対して強い影響力を持っていた。

その後，2000年の地方分権改革（⇒第9章）によって，教育長の任命承認制度が廃止された。これは従来，任命に当たり，都道府県教育長は文部大臣の，市町村教育長は都道府県教育委員会の承認を受ける必要があったのを廃止したものである。つまり，かつての仕組みでは民意の反映ルートに，そうでない

（上位政府の）意志の反映ルートが介在していたことになる。この制度の廃止は文字どおり，地方自治体の自己選択を増すものであり，地方分権の趣旨に沿ったものであった。

そして2015年からは新教育委員会制度に移行した。これは首長の意向がより反映する制度改革であった。以前に増して民意の体現者としての首長が重要度を増しているといえる。首長は議会の同意は必要とするものの，教育長と教育委員をそれぞれ別個に任命することとなった。そして，教育長が名実ともに教育委員会を代表する位置についた。

|教育委員会の現在の姿| さて，現行制度でのレイパーソンコントロールとプロフェッショナルリーダーシップの実態はどうか。文部科学省の「令和3年度教育行政調査」から教育委員と教育長の属性を紹介する。

市町村の教育委員の属性については，4人のうち1人程度が退職教員であり，別の1人が保護者の女性（母親）という姿がみえてくる。都道府県の場合は，退職教員が必ずしも多くの委員会で任命されるわけではなく，むしろ経営者や弁護士，医師，大学教員等の専門的職業人が任命される度合いが市町村よりも大きいといえる。

他方，市町村の教育長の属性については，ほとんどが退職校長であると推測できる一方で，都道府県の場合，行政職員がキャリアの最後に任命されるポストとして運用されていることがわかる。

おおよそこのような傾向が全国的にみうけられることから，首長の好き勝手な任命が行われているとはいえないだろう。しかし，そのことは民意を体現するとされる首長の意向が十分に反映されていない可能性もうかがえる。特に，市町村では教育委員や教育長に退職教員，退職校長が任命されている可能性が高い。そうなると首長の意向とはあまり関係なく，いわば「指定席」のようなポストとして運用されていることさえあるだろう。このように民意を反映する仕組みとはいえども，他の要素（教育界の意向など）も考慮しながら教育長や教育委員は任命されている。

|草の根民主主義のアメリカ| ここでアメリカの教育委員会制度をみておこう（文部科学省初等中等教育局 2013）。アメリカでは州政府が設定する学区が教育行政を担っている（2002年時点で1万3506学区。市町村は1万

9429)。ほとんどの学区教育委員会は公選制である。他方，州の場合は州民が教育長を選挙するのが11州，教育委員を選挙するのが7州あり，任命制の州が22州ある（13州は知事が教育委員を任命し，教育委員会が教育長を任命する。9州は州知事が教育委員会と教育長それぞれを任命する）。しかし，シカゴやニューヨークのような大都市では市長が公選制教育委員会を廃止して，任命制教育委員会へ転換させるケースがある（ヘニグ 2021）。これをテイクオーバー（Takeover：乗っ取り）という。公選制の教育委員会制度が長年当然のことと思われてきたアメリカの文脈では文字どおり首長による教育行政の乗っ取りなのだろう。そういう考えからすれば，日本では1956年の段階ですでに「乗っ取り」は完了していたとさえいえる。比較の妙味である。

　このように，教育委員会制度変遷や日米の違いをみていくと，民意をどのように反映するかについての考えの違いが現れていることに気づくだろう。

5　大学教育を受ける機会の平等をめぐる地域間の対立

> 地元に大学があれば？

義務教育については自宅から離れた学校も選択できることが「消費者の自由」を増大させるものとして規制改革の目標となる。他方，高等教育については自宅から通学できない都市部の大学に人気が集中することが多い。少子化の現在でも，義務教育は公立小中学校が合わせて3万校設置されているので，徒歩で通学することを原則とする。他方，高等教育は地域によっては自宅から通学可能な大学がない場合すらある。実際，各県の大学の定員が少ないと県内大学進学率は低い（上山 2011）。ところで，大学を設置する主体は政府（国立大学，公立大学）と学校法人（私立大学）である。ここで問題になるのは私立大学の行動をどこまでコントロールするかである。学校法人として受験者，入学者，学生数が多数見込める地域は都市部である。その分競争は激しいが，それだけのチャンスはある。もちろん，地方部に設置することで独占状態を狙うこともあるかもしれないが，限度がある。僻地に設置しても経営が見込めない。消費者としての未来の学生である高校生（とその保護者）の立場からは，都市部で1人暮らしをする経済的余裕さえあれば都市部への進学を望むだろう。しかし，そうでなければ自宅から

通学できる大学の設置を選ぶだろう。このような設置者と消費者の利益の相反があるという構図を前提に政策的な介入が行われる。

　政策立案者としての政府からみると，大学の「配置」政策の考えは，高等教育機会を地域の別なく提供する機会均等と，規制緩和による「選択と集中」のどちらかとなる。前者は，大学の設置者の行動を制限して，配置政策に沿った行動を促す。例えば，都市部への設置を制限して，地方部への設置を促すことで，大学に自宅から通学できる人口を増やす。これは地域に若者をとどめおく効果も期待できるし，卒業後の若年労働者の確保にもつながる。つまり，教育政策が経済政策や労働政策上のメリットをももたらすことが期待される。また，大学ともなれば小中学校よりもはるかに大きな施設設備が整備されるから，国土政策とも関連していく。他方，後者の「選択と集中」の考え方をとると，設置者の意向を尊重し，都市部への設置を制限しないことになる。

　2020年代に向けた動き　さて，2010年代以降どちらの考え方が採用されているだろうか。2018年5月25日に「地域における大学の振興及び若者の雇用機会の創出による若者の修学及び就業の促進に関する法律」（2027年度までの10年間の時限立法）が成立したことからわかるように，前者である。具体的には，2016年度から東京23区内の定員抑制が行われてきた。第1に，定員増を認めない措置がとられた。第2に，入学者の定員超過に対して厳しいペナルティを課すことになった。なお2019年度からは定員の1.0倍を超える学生が入学した場合，私立大学等経常費補助金を超過した分だけ減額することになっていたが，当面実施が見送られた。2018年度では大規模大学で1.1倍以上，中規模大学で1.2倍以上，小規模大学で1.3倍以上の入学者があった場合，私立大学等経常費補助金を全額不交付とする措置が実施された。これは2015年7月10日付文部科学省，日本私立学校振興・共済事業団通知「平成28年度以降の定員管理に係る私立大学等経常費補助金の取扱について（通知）」で全国の大学に通知された。ところがその後東京都からの反対（2017年9月29日小池百合子東京都知事コメント＜東京23区の大学における定員増の抑制等に係る文部科学省の告示に関する知事コメント＞）もあり，先述のとおり入学定員の超過率が1.0倍を超える場合の措置については当面の実施を見送った（2018年9月11日付文部科学省，日本私立学校振興・共済事業団通知「平成31年度以降の定員管理に係る私立大

学等経常費補助金の取扱について（通知）」）。その後，東京都や私立大学からの要求もあり，2023年にデジタル分野に限って例外的に定員増が認められた。他方，2023年度からは入学定員超過率による不交付措置は廃止され，収容定員による不交付措置に一本化され，より厳格になった。

この制限政策がトリクルダウンのような効果をもたらしたという結果が示されている。2014年度には三大都市圏の大学の入学定員充足率は106％だったのが2018年度は103％へ低下した。これに対してその他の地域では，2014年度96％，2018年度101％と上昇した。

こうした政策は23区の私立大学にとって，そしてその受験生にとってはどのような影響をもたらしているのだろうか。入学定員の厳格化を受けて受験生としては併願を増やすなどの「対策」がとられる。大学にとっては受験者が増えることになる。しかし，大学にとっては入学者を抑制しなければならないから合格者判定の時点で以前よりも絞り込むことになる。つまり受験者が増えるが，合格者が減るのである。そのため，実質倍率が上昇する傾向にある。

> 大学はどこに設置すればいい？

実は，日本の高等教育政策を振り返ると，大学の配置政策は二転三転してきたことがわかる。まず1976年に「高等教育の計画的整備について」が策定され，大都市の大学新増設抑制が始まった。これは地域配置の不均衡是正が目的だった。その後，1979年，1984年にも同様の計画が策定された。これが見直されたのが小泉内閣の時期に推進された規制改革であった。2002年にそれまでの抑制策の根拠法だった工場等制限法[2]が廃止された。これにより立正大学や東洋大学など13大学が23区内にキャンパス移転を行ったという（前 2017）。

ところが地方創生へと政策の方向性が大きく変わりはじめたことで東京一極集中の是正が政策課題となった。本節でみてきたような23区内の大学定員抑制策はこの政策動向から生まれたものである。つまり，大都市部での私立大学の新増設（定員増）はもともと抑制されてきたものの，小泉内閣の規制改革の時代に抑制策が廃止されたのである。そして第二次安倍内閣での地方創生政策の一環として再び23区に限った抑制策が始まった。

なお，ここまでみてきたのは私立大学についてである。国立大学については新制大学が設置された戦後直後から基本的に地域分散策による機会均等を目指

した政策がとられてきた。実際，47都道府県に国立大学は少なくとも1校は設置されている。そのため戦前のように旧制大学とは威信の高さが比較にならない「大学」が続々と設置されたことを揶揄して「駅弁大学」[3]という言葉も生まれた。たしかにかつては地元国立大学教育学部（教育大学）に女子学生が進学する傾向が強かったように，国立大学は地元進学者の受け皿となるとともに，人材育成・供給機能を担ってきた（河野 2009）。

地元に大学があれば 2018年入学者の地元大学進学率をみてみよう（マイナビ2024年卒大学生Uターン・地元就職に関する調査）。これが政策立案者にとっての議論の出発点となる。1位は愛知県で72.1％，47位は奈良県で15.0％であり，平均は44.8％である。このように都道府県間による地元進学率に差があると認識され，政策課題として設定されていく（旺文社教育情報センター2023年度都道府県別大学・短大進学状況）。他方，地元大学に進学した場合，当然といえば当然であるが地元就職の希望者が多い。卒業した高校の都道府県と最も働きたい都道府県の一致率（地元就職希望率）は全国平均で52.8％である。地元で進学した学生に限ってみるとそれが74.1％となる。ところが，地元外に進学した学生については33.5％と低くなる。こうした数値を知らなくても直感的にそういう印象を持つ政策立案者がいることが想像できるだろう。そうなると，地元の活性化のために高等教育機関の誘致や定員充足が政策課題となっていく。

6　バランスのとれた教育政策——極端に走らないために

冷静になって
教育政策を考える 教育政策の対立事例をみてきたが，そこでわかることがいくつかある。まず，オールマイティーな，つまり万能薬，特効薬的な政策は存在しないということである。抜本的改革や画期的政策を期待してはいけない。あらゆる問題解決を1つの政策で賄うことはできない。次に，二者択一の発想を捨て去るべきである。政策が対立する際に陥りやすいのは二者択一の罠である。極端な政策が提起される際には，その反対の極の政策は批判されやすい。改革＝善という図式ができる一方，ひどいときには守旧派とレッテルを貼られてしまう。しかし，政策の選択肢は二者択一とい

うよりはその間に複数ある。つまり，1つの正解を探すというよりは，利害関係者にとっての「納得解」を導く努力が必要である（⇒終章）。

　そして，政策の検証が必要だということである。政策立案する際に「エビデンス」が持ち出され，政策の必要性が叫ばれることがある。しかし，新型コロナウイルスワクチンが治験を経て接種が開始されたのと異なり，なぜか教育政策はある自治体の事例が制度化されることもある。また，一度政策が実施されるようになると急速に関心を失うのが社会の常である。しかし，実施段階になったのであればむしろその検証に力を注ぐべきである。また，政策が行き詰まるなどの結果，政策が打ち切られることもある（学校選択制はその例だろう）。しかし，それを理由として批判するのではなく，今後のために政策の廃止に至る事情を検証する姿勢が必要である。

地方自治体の挑戦を促すには　これまでみてきた事例をまとめていこう。第2節では地方分権をめぐる対立軸を検討した。志木市は少人数学級政策を見直すことになったが，それをもって地方自治体の挑戦の可能性をつぶさない方がよい。地方自治体が挑戦することで政策が進化する余地はある。実際，学級担任を市町村独自に雇用することには困難があることが判明したのは教育政策全体としては収穫である。問題は学校教育を政策の実験の場とするのがいいかどうかである。児童生徒にとっては一回きりのチャンスである日々の授業をどう考えるかは論点となる。しかし，全国画一の教育システムでは個別のニーズや発想に対応できない。これは効率性を失わせることにつながっていく。国家として最低限度の水準を維持したいのであれば，最低基準を設定しつつ，地方独自の上乗せ・横出しを一定程度許容することが好ましい。

市場化は特効薬ではない　第3節では学校選択の是非が問われた。学校選択制を推進する考えの背景には，選択によって競争が促進され，その結果教育の質が高められるという発想がある。これが現実に機能するには，まず消費者が適切な選択を行うだけの能力と情報を持ち合わせているかが問われる。他方，制度設計によっては，児童生徒数の増加が給与や予算の増額に反映することはありうるから，「勝ち組」にとって好ましい仕組みとなるため，児童生徒数の増加を狙って不適切な行為（甘い指導，金品の授与，他校の批判）に走らせない仕組みも必要である。他方，低評価の学校と教員を「退

場」させるには学校選択制は有効な手段となるかもしれない[4]。しかし、それは教育行政の責任回避であり、「市場」に評価を丸投げしたことになる。

> 教育を独裁しないように

第4節では地方教育行政を事例に民意の反映の仕組みについての対立点を検討した。選挙によって選ばれる一般目的政府の政治家（知事、市町村長、地方議員）に教育を委ねることの是非が問われる。地方教育行政の政策立案者を誰にするかという制度設計上の問題である。現在の傾向は首長にあらゆる決定を委ねるものであり、選挙結果が民意を示しているという想定が強まっている。さらに、専門家不信と公務員不信という潮流も指摘しておきたい。教育に限らず、専門家とみなされてきた人々に対する不信は高まっている。東日本大震災の福島第一原発の過酷事故（⇒第5章）をみれば原子力の研究者や技術者に対する不信感が増大するのは無理もない。さらに経済が停滞することで身分保障が手厚い公務員に対する不満も高まる。

それではどうすればいいのか。首長は教育だけを考える立場にないため、一定程度は教育行政という領域の自律的政策決定に委ねることが必要である。そのうえで教育行政が暴走しないような制度設計を考えることが求められる。

> 少子化に右往左往する大学

第5節では高等教育の機会均等を空間的に保証する方法を検討した。机上の計算でいえば、地方部にも都市部にも大学を配置して高等教育の機会均等を保証することは好ましいかもしれない。歴史的にみて日本の高等教育政策はそうした考えを採用していた。

その考えが先にみたのとは違う形でも表れている。破綻寸前の私立大学の公立大学化による「救済」である。公立大学となると地方交付税によってその運営経費が基準財政需要額に算入され、地方自治体の財政負担が軽減される。いわば「打ち出の小槌」である[5]（中田 2020）。しかし、そのことで学費が下げられ人気が急騰すると、今度は地元出身者の入学率が下がるというジレンマに陥る。公立大学化は地元私立大学救済が目的の1つであるが、その他に地元住民の高等教育へのアクセスを維持することも目的である。

以上のように利害関係者の多い教育政策については、本来は適切な論点の設定と丁寧な議論が必要であるが、実際には極端な改革案が勢いを得ることもある。教育政策リテラシーが必要な時代である。

📖 文献案内

① **青木栄一，2021，『文部科学省——揺らぐ日本の教育と学術』中央公論新社．**
　　文部科学省を軸として，教育委員会，大学を通じた教育政策の実施上の問題（リソース制約を無視した実施主体への依存）を描き出す．同時に，教育政策の立案主体が文部科学省から官邸へと移行したことを「間接統治」として問題提起した．

② **中澤渉，2018，『日本の公教育——学力・コスト・民主主義』中央公論新社．**
　　公教育がなぜ必要なのかを社会学的・経済学的に簡潔に説明してくれる．そのうえで日本では公教育費負担の対 GDP 比は低いにもかかわらず，公教育への投資を支持する人々が少ない理由を明らかにする．

1) 介護保険はこのイメージに合致するし，医療もほぼそうである．
2) 「首都圏の既成市街地における工業等の制限に関する法律」「近畿圏の既成都市区域における工場等の制限に関する法律」の総称．
3) 急行が停まる駅には駅弁が売っているように，せいぜいその程度の珍しさしかない新制大学という意味である．
4) 品川区では学校統廃合につながっていった．
5) だが，こうした「裏技」もあくまで当該地方自治体で合意に至った場合にのみ選択される．私立大学の公立大学移管を断念したケースもある（新潟産業大学，姫路獨協大学）．

〔引用・参考文献一覧〕

青木栄一，2013，『地方分権と教育行政——少人数学級編制の政策過程』勁草書房．
北村亘・青木栄一・平野淳一，2024，『地方自治論［新版］——２つの自律性のはざまで』有斐閣．
上山浩次郎，2011，「大学進学率の都道府県間格差の要因構造とその変容——多母集団パス解析による４時点比較」『教育社会学研究』(88)：207-227．
河野銀子，2009，「女子高等教育の量的拡大と質的変容——1990年度以降の変化に注目して」『山形大学紀要（教育科学）』14 (4)：359-370．
合田哲雄，2019，「教育課程行政」青木栄一編『教育制度を支える教育行政』ミネルヴァ書房．
中田晃，2020，『可能性としての公立大学政策——なぜ平成期に公立大学は急増したのか』学校経理研究会．
ヘニグ，ジェフリー（青木栄一監訳），2021，『アメリカ教育例外主義の終焉——変貌する教育改革政治』東信堂．
前一平，2017，「東京23区における私立大学等の定員抑制——東京一極集中の是正と地方大学の振興」『立法と調査』(395)：99-112．
文部科学省初等中等教育局，2013，『諸外国の地方自治制度』(2019年６月７日取得，http://www.mext.go.jp/b_menu/shingi/chukyo/chukyo1/gijiroku/__icsFiles/afieldfile/2013/07/25/1337691_02.pdf)．
安田隆子，2007，「教育委員会——その沿革と今後の改革に向けて」『調査と情報』(566)：1-10．

第 3 章 経済政策
市場メカニズムの活用とその限界

　多くの社会的問題が経済活動と結びついており，この経済活動をコントロールすることで社会的問題を解消する政策を本章では経済政策と呼んでいる。経済政策の実施にあたっては市場メカニズムを利用するが，それが適切に機能すれば，効率性という極めて重要な社会目標の1つを達成可能である。
　しかし，市場メカニズムの持つ機能は万能ではなく，それが及ばない論点もある。ここでは公平性の確保，私的便益と社会的便益の対立，タブートレードオフ，世代間の利益の対立といった視点を提供する。
　また，経済政策の具体的な事例として，優越的地位の濫用の問題，イノベーション促進策としての知的財産権政策，地球温暖化対応としてのカーボンプライシングなどを取り上げ，何が実現可能で，乗り越えるべき問題は何かを指摘する。

1　経済政策とは何か

何が経済政策の対象か？

　経済政策とは，物価の高騰や失業率の上昇，経済の低迷などの問題が生じた際に，政府が市場に直接的に働きかけ，そのような問題を改善していこうとする政策であると一般的には考えられているであろう。より具体的にいえば，中央銀行（日本の場合は日本銀行）による金利操作，政府による税率や税制の変更などを利用して経済を安定化させる，あるいは失業手当や生活保護などを利用して，所得格差の是正などを行うといったものがそれにあたる。しかし，それは狭い意味での経済政策といえるであろう。

　本章ではより広い意味で経済政策という言葉をとらえる。人々の生活や企業活動に関する様々な問題は経済活動と密接に結びついている。経済活動が市場メカニズムを通じて行われていることを考えると，様々な社会問題を解決する

ために政府や自治体が市場メカニズムに対して行うなんらかの働きかけが，問題の軽減・解消につながる可能性がある。そこで，「市場メカニズムの機能を修正・補完して社会的な状況を改善するための政策」を本章では経済政策と定義する。

　上記の定義を踏まえると，経済政策の対象となる課題は非常に幅広いものになる。先述した狭い意味での救済政策の対象となる財政や金融，労働市場などは主要なトピックであるが，資源・エネルギー分野，社会保障，教育制度などの一部分も経済政策の対象に含めることができるであろう（これらについては本書の当該章を参照されたい）。本章においては，相対的に近年その重要性が増している課題あるいは市場メカニズムを通じた問題解消が活発になされ始めた課題に対する政策を取り上げる。具体的には，健全な企業間競争環境の確保，イノベーションの促進，地球環境問題といった課題に関する経済政策について議論したい。

市場メカニズムが社会にもたらす便益

　市場メカニズムは，効率的に資源を活用できるメカニズムである。ここで「効率的」という言葉が意図しているのは，単に資源を無駄に使用することなく生産できているということだけではない。人々がものをどの程度得られるのかという配分面での効率性を含んでいる。

　ある財やサービスがどうしても欲しい人は高い金額を支払う意思があり，そうでない人が支払っても良いと考える金額は低いと考えられる。このような状況において市場で人々が取引を行うと，より高い金額を支払ってもよいと考えている消費者は商品やサービスを購入でき，そうでない人は購入することができない。この話は一見お金を持っているかもっていないかが重要にみえる。しかし，財やサービスに対する消費者の欲しさの度合いと財やサービスに対して支払っても良いと考えている金額との間には一定の相関があるといえるだろう。金持ちはありとあらゆるものに高い金額を払ってもよいと思っているわけではないし，またあまりお金を持っていない人でも何としても手に入れたいと考えているものに対しては高い金額を出してもよいと考え実際にそのように行動することは多い。だとすれば，市場メカニズムはその財やサービスがより強く欲しいと願っている人に自動的に配分されるシステムであるといえる。この

ような点を考慮すれば市場メカニズムは良いシステムである。これが配分面において効率的ということの意味である。

　もう少し経済学的な表現を利用すれば，市場にいる誰もが価格決定に影響力を持たない競争が行われている市場（完全競争市場と呼ばれる状況）では，そのメカニズムに委ねることでパレート効率的と呼ばれる状態を実現できる。これは，現在の状況を変えると，誰かの満足度を下げずに他者の状況を改善することはできないような状態のことである。市場メカニズムが適切に働けば人々の好みを反映した形で無駄なく資源を配分できるのである（厚生経済学の第1基本定理と呼ばれる）。

　市場メカニズムは，その運用に際して誰かが大きなシステムを構築したり，物理的・金銭的に負担したりすることなく，競争を通じて適切な価格設定がなされ，資源配分という観点からもより効率的な結果をもたらす。市場メカニズムがうまく機能しない「市場の失敗」という状況の是正が必要な場合もあるが，それを是正したうえで市場メカニズムを活用すれば，社会的に望ましい結果が自動的にもたらされるという意味で非常に優れたシステムである。したがって，市場メカニズムを活用した政策は社会にとって大きなメリットをもたらす可能性がある。

2　経済政策における様々な対立軸

効率と公平とのトレードオフ　　市場メカニズムが適切に機能したときに，上述したように効率性という観点からみれば望ましい。つまり，社会の全構成員が得られる便益を最大化し，効率的な配分が実現できるという点で市場メカニズムをそのままあるいは政府が介入したうえで活用することは有意義である。市場メカニズムを活用しなければ，手持ちの資源から得られる可能性のある水準よりも少ない量を多くの人に配分するという政策しかとることができなくなるためである。

　では効率性が満たされていれば十分なのか。残念ながらそうではない。最終的に政策によって得られた成果は人々に分配されることになるが，人々への還元が必ずしもすべての人にとって納得した形でできるかは，これまでの議論に

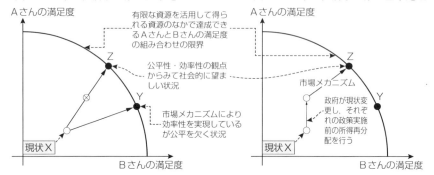

は含まれていない。別の言い方をすれば，市場メカニズムを利用した政策は，不公平な帰結をもたらす可能性があることを排除できていないのである。このような公平性の問題を必ずしも解消できないという点は市場メカニズムが抱える1つの大きな問題である。

　経済政策の成果は，効率性と公平性とを同時に実現しているような状況が望ましいのはいうまでもないが，それを達成することは難しい。このことを理解するために，AさんとBさんとの2人からなる社会を考えよう。社会にある資源は有限であるからこの資源を活用して得られるものには限界があり，その得られるものを分配すると，一方が多く得られればその人は高い満足度を得られ，一方は低い満足度しか得られない。そのような関係のイメージを描いたものが図3-1の右下がりの曲線である。この曲線上にある2人の満足度の組み合わせはすべて資源を無駄なく活用した結果得られる。厚生経済学の第1基本定理によれば，市場メカニズムを通じて得られる結果は，この曲線上のいずれかの場所を実現できる。例えば現状Xという点から市場メカニズムに任せて実現した結果が点Yのような効率的な状況を実現できるものとする。

　一方で2人だけで構成される社会での公平な状況は点Zのようなものであるとしよう。だとすれば市場メカニズムがもたらした結果である点Yの状態は公平性を満たしていないといえる。市場メカニズムがもし点Zを実現できたとしても，それは必然ではなく偶然でしかない。このことは効率性を追求することによって公平性が犠牲になる可能性が極めて高いということを意味している。

言い方を変えれば，公平性を確実に実現しようとすれば，効率性が失われる可能性が極めて高いことを意味しており，両者は一種のトレードオフの関係にあるといえる。

ただし，市場メカニズムは公平性の実現はできないと述べたが，この話には続きがあり，厚生経済学の第2基本定理の話になる（図3-2が直感的なイメージ）。この定理は，事前に何らかの再配分などの政策を行えば，市場メカニズムを通じていかなる効率的な結果も実現することができる，というものである。つまり，公平かつ効率的な資源配分（点Zのような状況）があるとすれば，所得配分を事前に行って調整したうえで，市場メカニズムに委ねれば，最適な状況を実現することができるといっているのである。

では厚生経済学の2つの基本定理が示すような効率と公平の両立は果たして実現可能なのだろうか。結論からいえば，不可能ではないにしても極めて難しい。それは政府による再配分が適切に行われる保証は必ずしもないためである。このような観点から論理的には効率と公平の実現はからなずしも不可能ではないが，実際には困難であると言わざるをえないであろう。

|公平性に対する多様な考え方の対立| ここまで公平性という言葉の意味についての議論はしてこなかったが，そこにも意見の対立が生じうる。公平性という言葉の現実的な解釈は一筋縄ではいかないものであり，その意味は多岐にわたる。政策担当者はどのような公平性を実現していくべきかを慎重に見極めなければならない。

公平という言葉の基本的な語感としては，「人々や企業に対して均等に」ということが挙げられるであろう。この語感に対して可能な解釈の1つは，何らかの社会全体の成果を均等に配分するということである。言い換えれば，結果の公平性である。もう一方で，何かの取り組みに加わる機会を平等に得る機会の公平性といった解釈も可能であろう。どちらが公平性として望ましいのだろうか。一般的に機会の公平性が重要であるといわれる。しかしこれも絶対的ではない。例えば機会が平等に与えられても，何らかの不運や持って生まれた能力などによって，機会から得られる成果は大きく人によって異なってくる。それはその個人の責任に帰されるべき問題であろうか。おそらくそうはいえないだろう。したがって，結果の平等をまったく考慮しないということは問題であ

Column

公平性を確保することは容易か？

　本章では政策の判断基準として効率性や公平性という概念について議論をしている。効率性に関しては，その基準の客観性は維持しやすい。一方で公平性という概念は必ずしも客観的ではなく主観に依存する側面が強い。加えて，それを測る客観的な手段があったとしても，一貫性のある結果をもたらさない可能性もある。例えば，森口（2017）にも示されているように，ジニ係数という不平等度を図る一般的な指標を使っても，調査によっては，社会における不平等の状況の解釈には差が生じる可能性がある。

　個々人が持つ公平性という概念自体も時間と共に移ろいゆく可能性がある。アメリカ人に対する調査に基づいた Cappelen et al.（2021）の研究によれば，COVID-19 などの社会的な危機があると，人々は自分自身の問題よりも社会の問題を優先するようになり，運による不平等にも寛容になると報告されている。

　人々の公平性に対する考え方に影響を与えるのは，外的に発生する環境要因だけでなく，制度自体も影響を与える可能性がある。例えば Yanagi et al.（2023）は，政府内の意思決定プロセスが透明でないことが，公平性の認識を低下させる可能性を示し，さらには政策を人々が受け入れるかどうかに対しても影響を与えることを指摘した。

　公平性という概念を定義できたとしても，政策担当者による公平で公正な政策立案と実行のためには，適切な情報を使用しなければならない。COVID-19 によるパンデミックにおいては，その点に関する問題が浮き彫りとなった。パンデミックにおいて感染情報や死亡情報などに関する予測モデルの開発が多くなされた。政府はこのような予測モデルの結果などを用いて様々な政策を行うことになる。当然ながら誤った予測をするモデルの結果を情報として利用した政策は，市民が得られる医療サービスに格差を生じさせる可能性がある。あるいは検査へのアクセス面での格差を生じさせ，もともと健康格差に直面しているマイノリティや貧困層のコミュニティにとってさらなる負担を強いる可能性がある。

　Tsai et al.（2022）は，政府が政策の基礎となる情報として利用するような予測モデルを作成するためにはそのようなモデルの公正さを明確に評価するためにも，開発プロセスを多くの人々が理解できるように完全な透明性を保つ必要があることを指摘している。当然ながらこのように慎重なプロセスに従って作成したモデルから得られた情報であっても完璧なものではない。政策に利用する情報の限界なども理解したうえで政策担当者は意思決定すべきである。以上のような様々な観点から，公平性の確保や改善は政策上極めて難しい問題であるといえる。

る。どちらをどの程度重視するのかの塩梅は非常に困難な判断である。

　さらには垂直的公平と水平的公平といった概念もある。これらは税の徴収に際して議論される公平性の概念である。垂直的公平とは税負担はその能力に応じて決まるべきであるという考え方である。累進課税などが行われている所得税などがこの考えを反映させた代表的なものであり，税負担能力を基準に公平性を考えるというものである。一方で水平的公平とは，あらゆる面で同じ特性を持つものであれば等しく取り扱われるべきであるという考え方であり，消費税などはその性質が強く反映されているといえる。これは応益性に基づく公平性の判断基準である。政策でどのような公平性をさせるのかにかかわらず，価値観の対立を生じさせることは不可避である。

　これに加えて，買い手と売り手との間の取引における公平性の問題もある。市場取引から得られる社会的便益の大きさは，経済学では社会的余剰と呼ばれるものを基準に判断することがある。この際の社会的余剰とは，買い手と売り手が市場取引を通じて得られる便益（消費者余剰と生産者余剰）の合計である。例えば，売り手がより強い価格決定権を持つような市場は，不完全競争市場と呼ばれる。このような状況のもとでは不完全競争市場ではない状況に比べて，買い手は市場取引から得られる便益が小さくなり，売り手（例えば企業）はより高い便益を得られることがある。不完全競争市場では売り手が買い手の便益をより多く吸い上げる可能性がある。市場メカニズムがもたらす有益性は，競争が行なわれている市場ではこの社会的余剰を最大にしてくれるという点にある。しかしその社会的余剰の構成が売り手と買い手のどちらに偏っているかが市場取引における売り手と買い手の納得感に影響を与え両者に対立を生じさせる可能性がある。

　　social的便益と私的便益との不一致　経済政策を行うのは政府や自治体などである。このような公的機関が政策で目的とするものは，特定の個人やグループ，個々の企業などの利益のためなどでは（基本的には）ない。社会全体が望ましいと思われる状況を実現することが目的である。一方で，企業や個人の目的は企業であれば私的利益を最大化することが第一の目的であり，個人は自身の満足度を高めることにあるといえるだろう。つまり公的機関や民間企業，個人といった経済活動の主体が違えば行動目的が異なってくる。それぞ

れの主体の便益や費用に違いがあれば，その行動の結果にも違いが出る。

　一般的に，政府が行う経済政策で追求する社会全体が享受する社会的便益と，その政策に関連する活動を個々の企業や個人の企業が行った場合に得られる便益である私的便益を比較すると，基本的に前者の方が大きい可能性が高い。したがって，個々人や企業の市場メカニズムに基づく活動に委ねれば，政策目標は過小にしか達成できない場合がある。よって，このような場合には，市場メカニズムを利用した経済政策は，主体間の便益の大きさの違いを調整するような対応が求められることになる。

> タブー・トレードオフ

経済政策が市場メカニズムを利用する以上，その対象となるものに対してなんらかの金銭的価値が付けられていることが前提になる。しかしながら，金銭的価値をつけるということ自体に問題が生じるケースがある。例えば経済開発において，その費用と便益を考えるにあたって自然についての価値を評価しようとすることを多くの人々は不快感や異和感を感じる。自然の価値を金銭的に評価すること自体が道徳的に適さないと考えるのである。他にも，身近な例でいえば救急車の有料化の議論や，山岳遭難における救助費用などといった人命との関わりに関する議論も同様である。

　社会的に聖なるものであるとみなされている対象に対して，金銭的な評価をしようとすることに嫌悪感を持つ人は多い。このような聖なる対象になんらかの世俗的な価値観を対応させて，聖なるものを取捨選択する際に生じる感情的な対立をタブー・トレードオフと呼ぶ。

> 世代間の対立

政策を策定し実行するのは主に政治家であるが，政治家はその時点で生きる人々の歓心を買いたいと考える傾向がある。しかしながらそれは世代間の対立という問題を生じさせる可能性がある。市場メカニズムを利用して政策を行う際には，市場に現存するプレイヤーの存在をまず何よりも最初に考えることになる。物事を判断しやすい，認知しやすいという視点からも現存のプレイヤーが存在する時点だけに着目する「静学的（短期的）な視点」に基づいた判断がなされやすい。

　しかし，政策を実施するにあたっての判断をこの視点のみに依存することは，その政策の影響を受けるにも関わらずその市場に参加できていないプレー

ヤーの存在を無視することにつながる可能性がある。そのようなプレイヤーの代表的なものが将来世代の人間である。将来世代までを含む時間軸を考慮した「動学的な（長期を見据えた）視点」は，政策の成果について長期的に配慮する必要があるため，メカニズムの解明や予測の困難が伴う。したがって政策において判断基準を考慮するためには静学的な視点が使用されがちである。結果として経済政策に関する世代間の対立が生じることになる。

3　市場での健全な競争環境の確保

競争環境確保のための政策　ティロール（2018）が指摘するように，活発な競争環境のもとでは，どのような経済主体も自らの都合の良い状況を作るための裁量を持つ余地がなくなる。逆にいえば競争が制限されれば一部の経済主体が裁量を持ち，それを発揮することで恩恵を受ける。結果的に，それ以外の主体はその恩恵を受ける人々のために高いコストを負わなければならなくなる。つまり如何にして市場メカニズムにおいて競争を維持し，裁量を持つ一部の主体にとってのみ都合の良いような状況を作りださないようにするか，ということが政策上極めて重要であるといえる。

優越的地位の濫用と公平・効率　通常の市場メカニズムのモデルでは，ある商品の価格は市場で1つの価格（固定価格）に定まるという状況を想定する。コンビニに行けば，ペットボトルのお茶は誰に対してもおおよそ160円という同一価格で販売されているのはまさにその典型例である。例えば，自らにとって都合のよい価格設定をすることができる売り手が商品に単一価格を設定した時の価格と取引数量の関係性を視覚化すると図3-3のようになる。

ただし常にこのような形で価格が決まるわけではない。市場において売り手が強い交渉力を持っている一方で，買い手の交渉力は売り手に比べ相対的に弱い状況を考えよう。この時，売り手は買い手が支払ってもよいと思っている価格に応じて異なる価格設定を行おうとする。より高い金額を支払う意思を持つ相手にはより高い価格で売り，そうでなければ少し低めの価格で販売するということである。もしこのような交渉力の観点を考慮すると，固定価格で販売される状況に比べ，その製品をより多くの人が手にすることができる可能性があ

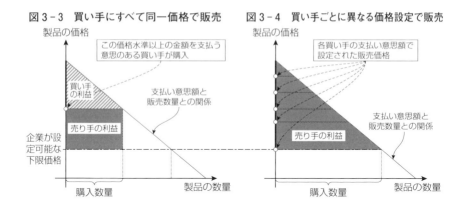

る(図3-4)。これは図3-3のような状況に比べて、社会全体で得ることができる市場取引を通じた便益(売り手の利益と買い手の利益の合計)を最大化させる方向に機能する。別の言い方をすれば、企業間競争が激しい状況で得られるような効率的状況と同じ状況を実現することができるといえる。これは一見良い結果である。

ただし、このような状況下では、利益を得られるのは交渉力の強い売り手の側だけである。図3-3および図3-4の ■ が売り手の利益であり、////// が買い手の便益である。たしかに買い手と売り手の便益の合計である社会的便益は、図3-4の状況の方が大きい。しかし、図3-4の状況下では買い手の利益はゼロになってしまっている。このような売り手と買い手との関係がある場合には、売り手の企業だけが大きな利益を得られることとなる。結果として、売り手と買い手との間でこの市場メカニズムを通じて得られる便益に大きな差が生じ、不公平な状況が生まれる可能性がある。

効率性は実現しているが、必ずしも公平性を実現しているといえないこのような状況は、例えば優越的地位の濫用という独占禁止法上の違法行為という扱いを日本の競争政策上では受ける可能性がある[2]。注意すべきは相対的に交渉力が強いという「優越的地位」を持つことが問題になるのではなく、その地位を濫用することが問題となる。つまり優越的地位の濫用とは「交渉力の強い企業がそれを用いて相対的に弱い相手から搾取してよりを多くの利潤を得る行為」を意味している。

競争政策の目的の1つは市場メカニズムを利用して効率性を高めることであり，それを実現している図3-4のような環境は決して悪い状況ではない。しかし，ここでは公平の視点は無視されており，もし買い手にも一定の利益が生じるような状況を実現する必要があれば，固定価格で販売をすれば買い手も市場取引から一定の利益を受けることができる。ただし，このような状況は決して効率的ではなく，平等を追求することによって効率性が毀損される可能性があるといえる。

市場取引を通じて得られる便益を両者でどのよう分けるのが適当なのかについての線引きは厄介な問題である上，もし公平性をより重視すれば効率性を損なうことになるという意味で，バランスのとり方に関する判断が極めて困難になるだろう。

> ニュースコンテンツ配信とプラットフォーマー

実際に優越的地位の濫用として近年注目されているデジタルプラットフォーマー（以下，プラットフォーマーと呼ぶ）が引き起こす諸問題を取り上げよう。アマゾンやGoogleのようなプラットフォーマーと呼ばれる企業は，サービスや製品の利用者の規模が大きくなるほど個々のユーザーの受けるメリットが拡大するネットワーク効果と呼ばれるものを通じて巨大化しやすいという特徴を持つ。その結果，プラットフォーマーの交渉力とそれが提供するプラットフォーム製品を利用する企業や個人の交渉力との間に大きな格差が生じる可能性が高まる。以下ではプラットフォーマーとニュースメディアとの関係で生じている事例について解説する。

ニュースプラットフォームはそれを運用するプラットフォーマーとニュースの素材を提供するニュースメディアとによって成り立っている。ニュースプラットフォームは，様々なニュースメディアが発信する情報をまとめたものであり，既存のニュースメディアに代わる形でその重要性が高まっている。実際にニュースサービスのうち，紙の新聞の利用率は全体で2018年は50.7%であったものが2023年には33.2%へと急速な低下がみられる一方で，ポータルサイトによるニュース配信は，2018年には66.3%であったものが2023年には76.3%に増加しており，ニュースソースとしての存在感は極めて大きなものとなっている。

このようなニュースコンテンツ配信環境のなかでは，ニュースメディアに

とって「許諾料」が経営上極めて重要となる。許諾料とは，ニュースメディアがニュースポータルを運営するプラットフォーマーに提供するニュースの掲載料金のことである。許諾料はニュースメディアとプラットフォーマーとの交渉によって決まるものであるが，ニュースメディアのプラットフォーマーに対する収入面での依存度がますます高くなっていく状況においては，プラットフォーマーの相対的な優越性はより強固になる。つまり，ニュースポータルを運営するプラットフォーマーがニュースメディアにとって不利な要求を行いうる状況にある。

2023年9月に公表した『ニュースコンテンツ配信分野に関する実態調査報告書』において，公正取引委員会は，ニュースポータルであるYahoo!ニュースが，ニュースメディアに対し優越的地位にある可能性があることを指摘した。具体的には，中間ページ（ニュースコンテンツの本文の一部やその解説などを掲載したページのこと）を掲載することに関しては許諾料が支払われないような契約になっているケースがあることなどが明らかになった。

このようなニュースポータルの運営は，ニュースの消費者にとっては安価で多くの情報を入手できるという点で，消費者に便益をもたらすことになる。しかし，これは必ずしも社会にとって便益のみをもたらすわけではない。公正取引委員会が指摘するように，「ニュースコンテンツが国民に適切に提供されることは，民主主義の発展において必要不可欠であり，また，消費者に情報を届けるという観点で，消費者における自主的かつ合理的な商品等の選択を通じた公正な競争環境の確保に資するものとしても重要である」（「ニュースコンテンツ配信分野に関する実態調査報告書」, p.1）ならば，このようなニュースポータルによる優越的地位を濫用している可能性の高い状況が継続すれば，ニュースの価値はゼロあるいは安価であるという社会における認識が持たれかねない。となれば，ニュースメディアの収益が減少し，最終的にはニュースコンテンツの質の低下や，ニュースメディアの縮小といった事態を生じさせかねないといえる。

優越的地位の濫用に解決手段はあるのか

既に述べたようにプラットフォーマーがそのプラットフォームの利用者（企業や個人）に対して優越的地位を持ったとしても，それ自体が問題ということではない。それを濫用した場合に

問題が生じる。独占禁止法における優越的地位の濫用を規制するのは，安達 (2022) が主張するように「(過度な) 搾取の規制防止」のため，別の言い方をすれば利益の (ある程度) 公平な分配であるといえる。

　ニュースコンテンツ配信の事例に照らして考えると，ニュースコンテンツ配信者側からプラットフォーマーが過剰な搾取 (過小な許諾料の徴収) を行っていることが問題になる。しかし，そのような搾取が抑制されており公平性が保たれているという状態かどうかの客観的な判断基準は現時点では存在しない。たとえもし，公平性に関連する基準が担保できたとしても，果たしてそれは効率性の観点からどの程度評価できるのかというバランスに関しては一定の明確な解決方法を見つけることは難しいだろう。さらにプラットフォーマーとその利用者たちとの関係で生じるこの種の問題の解決は，従来の生産者と消費者という関係性に比べ，プラットフォームが複数のプレイヤーによって利用されているケースが多いことを考えると，利害関係当事者が多くなり，利害関係の特定と，それぞれの便益の評価に関する議論はますます困難になるといえるであろう。

4　経済成長を支えるイノベーション

イノベーションの促進のための政策　イノベーションとは何らかの経済的な価値を生み出す新たなモノ・技術の発見のことであり，これが活発になることよって新たな経済的な価値が生まれ，その国の経済的な成長につながると考えられる。ただし，イノベーションは必ずしも自然に生じるものではない。したがって，イノベーションが生じやすい環境を醸成する政策は重要な経済政策であるといえるだろう。

　イノベーションによって生み出される知識や技術は，利用しようと思えば，誰もが自ら研究開発費を負担することなく利用できる。したがって他者が研究開発して発明した技術をコピーして使おうとするインセンティブが生まれる。コストを払って起こしたイノベーションが他者の利益になり，自ら得られるものが少なくなれば，誰も研究開発にコストを払わなくなり，結果的にイノベーションは起きなくなってしまう可能性がある。これは先に述べた社会的便益と

私的便益との不一致によって生じる問題である。市場メカニズムに任せて民間企業のみにイノベーションを依存すると社会にとって最適なイノベーションの水準よりも過小なイノベーションしか生じなくなるのである。

　イノベーションを持続的にかつ最適な水準で引き起こすためにはどのようにすればよいだろうか。その答えの1つは，上述のような悪循環を断つ方策を社会的に準備するというものである。別の言い方をすれば，イノベーターにイノベーションを起こすためのインセンティブや活動をしやすい環境を政策的に作る必要がある。

　その具体的方策の1つは，政府がイノベーション活動への金銭面での支援を行うというものである。例えば，大学や様々な公的研究機関に対して政府による補助金や政府からの直接支出を通じて研究を行うという方法がある。このような方法は，社会的に望ましいが商業的に成功しにくく，より多くの場面でその成果を利用することができる基礎研究で広く実施されている。

　また，インセンティブを与える他の方法としては，特許権などの知的財産権を保護する制度を提供することである。知的財産を保護することによって，イノベーター自らが生み出した製品・技術・作品に対する専有（独占）可能性を確保することが事前に保証される。これによりイノベーションに取り組むことで得られた成果が経済的な利益につながる可能性が高まるため，イノベーターがイノベーションに取り組む動機を与えることができる。

　中小企業に対する研究開発支援策　イノベーションを生じさせる活動をサポートする政策はいくつかある。先述した研究開発に関する補助金や，減税などのコスト面でのサポートというこれまでにも多く取られてきた手段に加え，様々なアイデアを持つ中小企業や新たなコンセプトや技術を取り上げて設立された新興企業の研究開発を支援する政策がある。後者については1980年代にアメリカで始まり，現在では日本でも取り入れられているSBIR（Small Business Innovation Research）が代表的な政策である。例えば2024年9月にはこの枠組みで，衛星打ち上げの技術を持つ企業を育てるために3社の中小企業に合計100億円超の補助金を出すことを日本政府は決めている[3]。

　ただし，誰に対して補助金を出すのかということに関しては，イノベーションが大きな不確実性を抱えたものである以上，公平性を確保しながら客観的な

判断をすることは難しい。うまくいかない人がますますうまくいかなくなり，成功者はますます大きな成功を手にするような状況を回避することは補助金を出すにあたって考慮すべき問題である。

知的財産権の保護　イノベーションによって生み出されるモノや技術，知識は知的財産と呼ばれるが，それを生み出した主体を保護するための制度は知的財産権制度である。知的財産権のなかでもイノベーションと最も関係が深いのが特許権である。日本では，特許権が新技術等の登録によって発生し，その権利の存続期間は20年と定められている。技術革新を起こした発明者はその新しい技術や知識に関してこの期間専有（独占）権を保有することで，利用を希望する者から利用料を徴収し，利益を得ることができる。これは利用者がいる限りは発明者に対して発生し続けることになる。そしてこのように新たな技術が公開されれば，利用者はその対価を支払うことによって新たな商品を生み出し，それを入手した消費者の生活の質を向上させることが可能になるのである。この循環は経済活動を刺激し，経済成長へとつながる。

特許権が抱える多くの問題　しかし専有（独占）可能性を与えることはデメリットも存在する。1つは，特許権の使用コストの存在が新しい技術を活用しようとする動機を減殺してしまう可能性である。私的便益と社会的便益を一致させる方向へと進めると，イノベーションに対するインセンティブを高めることになり経済的な発展を促進する（動学的効率性，事前の効率性を高める）が，イノベーションの成果を利用することで得られる社会的便益は抑制される（静学的非効率，事後の効率性を引き下げる）ことになる。これは世代間の対立としても解釈できる。

また極めて基本的な技術特許の場合，その技術を回避して製品を作ることができない状況が生じうる。そのようなときには，当該特許の使用をめぐって問題が生じる。例えば近年のスマートフォンなどの電子機器などに関しては，その製造にあたり技術的に不可欠な特許が数多く存在し，その使用許諾が必要となる。この場合，製品製造には多額の特許料の支払いが不可避になり，製品価格が極めて高くなってしまう。このような状態はロイヤリティ・スタッキングあるいは特許の薮と呼ばれ，新製品や新サービスが提供しにくい環境を生じさ

せるため社会的に望ましくない。

そのような事態に対しては，政府による政策的な介入は難しい。そこでこのような問題を引きおこす可能性のある基本技術特許を業界団体が標準必須特許として認定して，かつその特許を持つ者に対してFRAND（公平，合理的かつ非差別的；Fair, Reasonable And Non-Discriminatory）宣言をさせることで，そのような問題が生じないようにする場合がある。しかし，このような民間の取り決めは当然合法的に取得した特許に対して必ずしも十分な効果を持たない可能性がある。取り決めをどの程度まで有効に機能させるかは，特許権の制限と合理的な特許の利用料との適切なバランスを取ることが重要であるといえる。[5]

また，特許権の専有期間が適切か否かの判断は難しい。専有期間は対象の技術によっても変える必要性があるかもしれない。例えば薬品などは，開発に莫大な費用と不確実性が伴うため，極めてリスクが高い。また，特許取得から実際に安全性の確認などの確認期間があり，この20年のうち一部期間が収益につながらない。したがって特許期間は最大5年間の延長が認められる。しかし専有期間が技術によってどの程度の違いであれば企業間の公平さが担保されるのかは必ずしも容易には判断できない。

| 新型コロナウィルス感染症と知的財産権 | イノベーションはグローバル視点での問題解決にも求められる。2020年の初頭に発生した新型コロナウィルス感染症では世界的な規模でワクチンが必要な状況になった。また，次節で触れる気候変動においてもその問題を解消するためにグローバルな次元でのイノベーションが求められている。

しかし個々の国が自らの利益を追求し，新たな技術を自らの国で囲い込むような事態が生じた時，そのイノベーションによってグローバル規模で得られる社会的便益が毀損される可能性がある。特に地球規模での課題がより深刻になり，国家間の対立が顕在化している現状においては，いかにして社会的便益を獲得していくかは極めて大きな課題といえる。

さらにはワクチン開発をめぐってはタブー・トレードオフの問題も顕在化した。多くの人を救うべきにも関わらず，開発者が特許を獲得し利益を得ることに対する不満が生じうることは想像に難くない。

第3章　経済政策

5　地球温暖化問題への取り組み

> **市場メカニズムを利用したGHGの抑制政策**

世界的な気温の異常な上昇はもはや事実である。気候変動に関する政府間パネル（IPCC）の Fifth Assessment Report: Climate Change 2014 では，温室効果ガス（GHG）の排出量はここ80万年の間では前例のないレベルで排出され，「現在の地球温暖化の主原因が人類にあることを95％確信している」と述べられている。

　この問題の主要な解決手段の1つは，問題の根本原因である人類によるGHGの大量排出を抑制することである。このGHGは7種類あるが，そのなかで最も排出量の多い二酸化炭素をどのように減らすかが現時点での議論の中心になっている。その手段のうちの1つがカーボンプライシングである。これは二酸化炭素の排出に対して価格をつけ，排出分だけ支払いをさせるメカニズムである。

　ではなぜこれが排出量の削減につながるのだろうか。経済活動を通じた二酸化炭素の排出は，温暖化という社会的費用を生じさせる。一方でその排出自体には費用はかからないため私的費用はほとんどゼロである。つまり私的費用は社会的費用に比べて小さいので，経済活動は過剰な水準で実行されてしまうのである。このような私的費用と社会的費用の差が環境問題を悪化させているのだとすればその差を埋める必要がある。別の言い方をすればほぼゼロである私的費用を引き上げねばならない。そこで排出量に応じて税を課す方法が考えられるわけである。このような税はこの仕組みを提案した人物の名前を取って，ピグー税と呼ばれる。この着想と似ているのがカーボンプライシングである。カーボンプライシングによって生産活動などで二酸化炭素を排出する企業は，排出費用を支払わなければならないため，これまではコストと認識していなかったものがコストになり，生産量が抑制されることにつながると考えられる。

> **カーボンプライシングの効果とその補完政策**

カーボンプライシングの効果はどの程度あるのだろうか。カーボンプライシングを最初に導入したのはフィンランドであり，二酸化炭素の排出1トンあたり99.99ドルという金額が課された。この結果として二酸化炭素排出量がどの程度減少しているのかを

Mideksa（2024）が推定している。その結果は，2004年時点で30％程度の排出量減少につながっているというものであった。これはかなり大きな効果であるといえるだろう。

しかし楽観的な見方は持てない。というのも個別の国家でこのカーボンプライシングを実施するということはその国の生産活動は割高になるということである。その国で活動する企業にとっては国際的な競争力の低下につながる要因だといえる。だとすれば，カーボンプライシングを実施している国での生産量が減少し，それ以外の国では増加するという結果になる。これは二酸化炭素を規制の及ばない他の国で排出するカーボンリーケージ（炭素漏出）という現象を引きおこす。それを防ぐために，カーボンプライシングを行っている国は，外国から入ってくる製品に対して，カーボンプライシングなどから生じるコストの差額分を課し，また外国に輸出する製品に対してそのコスト分を還付する国境炭素調整（Border Carbon Adjustment, BCA）という措置を取ることになる。このような対応をすれば炭素漏出は防ぐことができる。

Race to the Bottom の可能性　しかし，多くの国が GHG 排出抑制のための手法を取るには現時点では至っていない。2024年の時点でカーボンプライシングを法的・制度的に導入している国や地域（EU などの国家の連合体や自治体を含む）は延べで75のみであり，実質的な導入国数は限定的である。BRICS を例にみてみると，中国は排出権取引のシステムを導入している一方で，インドは，様々な取り組みをしているものの，炭素税や国内の二酸化炭素排出権取引などの手法は導入していない。ブラジルやロシアも同様である。

地球温暖化のような環境問題を金銭的な損得で解決することをそもそも嫌う人も多いことも対策が遅々として進まない1つの理由かもしれない。そのような意味でカーボンプライシングや排出権取引のような環境問題に対する経済政策の実施にはタブー・トレードオフが存在する可能性がある。

加えてカーボンプライシングなどの政策では，イノベーション政策と同様，国を意思決定の1つのアクターと見なせば，国が私的プレイヤー，国際社会を1つの社会としてとらえることができる。このような視点を持てば，社会的便益と私的便益の不一致という視点でも，カーボンプライシングの実施にあたり困難が生じる可能性がある。

国家レベルでの便益の1つと考えられるのは，貿易において優位な立場を築くということである。このような自国が国際的な競争力を獲得することを優先するような行動を各国がとり，GHG排出削減などの気候変動対策への取り組みでの協調に軋轢が生じるような状況が生じれば，地球環境はますます悪い方向へと傾くことになる。少しでも環境問題を改善するために必要となる制約を課さない国があれば，このようなGHG削減システムの効果は大幅に縮小することになる。これは底辺への競争（race to the bottom）と呼ばれる状況である。

　底辺への競争は，近年多くの国がとる保護主義的な行動により誘発されやすい。2022年にアメリカが制定したインフレ抑制法などは具体的な例である。この法律は，再生エネルギー設備や蓄電池の製造などといった気候変動の対策につながる産業を対象にした補助金や減税を内容の1つとしている。これは一見有効な手法であり問題がないようにみえる。しかしこの法律では原産国要件が含まれており，アメリカ国産に対する優遇措置になっている部分がある。これはアメリカ国内では外国製品は不利になることを意味しており，これは先述したように，それぞれの国が自国にとって少しでも優位になるような環境を作り，結果としてGHG排出といった気候変動対策が緩められることにつながるのである。

　先述したように環境問題は，国家の私的便益とグローバル社会の社会的便益との不一致から生じているものと解釈できるが，国家内におけるこの種の対立とは異なり，国際的な社会を法的に，あるいは制度的にコントロールできる機関や組織が実質的に存在しない現状を考えると，環境に関する経済政策の実効性はかなり低く，私たちは底辺への競争を行っているのかもしれない。

6　対立軸に対して私たちがなすべきことは何か

　経済政策の例として市場の競争環境維持，イノベーションの促進，温暖化ガスの排出抑制といった例を挙げ，それぞれの事例において，公平性と効率性，公平感としてどのようなものを採用するか，社会的便益と私的便益の対立，タブー・トレードオフ，世代間の対立などの問題が生じていることを指摘し，これらの解消の困難さなどについて議論してきた。

個々の課題においても複数の対立軸が存在し，解決策の立案を困難にしているが，現実社会では常に多くの社会的課題が相互に影響を及ぼし，上記の対立構造がより複雑になり，問題をさらに難しくしている。例えば，市場競争環境を維持するために，企業間協調に対して政策的に厳しく取り締まることはイノベーションを生じさせることの障害になっている可能性もあり，またイノベーションを促進するための特許という制度が，新たな環境技術の普及にマイナスの影響を与えていることも十分に考えられる。このような課題間で生じる問題の調整に伴い，新たな対立軸が生まれることが多分にある。複数の経済政策課題自体の対立は，個々の政策課題に含まれる対立関係の解消をより至難なるものとするだろう。

　複雑に絡み合ったこの対立関係を解きほぐして，誰もが納得するような解決策を提供する経済政策を実施することは不可能に近いだろう。であるならば，私たちはそもそも実効性のある経済政策など諦めなければならないのであろうか。当然ながら答えはノーである。ベストな経済政策はなくとも，ベターなものを目指すべきである。

　ベターな政策立案を実現するためには，政策立案者は様々な社会的課題で生じる対立のいずれを重視し，いずれの対立解消を諦めるのかというトリアージを行っていかなければならない。トリアージを行うためにはその基準作りが重要になるが，そのために私たちがすべきことは何であろうか。それは対立構造を理解し，その調整のために，利害が異なるもの同士の対話を継続できるような環境づくりへの取り組みを地道に行うこと，そして対立構造を緩和するような政策手法を学術的にも実践的にも模索し続けることである。

📖 文献案内

① 小林慶一郎, 2024, 『日本の経済政策——「失われた30年」をいかに克服するか』中央公論新社.
　バブル崩壊以降の財政・金融政策について本章で扱わなかった課題を最新の研究成果なども取り込みながら分析した書籍である。

② 有村俊秀・日引聡, 2023, 『入門　環境経済学——脱炭素時代の課題と最適解〔新版〕』中央公論新社.
　環境政策に関する経済学的アプローチのフロンティアを，入門レベルでも理解できるように解説した好著である。

③ 岡田羊祐，2019，『イノベーションと技術変化の経済学』日本評論社．
　　イノベーション政策に関する多くの理論・実証研究について解説したものである。難解な部分もあるが，イノベーション政策の難しさや奥深さについて知るには最適である。

1) パレートというのはイタリアの経済学者の名前である．
2) 優越的地位の濫用という概念は，他国で競争政策上必ずしも大きく取り上げられることは多くない．基本的に問題となるのは市場支配的地位の濫用である．両者の違いは優越的地位の濫用が取引当事者間の相対的な大きさであるのに対し，市場支配的地位の濫用は，絶対的な市場支配力の大きさが要件になっている．したがって両者の意味するところは必ずしも同じではないが，本章ではこれらを同一視して議論している．
3) 令和4年度補正予算「中小企業イノベーション創出推進事業（文部科学省分）」の宇宙分野の事業テーマ（民間ロケットの開発・実証）で，インターステラテクノロジズ（株），将来宇宙輸送システム（株），スペースワン（株）に対してそれぞれ46.3億，50億，12.3億の補助金が認められている（https://www.mext.go.jp/b_menu/houdou/mext_01431.html）．
4) このような現象はマタイ効果と呼ばれ，聖書のマタイによる福音書25章29節の「誰でも持っている人はさらに与えられて豊かになるが，持っていない人は持っているものまでも取り上げられる」というフレーズに由来する．
5) この標準必須特許それに対するFRAND宣言の問題でApple社がサムスン電子を訴え，2013年に日本の知的財産高等裁判所がこれらの問題に対する一定の判断を示しているが，問題が解決したような状況とはいえない．

〔引用・参考文献一覧〕

安達貴教，2022，『データとモデルの実践ミクロ経済学――ジェンダー・プラットフォーム・自民党』慶應義塾大学出版会．

小田切宏之，2017，『競争政策論〔第2版〕――独占禁止法事例とともに学ぶ産業組織論』日本評論社．

清水洋，2022，『イノベーション』有斐閣．

森口千晶，2017，「日本は「格差社会」になったのか――比較経済史にみる日本の所得格差」『経済研究』68（2）：169-189．

ティロール，ジャン（村井章子訳），2018，『良き社会のための経済学』日本経済新聞出版社．

Cappelen, Alexander W., Ranveig Falch, Erik Ø. Sørensen and Bertil Tungodden, 2021, "Solidarity and Fairness in Times of Crisis," *Journal of Economic Behavior & Organization*, 186: 1-11.

Mideksa, Torben K., 2024, "Pricing for a Cooler Planet: An Empirical Analysis of the Effect of Taxing Carbon," *Journal of Environmental Economics and Management*, 127, 103034.

Tsai, Thomas C., Sercan Arik, Benjamin H. Jacobson, Jinsung Yoon, Nate Yoder, Dario Sava,

Margaret Mitchell, Garth Graham and Tomas Pfister, 2022, "Algorithmic Fairness in Pandemic Forecasting: Lessons from COVID-19," *npj Digital Medicine*, 5: 59.

Yanagi, Itaru, Okada, Isamu, Kubo, Yoshiaki, and Hirokazu Kikuchi, 2023, "Acceptance of COVID-19-related Government Restrictions: A Vignette Experiment on Effects of Procedural Fairness," *Journal of Behavioral Public Administration*, 6: 1–25.

公共事業・公共交通政策
持続可能な社会に向けて

　戦後，公共事業は道路や橋や空港など建設を通じて日本の物流を支えてきた。他方で，公共事業は政治的にも利用されてきた。橋や道路といった公共事業は，有権者にアピールできるため，1990年代まで自民党議員の集票の要としての役割も果たしてきた。しかし，少子高齢化が進み，中央政府や自治体が財政難に直面する今日，かつてのように大型公共事業を行うことはできない。さらに，高度成長期に整備した公共事業の修繕が必要となっている。しかし，自治体だけでは，修繕の費用を賄うことは困難である。また，地方では人口減少のなかで鉄道の廃線が続くが，民間事業者や自治体だけでは，地域の足を確保するのは難しい。どのような形であれば，公共事業や公共交通を持続可能な形で維持できるだろうか。本節では，公共事業，地域公共交通とは何か，インフラにおける官民の役割を示したうえで，われわれの生活に直結する，水道事業，ローカル鉄道等の今後のあり方を考える。

1　公共事業における変化と課題

公共事業の種類と実施　公共事業は，社会資本整備を主な目的とし，道路整備などを通じて経済発展を支え，国民の生活の向上させることを役割としている。日本の戦後の復興期には，道路整備により物流が促進され，経済発展をもたらした。また，戦後立て続けに日本を襲った台風による被害を教訓とし，治水事業が行われた。こうした公共事業の予算を確保し早期に実施するために，特定財源や特別会計に関する制度や長期計画が作られた。

　公共事業の実施は，中央省庁，地方自治体，独立行政法人・特殊法人等によってなされる。中央省庁の場合，国土交通省，農林水産省，内閣府，環境省，厚生労働省，経済産業省，総務省と各省庁の地方支分部局（出先機関）が

直轄事業として実施する。その予算は，一般会計と特別会計から支出される。一般会計による歳出（2024年度予算）全体は，112兆5717億円であり，そのうち公共事業関係費は6兆828億円と，全体の5.4%を占める。この公共事業関係費は，治山治水対策事業費，道路整備事業費，港湾空港鉄道等整備事業費，住宅都市環境整備事業費，下水道水道廃棄物処理等施設整備費，農業農村整備事業費，森林水産基盤整備事業費，調整費等から成る。公共事業を国が行う直轄事業の場合，一般会計や特別会計からの支出といった国による負担だけでなく，地方自治体からの負担金もある。公共事業を地方自治体が行う場合，国庫支出金によって国が費用を負担して行う補助事業，地方自治体が独自財源で行う地方単独事業として実施される。

1990年代半ばまでの公共事業と政治の関係

公共事業は戦後の日本政治にとっても重要な位置を占めてきた。日本経済が右肩上がりだった高度成長期を中心に，公共事業は自民党議員が再選を達成するための票田の要としての役割を果たしてきた。国会議員は，有権者からの支持を得るために，中央省庁による地方自治体への公共事業の箇所づけや補助金配分の際には，地元選挙区が優先されるように要望した（猪口・岩井 1987；石川・広瀬 1987：148）。要望は1人の議員からだけではないため，公共事業をめぐるぶんどり合戦が展開された。予算ぶんどり合戦のなかでは，与党に属し官僚との友好な関係を維持していることが有利に働いた。なぜなら，当時与党であった自民党の同意は省庁の法案制立のためには不可欠であり，また自民党政務調査会の国土交通部会（旧建設部会）等の部会で活躍する議員（いわゆる族議員）は，省庁の法案の形成・決定に影響力を持つため，省庁も与党議員，とりわけこれらの議員との関係を重視してきたからである[1]（中野 1993：85-108）。

公共事業が実施される際にも政治が関係する。自治体では，公共事業実施部局の職員が公共事業実施時の建設業者を入札によって選抜する（外池 1996：120-143）。入札に参加できる業者は，一般競争入札の場合，行政が定めた条件に足る業者となる（地方自治法施行令167条の5，同167条の6）となるが，指名競争入札では，行政に指名された業者となる（地方自治法施行令167条の12）。

1990年代に入るまで公共事業の入札では指名競争入札制度が採用されてきた。その背景には，行政からの指名を受けた業者だけ入札に参加するため，業

者の資格審査などの事務量を軽減できることや，行政が指名した業者であるという安心感が持てることがある（金本 1999：159-161）。しかし，問題も指摘されてきた。行政に指名された業者のみが入札に参加できることから，建設業者は，政治家の選挙時の支援を引き換えに，行政への口利きを依頼した。また，直接自治体職員へ接近することを通じて，指名を獲得することで確実に事業を得ようとした。

　入札で落札者となる業者は，一般競争入札においても，指名競争入札においても，発注者の決めた予定価格を下回り，事業の質を確保できる適正な金額を提示した業者である。そこで，予定価格の漏洩という問題も生じた。予定価格が事前公表されていない場合には，建設業者は政治家を通じて，あるいは直接行政に接近して予定価格等を聞き出そうする。この予定価格を知るという行為が業界・政治家・官僚の癒着の原因となった。

1990年代半ば以降の公共事業に関する改革

　一般競争入札制度は，行政による指名が行われないため，指名に関する業者の要求や政治家の介入が生じず，汚職の発生を防止できるとされた。さらに，限られた財政を効率よく使い，サービスの充実を図る可能性もあると感がられたが，導入は進まなかった。

　しかし，1990年代半ば以降，公共事業を取り巻く社会経済環境は変化した。金丸信元自民党副総裁の巨額脱税事件の捜査から，ゼネコン各社から中央政界や地方政界に多額の賄賂が送られている実態が判明し，1993年から1994年にかけ，当時の中村喜四郎建設大臣，宮城県知事，茨城県知事，仙台市長が逮捕されるいわゆるゼネコン汚職事件が発覚した。こうした事件や海外の動向を受け，公共事業に関わる制度の透明性を確保するなど制度改革が行われた。

　第1に，公共工事の入札制度である。1986年から多国的ルールを形成するためのウルグアイ・ラウンド多角的貿易交渉の結果，政府調達の分野においてもガット政府調達協定の改定交渉が妥結し，1996年1月1日に新たな「政府調達に関する協定（WTO政府調達協定）」が発行された。この協定を受け，国内では，1994年1月の閣議決定「公共事業の入札・契約手続の改善に関する行動計画」によって，国は450万SDR，都道府県，政令指定都市は1500万SDRに一般競争入札制度を導入するという基準額を示した。さらに，2000年11月に「公共工事入札・契約適正化法」が制定された。この法律は，入札における透明

性，競争性を高め，不正行為を排除することを目的とし，各公共事業実施機関に対して，一般競争入札の導入を促進し，入札・契約方法の改善を義務づけるとともに，入札・契約に関わる情報の公開，不正行為等に対する措置として公正取引委員会への通知なども義務づけた。[4]

第2に，公共事業の見直しである。政府の財政状況の悪化に伴い，大量に行う時代から，選択的に行う時代となった。1995年のダム等事業審議委員会設置による国直轄ダム事業見直しを端緒とし，1998年には再評価制度が導入され，2000年には与党3党による「公共事業の抜本的見直しに関する三党合意」により公共事業の見直しが行われた。

第3に，公共事業費の削減である。小泉政権では2003年から公共事業費が削減された。さらに，2009年9月に誕生した民主党政権は「コンクリートから人へ」を掲げ，大幅な公共事業見直しを実施し，公共事業関係費がさらに削減された。

> 老朽化への対応

2000年代からは，インフラの老朽化という課題に直面している。コンクリートの耐久年数は40～50年といわれる。高度成長期に整備した公共事業や公共施設を修繕する時代となっている。今後20年で建設後50年以上経過する施設が急激に増加する。国土交通省によれば，2030年3月には，道路橋では54％，トンネルでは35％，水門等河川管理施設では22％，下水道管きょでは16％，港湾施設では44％である（2023年3月時点）。こうした老朽化に対応して，国土交通省が管理・所管するあらゆるインフラの維持管理・更新等を着実に推進するための中長期的な取組の方向性を示すものとして，2014年5月「国土交通省インフラ長寿命化計画（行動計画）」をとりまとめた。その後第二次計画（2021−2025年）も策定された。

インフラのなかでも水道施設は私たちの生活に不可欠なインフラであり，供給を支える水道管の状況は公衆衛生や日常生活に直接関わる重要な問題である。修繕が進まず放置すると水道管の破裂などが起こる可能性もある。厚生労働省によれば，法定耐用年数である40年を超えた水道管路が管路総延長に占める割合（管路経年化率）は年々上昇し，2021年段階では，22.1％になり，管路更新率（更新された管路延長÷管理総延長×100）は0.64％まで低下した[5]（図4−1・4−2）。2022年から20年かけ，2021年段階で法定耐用年数を超えた管路を更新

第 4 章　公共事業・公共交通政策

図 4 - 1　管路経年化率（％）：法定耐用年数を超えた管路延長÷管路総延長×100

年々，経年化率が上昇

2006	07	08	09	10	11	12	13	14	15	16	17	18	19	20	21 (年)
6.0	6.3	7.0	7.1	7.8	8.5	9.5	10.5	12.1	13.6	14.8	16.3	17.6	19.1	20.6	22.1

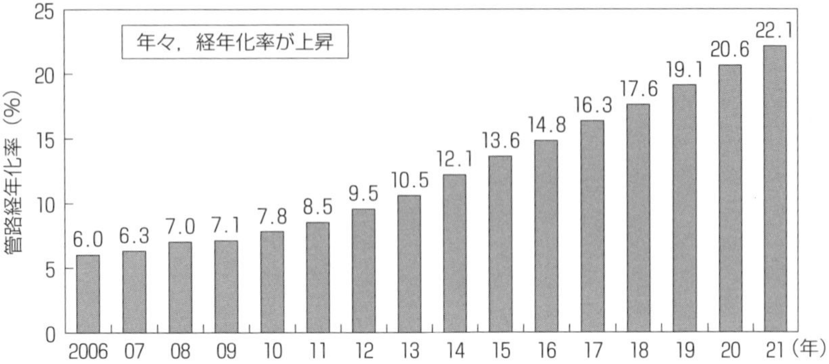

令和 3 年度	厚生労働大臣認可	都道府県知事認可	全国平均
管路経年化率	23.7%	19.2%	22.1%
管 路 更 新 率	0.70%	0.52%	0.64%

出典：厚生労働省，2024，「水道行政の最近の動向等について（2024年 2 月）」45頁。

図 4 - 2　管路更新率（％）：更新された管路延長÷管路総延長×100

年々，更新率が低下

2001	02	03	04	05	06	07	08	09	10	11	12	13	14	15	16	17	18	19	20	21 (年)
1.54	1.39	1.26	1.16	1.00	0.97	0.94	0.88	0.87	0.79	0.77	0.79	0.76	0.74	0.75	0.70	0.67	0.68	0.65	0.64	

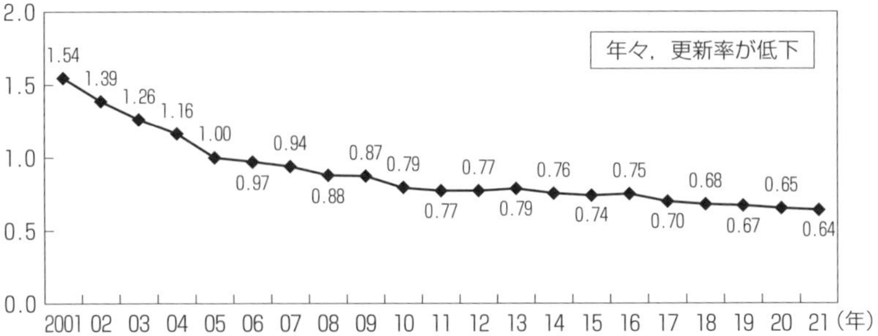

管路の年代別内訳（令和 3 年度時点）　　　　　　　　（km）

法定耐用年数（40年）を超えた管路延長	168,084
20年を経過した管路延長（40年超を除く）	334,386
上記以外	240,273
管路延長合計	742,743

出典：図 4 - 1 と同様。

77

しても，法定耐用年数を超えた管路は増えていくため更新率は，1.13％にしかならない。

　水道施設の更新に関わる課題は以下の点である。[6]

　第1に，人口減少が経営につながる点である。少子高齢化と人口減少が進むなか，水道利用者も減少し，給水量，つまり，家庭の場合は有収水量（家庭用原単位×給水人口）が2000年をピーク（4,100万m3/日）に減少に転じる。2050年にはピーク時の3分の2程度となり，約100年後にはピーク時より約7割減少するとされる。給水量が減少すれば，水道事業の料金収入が減少することになり，水道事業の経営状況は厳しくなっていく。

　第2に，収入減が老朽化への対策を遅らせることである。特に地方では人口が減少し経営難に直面しているため，施設の更新は進みにくい。料金収入が減少する水道事業体においては，事業運営のために本来必要となる水道料金の値上げの必要に迫られている。仮に，値上げを実施しない場合，一般会計からの繰り入れ（税金）による対応が必要となる。自治体によっては老朽化した施設の更新などに必要となる財源を確保できず，漏水等のリスクを抱える可能性が高くなる。

　第3に，自然災害による水道施設への被害の増加である。地震の被害では，1995年1月17日の阪神・淡路大震災，2004年10月23日の新潟県中越地震，2011年3月11日の東日本大震災，2016年4月14・16日の熊本地震などでは，1カ月以上断水が続いた。地震だけではなく，大雨による断水もある。2024年1月1日の能登半島地震では，発生直後，県内ではおよそ約14万戸で断水が起こった。2週間程度で復旧作業した地域もあるが，能登町では5月初めまで断水が続き，珠洲市や輪島市には，復旧の見通しが立たない早期復旧困難地区が同年6月になっても残った。

　第4に，水道職員の減少がある。2020年の水道事業の職員数は1980年の約7600人と比べて約4割減少している。定年退職の増加もあり経験とノウハウを持った水道職員数も減少傾向にある。

2 地域公共交通の現状と課題

　地域公共交通とは，「地域公共交通の活性化及び再生に関する法律」（以下，「地域公共交通活性化再生法」）で示しているように，「地域住民の日常生活若しくは社会生活における移動又は観光旅客その他の当該地域を来訪する者の移動のための交通手段として利用される公共交通機関」（第2条第1項）であり，地域の足となっている。特に，自動車事故を避けようと運転免許を返納した高齢者，障害者や学生といったいわゆる交通弱者を中心に，地域住民にとって欠かせない存在である。具体的には，バス，ローカル鉄道，航路，タクシーなどを指す。

　地域公共交通を担うのは，これまで民間事業者と自治体が中心であった。例えば，鉄道の場合，1949年に国有の公社として発足した日本国有鉄道（国鉄）は，基幹的輸送機関としての役割を果たしてきたが1987年に民営化された。その要因には，日本の高度成長期のモータリゼーションの急速な進展等により，旅客，貨物の輸送量が1970年代前半をピークとして減少したことがある。また，国鉄は時代の変化に即応した経営の改革を行うことができなかったことがある。経営的には1964年に赤字に転じて以降，毎年赤字が続き，1986年には実質破綻状態に至った。そこで政府は，「臨時行政調査会」1982年の報告や，1985年の「国鉄再建監理委員会」の答申を経て，国会に関連法案を提出し，1987年4月に分割民営化を実施した。現在も民間事業者のJRが日本の鉄道事業を担っている。

　その後，モータリゼーションの進展による公共交通の利用者の減少に加え，人口減少，少子高齢化が加速度的に進展し，公共交通機関の輸送人員は減少している。その結果，民間交通事業者が営利事業として地域公共交通を担う環境は年々厳しくなり，公共交通ネットワークの縮小やサービス水準の低下を招いている。国土交通省によれば，輸送人員はピーク時（1991年度）からコロナ禍前の2019年度にかけて約22％減少し，さらに，コロナ禍の2022年度は2019年度比で約16％減少した。その結果，経営が逼迫し，地域鉄道事業者（95社）のうち，鉄軌道業の2022年には赤字事業者は全体の89％，85事業者となった。2023

Column

コロナ禍を受けた政府の公共交通への対応

　コロナ禍は，地域公共交通における官民関係に少なからず影響を与えた。日本では，JR西日本は2021年5月，各線の利用減少に伴い，列車本数の削減を行うダイヤ改正を2021年10月に実施すると発表した。これまでの鉄道は儲かるものという認識を覆す事態は，2023年の「地域公共交通活性化再生法」の改正につながり，国によるローカル鉄道への支援が盛り込まれた。国による支援は主に次の2点であった。第1に，地域での合意形成に向けた国による支援である。同法に基づくこれまでの法定協議会に加えて，地方自治体や鉄道事業者の要請に基づいて，国が再構築協議会を組織し，ローカル鉄道を維持するかの協議が行われる。第2に，財源の支援，特にインフラ整備の支援である。大臣認定を受けた事業においてインフラ整備に取り組む自治体には，「社会資本整備総合交付金」の対象である「地域公共交通再構築事業」を通じて支援をすることとした。この交付金は，道路，河川，港湾，都市公園，住宅といった旧建設省が実施していた事業への補助金を1つにしたものであったが，2023年の「地域公共交通活性化再生法」の改正で，同交付金の基幹事業に「地域公共交通再構築事業」が追加された。

　英国では，再国有化の方向性が高まっている。英国の鉄道は1997年に完全民営化され，列車運行と線路インフラの保有・管理を別々の組織が担う上下分離方式を採用した。具体的には，運輸省が入札を通じて民間の列車運行会社を決定し運営権を与えるフランチャイズ制度により運営が行われてきた。しかし，コロナ禍で旅客需要が減少したことで，民営化の中心であったフランチャイズ制度の維持が困難になった。そこで，鉄道の再国有化が検討されることとなった。2024年7月17日，英国で議会が開会し，14年ぶりに政権交代した労働党政府の施政方針では鉄道再国有化が重点政策として示された。

　米国では，1998年にTEA-21が施行されて以来，連邦政府の公共交通機関への支出がなされ，その額は年間平均約140億ドルであった。2020年にCOVID-19によるパンデミックが始まってから公共交通機関の利用が急激に減少し営業収益が急激に減少した。そこで，連邦政府は交通機関にこうした毎年定期的な財政支援に加え，2020年から2021年にかけて，約700億ドルの一時的追加資金を割り当てた。さらに連邦議会はインフラ投資および雇用法（IIJA）を制定し，2026年までの連邦政府の公共交通機関への年間支援を増やし，2022年から2026年までの公共交通機関プログラムに年間約180億ドルを提供することとした。

　コロナ禍はおわったが，コロナ禍に生じた公共交通をめぐる，国や連邦による支援，官と民の関係の見直しは，劇的な改善による収益増による民間事業者の経営状況の改善がみられない限り続いていくだろう。

年4月の段階で，2000年度以降，全国で46路線，1193.6kmの鉄軌道が廃止されている。

鉄道が廃止された後，採算が見込めない地域で，民間のバス会社が路線を増やして対応することを期待するのは難しい。乗合バスの場合，輸送人員は，2000年度を100とすると，2019年度は72であり，2020年度は52と減少した。その結果，一般路線バス事業者（222事業者，保有車両30両以上）のうち，2020年度赤字事業者は全体の99.6％と増加した。厳しい経営状況をコロナ禍が追い打ちをかけ，路線廃止が進んだ2019年度と比較して，2021年度は29％減少し，2022年度は23％減少した。

交通事業者が赤字路線から撤退した後，地域住民の移動手段を確保するために，地方自治体等が費用を負担してコミュニティバスやデマンド交通などにより，住民の移動手段の確保を目指している地域もある。しかし，自治体だけでは財政的な負担が大きい。

3　公共事業・公共交通の担い手に関する視点

以上のような社会状況の変化に直面し，公共事業の整備や維持・管理，地域公共交通の整備や維持・運営は誰によって，どのような形で行われれば持続可能であるのだろうか。地域公共交通も路線やトンネル，駅などは，インフラの側面を持つ。そこで，公共財の性質に基づいて，公共事業・公共交通について視点を整理する。

> 官と民それぞれの
> 役割と限界

公共サービスは，長い間，行政機関によって実施されてきた。その理由は，公共事業の持つ公共財の特徴から考えることができる。

公共財は，以下の2つの性質の少なくとも一方の性質を持つ財とされる。まず，非排除性であり，その財を消費するために対価を支払わない者を便益享受から排除できないという性質である。次に，非競合性であり，消費者あるいは利用者が増えても追加的な費用が伴わない，ある人がその財を消費しても他の人がその財を消費するのを妨げないという性質である。こうした性質を2つとも持つ財を純粋公共財というが，すべての公共事業が純粋公共財であるわけで

はない。多くの公共事業は準公共財に含まれ，公共財が持つ2つの性質のうち，1つを備えている。コモンプール財と呼ばれるものは，非排除的ではあるが競合的な財であり，クラブ財は，非競合的であるが排除的な財である。

公共財の性質から，非排除性の性質を持つ財は，対価を支払わない者が便益を享受することを排除できない。そのため，収益を前提とする民間企業は供給しようとしないため，公共財を市場を通じて供給することが困難である。つまり，非排除性がある公共事業を民間企業が担うのは難しい。これに対し，排除的な財の場合は，市場を通じて供給することが可能である。

公共サービスの提供について，官ばかりでなく民の力の導入が考えられ始めたのは，1980年代ごろ，政府の失敗が強調されてからである（真渕 2009：163-169）。政府の失敗とは，第1に，公的事業が，私的目標の挿入に利用されるときに起こる。民間企業の場合，数多くの消費者のニーズを把握し，歓迎される商品やサービスを提供しなければ利益を上げられず，市場原理によって淘汰されることもある。これに対し，公共サービスの場合は，全国の国民にあまねくサービスを提供することが求められるため，たとえ，その事業が赤字でも，実施される必要がある場合もある。その赤字は税金によって補填される。そのため，国鉄の時代には，我田引鉄といわれたように，政治家の支持拡大のために地元へ路線が引かれ赤字路線が増えていった。つまり，事業の収益性が低く赤字になる可能性があっても，私的な利益や費用を社会的な決定基準のなかに盛り込んで，事業が実施されることがある。

第2に，レントの継続をめぐる問題である。レントとは，主に規制によって生じる追加的な利得のことを指し，行政が行う参入規制によって発生することが多い。事業を行う企業は参入規制によって競争性の低い環境のなかで利益を得ることができる。そのため，こうした規制の継続を求めて企業がレントシーキングを行い，規制が緩和されて競争が高まることを望まず，企業は規制に関する権限を持つ行政当局を取り込んでなかば捕虜とする。

以上のような政府の失敗は，財政赤字を生じさせる。そこで1980年代には財政再建を行うため，行財政改革が行われた。国防，警察，消防，河川・道路・港湾等の公共施設の建設管理といった民間活動によっては解決できないものを除いて，民間の活動との関係が見直された。

1981年に発足した第二次臨時行政調査会では，増税なき財政再建のスローガンの検討が進められ，中曽根内閣のもとで日本国有鉄道，日本電電公社，日本専売公社が民営化された。一般的には民営化すると競争原理が働きやすくなり，サービスの質の向上などにつながるとされる。そのため，民営化により，経営を政治の論理から離し経営の自由度を高め，その組織を市場の競争のなかにいれ，ニーズを意識した経営と効率化を図ることを目指した。

　民営化以外に公共施設の運営や管理に民間の力を導入する方法としては，民間委託や指定管理者制度がある。1990年代後半からは，橋本内閣における行政改革のもと行政機能の減量や効率化が進められた。そのなかで公共施設の整備・運営を，民間の資金や能力を活用して実施する仕組みも作られるようになった。その1つの方法がPFI（Private Finance Initiative）である。この制度は，公共施設等の設計・建設・改修・更新や維持管理，運営等を民間の資金，経営能力，技術力を活用して行う手法であり「民間資金等の活用による公共施設等の整備等の促進に関する法律」（PFI法）が1999年7月に制定されたことで実施されるようになった。

　1980年代の行政改革の後，日本で特に公共事業に関わる官業が民営化されたのは2005年の道路公団民営化である。道路公団民営化では，道路4公団（日本道路公団，首都高速道路公団，阪神高速道路公団，本州四国連絡橋公団）が，2005年，高速道路株式会社法に基づいて6つの株式会社となった。その際，高速道路の建設・管理・料金徴収については各高速道路株式会社が，高速道路の保有・債務返済については独立行政法人日本高速道路保有・債務返済機構が担うことになり，建設・管理と返済とが分離された。

　その後2011年5月のPFI法改正では「コンセッション方式」が導入された。これは，公共施設の所有権は公的主体が保有するが，民間事業者が公共施設の運営権を得て資金調達，施設運営する方式である。利用者からの料金収入がある既存の公共施設が対象となる。

　この他，インフラ（下部）の管理と運行・運営（上部）を行う組織とを分離する上下分離方式がある。日本では下部を公的機関，上部を民間事業者とする発想が中心となっており，主に鉄道や道路や空港などの交通分野で行われるようになった。特に鉄道分野では，後述するが「地域公共交通の活性化再生法」

（2007年）制定後，地方で鉄道やバスなどの公共交通を維持する方法の1つとして，こうした上下分離方式が採用されている。

4　インフラ・地域公共交通の維持をめぐる対立軸

<u>水道の維持における官民関係</u>　2018年10月，水道法が改正された。改正により，第1に，国，都道府県，市町村，水道事業者等に対して水道の基盤の強化に関する責務が明確になった。第2に，都道府県に広域連携を推進するよう求めた。第3に，適切な資産管理の推進として，水道事業者等は，水道施設を良好な状態に保つように維持および修繕をし，施設の適切な管理をしなければならなくなった。第4に，官民連携を推進した。具体的には，地方公共団体が水道事業者等としての位置づけを維持し，水道施設の所有権を保有しつつ，厚生労働大臣等の許可を受けて，水道施設に関する公共施設等運営権を民間事業者に設定できる仕組みである「コンセッション方式」導入することを定めた。法改正前も民間委託は可能であったが，委託するには地方自治体が国から得た水道事業者としての位置づけ（認可）を返上する必要があった。

　水道法改正の審議では，民間委託を含む改正内容に対し，立憲民主党・市民クラブ，国民民主党・無所属クラブ，無所属の会，日本共産党，社会民主党・市民連合，自由党といった野党が反対した。国会審議での野党の反対は，民間企業への水道事業運営権の売却を盛り込んでいる点に基づいており，安全で安価な水を安定提供できなくなる可能性がある，災害時の対応に不安がある，企業の利益だけが追及されるおそれがあるといった見解を示した。

　これに対し，法案を提出をした厚生労働省は，持続可能な水道事業のためには経営基盤の強化が必要であり，民間企業の技術や経営ノウハウを活用できる官民連携は有効な対策だと理解を求めた。また，審議では水道事業の経営が厳しい自治体が多いなか，民間による運営で効率化が進み，コストが抑えられるという賛成意見もみられた。

　加えて厚生労働省は，海外で民営化された水道事業が再公営化された事例（後述）を踏まえて，水質の悪化などの管理レベルの低下や水道料金の高騰，

民間事業者に対する監査・モニタリング体制の不備を回避するために，PFI法に基づいて，民間事業者との実施契約の際に，業務内容や管理・運営レベルや料金の枠組みをあらかじめ明確に定められるとした。また，PFI法に基づいて民間事業者の業務内容や経営状況をモニタリングし，早期に問題を指摘し，改善を要求できるとした。さらに，水道法改正により厚生労働大臣が業務内容や管理・運営レベル，適切な料金設定，モニタリング体制が適切かを確認したうえで，許可する仕組みになるとした。

こうした水道法改正を受け，一部の自治体では，コンセッション方式の導入が検討された。例えば宮城県では，「官民連携」により民の力を最大限活用した「宮城県上工下水一体官民連携運営事業」（みやぎ型管理運営方式）検討し，2022年4月から事業を開始した。浜松市では，広報紙やホームページ，出前講座などで積極的に説明を重ねたが，市民への理解が進まず，市水道事業への運営委託方式（コンセッション方式）について，導入が2024年現在でも延期されている。奈良市では，2016年にコンセッション方式導入に関する条例を提出したが議会で否決された。その後，東部地域，都祁地域，月ヶ瀬地域の上下水道事業にコンセッション方式を導入する計画が進められている。大阪市でも同様に，2015年，2016年にコンセッション方式導入に関する条例を提出したが議会で否決された。

他方で，下水道事業では，浜松市（2018年4月から），高知県須崎市（2020年4月から），宮城県（上工下水道一体，2022年4月から），神奈川県三浦市（2023年4月から）では，コンセッション方式による事業が進められている。

| 海外の水道事業民営化と再公営化 |

海外では，民営に任せる動きもみられる。民営化に踏み切った国，民営化したがうまくいかず再公営化した国があり，日本への参考となる。

フランスのパリでは，1987年からパリ市内の水供給（水道）のなかの取水・浄水および配水池までの送配水業務については，ヴェオリア社やスエズ社の資本が入っていた Eau de Paris 社によるコンセッション（1987年に民間資本の入った Eau de Paris 社との間のコンセッション契約を締結，その後も更新）の形で行っていた。しかし，水道料金の変動が激しく，市民の不満も高まっていった。そのため，2008年11月のパリ市議会における議決により，Eau de Paris 社の民間保

有分をすべてパリ市が買い取ることで，2009年5月1日から再公営化され，パリ市の100％出資会社となったEau de Paris 社が水道事業を担っている。各家庭への給水業務については，それまでセーヌ川を境にCompagnie des Eaux de Paris 社（ヴェオリア社の子会社，通称CEP）とEau et Force- Parisienne des Eaux 社（スエズ社の子会社，通称EF-PE）がアフェルマージュ契約（1984年から締結）の形で行っていたが，2010年1月1日からはEau de Paris 社が浄水・送配水業務だけでなく給水業務もあわせて行うこととなり，再公営化された（クレア・パリ 2013）。

ドイツのベルリンでも1999年に民営化されたが料金の高騰により，2013年から再び公営になった。アメリカのアトランタでは，1999年にコンセッション方式で民間業者に運営権が売却されたが，施設の維持費がかさんで水質が悪化したため4年後に公営に戻った。

他方英国では，サッチャー政権下では，新自由主義政策のもとで，電気，ガス，通信，鉄道，航空に続いて，水道事業を民営化した。対象はイングランドとウエールズである。1973年の第一次オイルショック以降の経済状況の悪化と，当時のECによる厳しい水質基準に適合させるための設備投資が困難であったことを背景に民営化が検討され，1989年以降水道事業が民営化された。

水道会社に対しては，水質や料金などについて上下水道会社への監視を行う以下の仕組みがある。まず，EU指令のもと，Defra（環境・食料・農村地域省）が上下水道に関わる政策を策定する。政策の方針を受けて，水道の水質に関する監視活動を行うのが，DWI（Drinking Water Inspectorate：飲料水監察局）である。この他，水道事業への監視機関として，OFWAT（Office of Water Services：水道事業規制局）がある。OFWATは，第1に水道利用者への水道サービスの質について監視・監督し，第2に水道料金の規制を行う。消費者が支払う水道料金が適正な水準となるよう，規制への適合状況等を勘案しつつ料金水準を決めている。さらに，税理士や法律の専門家，ジャーナリストなど180人がOFWATとDWIを逆チェックするCCWater（Consumer Counsil Water：水道顧客審議会）がある。これは，一定の独立性を認められた国家機関であり，消費者団体としての性質を持っている。水道利用者の意見を集約し，事業者に伝達交渉する役割を担っている（日本水道協会 2014）。

第4章　公共事業・公共交通政策

　英国では，上記のように1989年に水道事業が民営化されたが，その転機は1989年ではなく，広域的な水道公社ができた1974年だという指摘が多い。1974年以前は市長村が水道事業を経営しており，2000もの水道局があった。これを1974年に統合した結果，現場レベルで細やかなやり方の違いが認識され，効率化のために標準化が進められたという（石田 2005）。

　2000年代になると，サッチャー政権時代に民営化された水道や鉄道といったインフラを取り巻く状況は変り，再国有化の議論が持ちあがっている。水道会社「テムズ・ウオーター」の親会社が，株主から追加出資を2024年3月末までに得られず，債務不履行となった。株主が追加出資を見送った理由として，インフラの老朽化に伴う水道会社の慢性的な業績不振や，料金の引き上げに慎重な規制当局の姿勢を不安視したことがある。親会社の債務不履行で水道会社がすぐさま資金不足に陥ることないとされる。しかし，イギリスの水道が老朽化に伴う漏水や，大雨の際の汚水の河川放出による河川汚染という問題を抱えていることが背景にある。国民も再国有化を望んでいるが，老朽化への対処のほか，再国有化には株式取得が必要となるため，膨大な公費が必要となるとされる（田中 2024）。

ローカル鉄道は赤字なら廃止なのか

　民間事業者は採算が合わなければ廃線にする。これは，民間事業者が運賃の収入ですべての費用を賄う独立採算を原則として鉄道の運営を行っているからである。国土交通省は民間事業者の独立採算を前提としつつも，地域の足を維持するため，自治体による公共交通に関する計画策定を支援してきた。

　公共サービスを支援するための体制として，国土交通省は2007年に地域公共交通活性化再生化法を制定した。この法律は，富山市がLRT（Light Rail Transit）を導入した際に，公的な支援の枠組みが策定されたことを契機に，国レベルの公的支援の仕組みを制度化したものである。2007年の制定時，既存の路線を維持するために，国交省は市町村による地域公共交通の活性化や再生に関する計画（地域公共交通総合連携計画）の策定を促した。2014年の同法改正時には，市町村や都道府県がコンパクトシティの考えに沿って，まちづくりの視点も入れ公共交通の再編を目指す「地域公共交通網形成計画」の策定を促した。この計画に基づいて，自治体が事業者の同意のもとで地域公共交通再編実

施計画を策定し国土交通大臣の認定を受けた場合には，そこに位置づけられる地域公共交通ネットワークの再構築を図る事業については，法律上のワンストップ特例（許認可手続の一元化）などの特例措置を受けることができる。さらに，2015年の改正では上記の認定を得ている自治体は産業投資による鉄道・運輸機構を通じた出資等を得らえる仕組みが創設された。続く2020年の改正では，地域の旅客運送サービス資源を総動員する方針が追加されたが，地方自治体の計画策定を国が促すという方向性は同じであった。

以上のように，国土交通省の役割は計画策定支援や地域間の運行支援にとどまっていた。

民主党政権下で制定された国土交通省の地域公共交通確保維持改善事業では，計画策定の支援以外に事業に予算が配分されLRT・BRT（Bus Rapid Transit）の整備が含まれた。これは事業への支援ではあるが鉄道の軌道のようなインフラではなく，ICカードシステムの導入など運行の支援であった。

地域公共交通の地元自治体は，民間事業者との話し合いをして廃線になると予想すれば，テーブルに着くことを拒否する。そこで，2023年の地域公共交通活性化再生化法改正では，自治体が維持することを望めば，国土交通省が事業者と自治体との協議を設けるようになった。また公共交通を地域の社会資本と位置づけ公共事業として扱えるようにし，地域公共交通のインフラに国土交通省が資金を支援するようになった（読売新聞経済部 2023：266-268，詳細は *Column*（80頁）参照）。

しかし，ローカル鉄道を国が資金面で支援するまでことは消極的見解もある。その理由として，国鉄債務と国民負担とすることでJRが誕生したことや鉄道は儲かる事業であり補助金を入れてまでやることではないという考えがある。言い換えるとJRは黒字企業であり黒字路線からの内部補助で赤字路線を維持するべきという考えがあったとされる。

日本の状況に対し，地域公共交通を公共サービスとして維持するために，政府が財政支援を行っている国もある。その背景には，日常生活を支える地域公共交通は，地域にとって必要な公共サービスであり，運賃収入だけでは経費を賄えないという考えがある。都市や地域の政策に従った公的資金が提供され，交通事業が運営されている。

第4章　公共事業・公共交通政策

　例えば米国では，1998年にTEA-21が施行されて以来，連邦ガソリン税の一部が州の公共交通機関への支援に支出されている。

　また欧州では，日本のように独立採算を前提とするのではなく，公的補助を前提とした公共交通の運営が広く行われている。欧州経済共同体理事会指令91/440によって，加盟国では上下分離，つまり運営・運行する組織と，インフラの保有・管理をする組織に分かれている。上の部分は旧国鉄系となっている場合が多いが，近年は，オープンアクセスという方針によって，旧国鉄以外の事業者が参入している。日本と異なる点は，赤字であっても事業からの撤退をしないようにPSO（Public Service Obligation，公共サービス義務）契約をし，政府は事業者にサービスの提供を義務づけ透明性を求めたうえで，税金を事業者に投入することである。その結果，鉄道サービスが維持されている。ローカル鉄道については，例えばフランスやドイツでは，連邦政府から州へ運営権限の移譲がされ，州レベルに権限があるが，中央政府や連邦政府からの財政面での支援がある。

> ライドシェア
> における対立

　運転免許を持たない高校生や高齢者にとって地域としての公共交通は必要である。しかし，ローカル鉄道は撤退の方向にあり，バス事業者も赤字である。地域の足を確保する方法として，市町村が運営するコミュニティバスやデマンド型交通もあるが，ライドシェアも議論されている。ライドシェアとは，一般的には相乗りや配車サービスを指すが，自家用車の所有者と自動車に乗りたい人とを結びつける移動手段である。ライドシェアが導入されれば，地域住民が移動を必要とする人を乗せられる。

　世界のライドシェアの市場規模は2024年に476億ドルと推定され，2029年までの5年間に年平均12％強の成長を続けるとされる。海外での有償ライドシェアサービスの場合，運営はIT企業によって行われ，運賃は需給バランスで決まり，地域には限定がない。主にTNCサービス型とPHVサービス型に分類できる。先進国では，米国，カナダ，オーストラリアではTNCサービス型が，フランス，英国，ドイツではPHVサービス型が導入されている。[7]

　これに対し日本では，道路運送法第78条により，自家用自動車を有償で運送用に提供することは，次の例外を除いて上記のライドシェアは禁止されてい

る[8]。第1に災害のため緊急を要する場合（78条第1号）であり，第2に，市町村，特定非営利活動法人，その他国土交通省令で定める者が，いわゆる交通空白地において，地域住民や観光旅客，その他の当該地域を来訪する者の運送（「自家用有償旅客運送」という）を行う場合（78条第2号），第3に，公共の福祉を確保するためにやむを得ない場合に[9]，国土交通大臣の許可を受けて地域又は期間を限定して運送の用に供する場合（78条第3号）である。

そのため，米Uber社の日本法人が2015年2月に福岡市でTNC（Transportation Network Company）サービス型ライドシェアの実証実験を行ったところ，「道路運送法に抵触する可能性がある」と判断され，行政指導を受けた。加えて，タクシー業界もライドシェアの導入に反対している。運転手による乗客への危害を懸念する声もある。

ライドシェアに関する試みがまったくないわけではない。道路運送法第78条第2号の自家用有償旅客運送制度に基づいて，京都府京丹後市では，2016年5月から公共交通空白地有償運送として「ささえ合い交通」事業を始めた。また，国家戦略特区では，訪日外国人をはじめとする観光客を主な対象として，実施主体を市町村や特定非営利活動法人として，有償ライドシェアが可能となったため，兵庫県養父市は2018年5月から，国家戦略特区の事業として，地元住民の自家用車を用いた有償ライドシェアが行われた。

また，2024年4月から「日本型ライドシェア」が始まった。これは，道路運送法第78条第3号に基づいて創設された制度で，地域の自家用車や一般ドライバーによって有償で運送サービスを提供することを可能としたものである。しかし，運行管理を既存のタクシー会社が担い，車両が不足している地域や時間帯に限定したサービスとなる。運賃もタクシーとほとんど変わらない。東京・神奈川・名古屋・京都の4つのエリアが対象となり，これらのエリアの一部の地域でサービスが始まっている。このような限定的な運用となっている背景には，タクシー業界の反対もあるとされる。

2024年9月には，バスやタクシーなど移動手段の確保が難しい「交通空白地」と呼ばれる地域の解消に向けて，国土交通省は，タクシー会社が運営主体となる「日本版ライドシェア」の運用を見直し，年内にすべての都道府県に導入することを目指した。地方での運行時間が金曜と土曜の午後4時から翌日の

午前5時までであり，タクシーの稼働台数にも上限が設けられているが，これを緩和するとした変化もみられる．

5　今後の公共事業・地域公共交通の進む道

　日本では高度成長期に公共事業として整備されたインフラが多く，2000年代から修繕の時期を迎えており，今後も安全な形で継続して使用するには何らかの対応が迫られている．少子高齢化社会が進行していくなかで水道事業においては，利用者が減少し，自治体だけで整備・運営をしていくのは困難となっている．しかし，コンセッション方式への住民の理解は得にくい．どのように維持・管理をしていくだろうか．また，これまでの上下水道の範囲を維持していくことはできるのだろうか．そもそも料金収入が少ない地域に民間企業が参入し，コンセッション方式を取ることになるのだろうか．

　地域公共交通は，地域住民の移動の足となるが，採算のとれない地域では，民間事業の参入は期待できない．廃止にするか公的支援を行うかといった決断が必要であろう．また，地域住民が運転するライドシェアは，現在の法律では導入が難しい．今後どのような形で，公共事業や地域公共交通の仕組みを構築することが持続可能性があるのかについて議論を深化させる必要がある．

📖 文献案内

① 読売新聞経済部，2023，『JRは生まれ変われるか——国鉄改革の功罪』中央公論新社．
　　人口減少社会のなかで，JR各社が抱える物流危機，自然災害，新幹線とリニアの関係といった各課題を取り上げている．赤字を抱えて民営化してから，約35年を経た今，利用者減少のなかで，今後のJRと国との関係のあり方も問うている．

② 三田妃路佳，2010，『公共事業改革の政治過程——自民党政権下の公共事業と改革アクター』慶應義塾大学出版会．
　　1990年代後半から2000年代にかけての地方自治体8県（宮城県，鳥取県，長野県，三重県，長崎県，山形県，岩手県，高知県）の公共事業改革の事例を比較分析することにより，改革のメカニズムを明らかにし，自治体の行政運営の実態と課題を提示している．

③ 広瀬道貞，1993，『補助金と政権党』朝日新聞出版．
　　自民党の長期政権を可能にした要因として，補助金を通じた支持基盤の強化や票固め

に巧みに結びつけたところにあるとし，農業や公共事業を例に補助金が地元に配分される仕組み，補助金の問題点，政治と選挙との関係を示している。

1) 族議員とは，特定の行政分野に精通し，関係官庁・官僚，関連の業界や団体の組織的利益と深く結びつき，国会の常任委員会にも公式の地位を有することによって，特定政策分野の形成・決定に絶大な影響力を行使する与党議員であり，これらの議員の集団を「族」という。かつては金丸信のような公共事業に関する有力議員は，いわゆる「天の声」を出し，談合による建設業者の事業受注調整に関わっていた。
2) 予定価格とは，発注者が競争入札を実施するにあたり単価表をもとに，標準的な施行能力を持つ建設業者が標準的な工法で施行することを前提として積算した価格（設計・積算価格）に基づいて作成する価格であり，この価格を超えて入札に参加した業者は失格となる。
3) SDR は，1969年に IMF（国際通貨基金）が加盟国の公式準備金を補完するために創設した国際準備資産で，特別引出権（Special Drawing Rights）の略である。SDR の価値は，米ドル，ユーロ，中国人民元，日本円，英ポンドの5つの通貨バスケットに基づいている。IMF（2024年9月5日参照，https://www.imf.org/en/Topics/special-drawing-right）

　IMF が作った人工通貨と考えられ，「IMF 加盟国がこれと引き換えに他の加盟国から通貨を引き出すことができる権利」とされる。
4) その後，公共工事の価格競争が激化したことから，公正に安く実施するだけでなく品質も確保することを目的に2004年7月「公共工事の品質確保の促進に関する法律」が施行された。
5) なお，2024年4月に厚生労働省の所管する水道整備管理行政が国土交通省に，水質や衛生に関する水道行政が環境省に移管された。
6) 水道事業では，事業の全体方針の決定・全体管理を行うほか，水道施設の整備（更新，大規模修繕，増築など），水道施設の管理（運転，水質検査など），営業・サービス（料金の設置，徴収，窓口対応など），危機管理（災害・事故対応，応急復旧）が行われ多岐にわたる。
7) TNC 型では Uber などプラットフォーム事業者を Transportation Network Company（TNC）と位置づけ，政府は，TNC に運転手の管理や運行管理を義務づける。PHV 型では，個人タクシーの派生形を Private Hire Vehicle（PHV）と位置づけ，国の規制により運転手は登録が義務づけられており，車両・運行管理は運転手が行う。運転手は多くの場合，プラットフォームを介してサービスを提供する。規制改革会議の2023年12月の資料によれば OECD 諸国38カ国のうちライドシェアを制度化しているのは16か国，タクシー制度が充分に自由化されライドシェア同等のサービスが提供可能な国9カ国，ライドシェアが未整備の13カ国となっている。
8) 道路運送法第2条第3項において ①他人の需要に応じ②有償で③自動車を使用して④旅客を運送する⑤事業を旅客自動車運送事業である場合（①から⑤のすべてに該当）は同法に基づく許可を受ける必要がある。自家用車を使って有償で運転することは例外を除いて，許可されない。

ただし，国土交通省から2018年3月に出された通達で，サービスの提供を受けた者からの給付が「好意に対する任意の謝礼」と認められる場合や，「金銭的な価値の換算が困難な財物や流通性の乏しい財物など」によりなされる場合，また，ボランティア活動として行う運送において，実際の運送に要したガソリン代や有料道路使用料，駐車場代のみを収受する場合には，許可は必要ないとしている。

9) この場合公共の福祉とは，通学・通園のため学校等が自家用自動車で行う有償旅客運送，福祉タクシー事業者が行う訪問介護者等による自家用自動車で行う有償旅客運送などを指す。

〔引用・参考文献一覧〕

石川真澄・広瀬道貞，1989，『自民党——長期支配の構造』岩波書店．
石田直美，2005，「英国の水道事業から学ぶ」(2025年1月13日取得，https://www.jri.co.jp/company/publicity/2005/detail/0103/)．
猪口孝・岩井奉信，1987，『「族議員」の研究——自民党政権を牛耳る主役たち』日本経済新聞社．
金本良嗣，1999，『日本の建設産業——知られざる巨大業界の謎を解く』日本経済新聞社．
共同通信社社会部，1993，『利権癒着——政財暴・権力の構図』共同通信社．
クレア・パリ（自治体国際化協会パリ事務所），2013，「パリの水道事業について」(2019年6月15日取得，https://www.clairparis.org/ja/clair-paris-blog-jp/blog-2013-jp/736-eaudeparis-ja-jp-1)．
厚生労働省，2024，「水道行政の最近の動向等について（2024年2月）」(2025年2月16日取得，https://www.mhlw.go.jp/content/11130500/001212470.pdf)．
国土交通省，2024，「地方部の鉄道の維持・活性化（2024年3月）」(2025年2月16日取得，https://www.mlit.go.jp/seisakutokatsu/hyouka/content/001735185.pdf)．
国土交通省，2025，「建設後50年以上経過する社会資本の割合」(2025年2月16日取得，https://www.mlit.go.jp/sogoseisaku/maintenance/_pdf/50year_percentage.pdf)．
田中理，2024，「英国水道大手に再び迫る経営不安——株主が追加出資を見送り，親会社がデフォルト，政治的な波紋も」(2025年2月16日取得，https://www.dlri.co.jp/files/macro/327665.pdf)．
外池泰之，1996，『図解 建設業界ハンドブック』東洋経済新報社．
中野実，1993，『日本の政治力学——誰が政策を決めるのか』日本放送出版協会．
日本水道協会，2014，「平成26年度国際研修『イギリス水道事業研修』研修報告」(2025年1月13日取得，http://www.jwwa.or.jp/jigyou/kaigai_file/h26/h26_seminar_gbr_summary_01.pdf)．
真渕勝，1994，『大蔵省統制の政治経済学』中央公論新社．
村上裕一，2021，「広域自治体のローカル線運営——フランス版リエゾンのメリット」『開発こうほう』(693)：30-34．
読売新聞経済部，2023，『JRは生まれ変われるか——国鉄改革の功罪』中央公論新社．

第 5 章　エネルギー政策
脱原発か脱石炭火力か

　エネルギー政策の分野では，エネルギー安全保障，経済性，環境適合性の 3 つの政策目的が相反する形で並存している。戦後日本では，国民レベルで価値対立が表面化することは少なかったが，2011 年の東京電力福島第一原子力発電所事故（以後，福島原発事故）以降，安全性という目的も加わり，脱原発か原発推進か，活発な政策論議が展開された。一方で国際的には，ドイツなどを除けば脱原発は広がらず，2015 年のパリ協定以降，気候変動対策の観点から脱石炭火力発電が波及した。2025 年 2 月現在，日本は脱原発も脱石炭火力も選択しているとはいえない。価値対立は続いており，今後も合意形成の努力を続ける必要がある。

1　エネルギー政策の 3E と戦後日本

> エネルギー政策の
> 3E とトリレンマ

　経済産業省設置法第 3 条によれば，同省が所管するエネルギー政策の目的は，「エネルギーの安定的かつ効率的な供給を図ること」である。ガソリンなどのエネルギーは私的財であり，原則として市場で供給される。一方でそれは経済社会に不可欠な財であり，かつ輸入に大きく依存することから，食料などと同様に政府が安定的な供給に一定の役割を果たすことが求められる。

　エネルギー政策の目的は，さらに 3 つに分けられる。第 1 にエネルギー安全保障（Energy Security）は，国全体としてエネルギー供給が途絶えないよう確保することを指す。1970 年代の石油危機はその重要性を再認識させ，政府は石油備蓄や省エネルギーと共に，原子力開発を強力に推進するようになった。また，停電が起きないなど国内の安定供給体制の維持も，エネルギー安全保障の一要素である。

　しかし，エネルギー安全保障にコストをかけるにも限度がある。これが第 2

第5章　エネルギー政策

図5-1　主要国のエネルギーミックス（総エネルギー供給量，2023年）

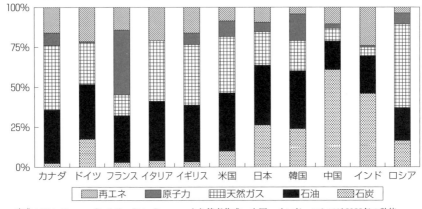

出典：IEA, Energy Statistics Data Browser より筆者作成。中国，インド，ロシアは2022年の数値。

の経済性（Economy）であり，エネルギー費用を一定の水準に抑えることが求められる。現在でも発展途上国では，政府が補助金によって市場価格以下の公定料金を設定することがある。一方で先進国では，1990年代に電力や都市ガスの自由化が推進され，経済性は基本的に市場競争に委ねられるようになった。

第3の環境適合性（Environment）は，1990年代の気候変動問題の顕在化と共に追加された目的である。気候変動問題の原因の多くは二酸化炭素の人為的な排出にあり，化石燃料が大きく寄与している。そのため発電分野では，後述する脱石炭火力が求められるようになった。

これらは，英語の頭文字を取って"3E：スリー・イー"と呼ばれる。福島原発事故後には，安全性（Safety）を加えて，S＋3E と呼ばれることもある。エネルギー政策ではこれら目的の実現が求められるが，3E が相反する「トリレンマ」の関係にあることに留意が必要である。例えば，石炭は天然ガスより経済性に優れるが，二酸化炭素の排出量という点で環境適合性に劣る。再生可能エネルギー（以後，再エネ）は，純国産としてエネルギー安全保障に優れ，環境適合性も高いが，経済性に劣るとされてきた。安全性が経済性と相反することも，原発の安全対策費用をみれば容易に想像がつくだろう。1つで完璧なエネルギーは存在せず，各国の置かれた状況に応じたエネルギーの組み合わせ（エネルギーミックス）が求められる。

現実の各国のエネルギーミックスは多様である（図5-1）。原子力大国のフランス，1990年に脱原発したイタリア，国内炭に大きく依存する中国など，地質学的にも各国のエネルギー情勢は異なる。背景が異なれば，各エネルギーへの評価や政策手段も異なるのは当然である。

戦後日本のエネルギー政策の特徴　戦後日本のエネルギー政策には，以下の3つの特徴があった。第1に，多くのエネルギーを中東など海外に依存してきたため，エネルギー安全保障の重要性が高かった。日本は米国やカナダとは異なり，巨大な油田やガス田を国内に有していないため，1970年代の石油危機の影響は深刻であった。その結果，資源外交やシーレーン防衛に果たす政府の役割は大きく，石油備蓄なども行ってきた。

第2に，だからこそ原子力開発に注力し，50基以上の原子炉が建設された。原子力にはウランの輸入が必要だが，核燃料サイクルが実現すれば半永久的に発電を続けられるため，「準国産」と呼ばれた[1]。1990年代以降は，二酸化炭素を排出しない点も評価され，3Eすべてを満たす理想的な電源とされた。一方で原子力は高度技術を要し，核兵器とも関係するため，科学技術庁が1956年に設置されるなど国が強く関与し，「国策民営」と呼ばれてきた。

第3に，そのようなエネルギー政策の過程は極めて閉鎖性が高かった。特に独占が続いた電力の分野では，国策の原子力部門を筆頭に，政官財の「鉄の三角形」に該当する政策コミュニティが成立した。限られた専門家や利害関係者が政策を差配し，消費者の選択の余地は小さく，国民が政府に意見する機会は少なかった。

唯一1970年代の石油危機は，トイレットペーパー騒動が起きるなど，エネルギー安全保障に国民の関心が集まることになった。しかしこの際も，価値対立の形で争点化することはなかった。石油が国内に賦存しないのは所与であり，石油危機は国際情勢のなかで突発したため，政府や企業の責任を問うことは難しかった。また原子力開発などの対策は一定の成果を上げた。

原発について，諸外国では安全性や放射性廃棄物の処分問題が大きな争点となることがある。オーストリアやデンマークでは，1970年代に政府の建設計画に対して国民的な議論が起こり，原発を否定する議決や法制化を行った。しかし日本では，立地地域で限られた反対運動が起きただけで，全国的な関心が高

まることはなかった。政府と大手電力会社は，電源開発立地交付金なども活用することで，価値対立の抑制に成功してきたといえよう。

　このように福島原発事故以前の日本では，国策の原発や事実上の独占体制を前提とし，エネルギー安全保障を優先した価値選択が，閉鎖的な政策過程を通してなされてきた。その1つの表れが，2010年6月に策定された「エネルギー基本計画」(以後，エネ基)であった。このなかで政府は，発電電力量に占める原子力の割合(電源構成)を，当時の30％前後から2030年に50％と概ね倍増させるため，「少なくとも14基以上」の「原子力の新増設」を決定した。これは，気候変動対策とエネルギー安全保障のためとされる。その翌年に起きたのが，福島原発事故であった。

2　福島原発事故以降の原発をめぐる価値対立

原発の安全性に対する不信　福島原発事故以降の政策過程で，原発やその対抗馬としての再エネに国民の関心が高まった事実は，次のデータで示すことができる。「原発」と「再生可能エネルギー」という用語で新聞記事を検索すると，2011年には前年比で「原発」が約12倍の8万7779件に，「再生可能エネルギー」が約5.1倍の4466件に増えている[2]。

　なかでも最大の争点となったのが，原発の安全性である。これまで政府や大手電力は日本で過酷事故が起きることはないと説明し[3]，国民は概ねそれを了承してきたといってよかろう。これが「安全神話」であるが，16万人に避難を余儀なくさせた放射能事故を前にして，国民の原発への不信は一気に高まった。安全神話が崩壊し，安全性という価値が顕在化したのである。

　2011年3月以降，原発への不信は様々な形で表明された。NHKの世論調査によれば，「人間は，原子力を安全に利用することができる」かという問いに対し，「できないに近い」が25％，「どちらかといえば，できないに近い」が42％となった(「防災・エネルギー・生活に関する世論調査」2012年2月27日)。2012年7月16日の「さようなら原発10万人集会」には，主催者発表で17万人(警察当局の集計で7万5千人)が参加し，原発への反対を訴えた(『毎日新聞』2012年7月17日朝刊)。

安全性と安定供給の価値対立　原発の安全性に懸念があれば，運転を停めればよい。実際にドイツでは，日本の過酷事故を受けて全原発を停めて安全点検を行ったが，日本では即座に停めることはなかった。それは，政府に原発を停める権限がないという理由以外に，エネルギー安全保障の一要素である安定供給の問題があったからである。2011年3月の東電管内では，太平洋岸に立地した多数の火力発電所も運転停止した結果，大規模な計画停電を余儀なくされた。事故前に30％前後の電力を供給していた原発が全国で停止すれば，他地域でも深刻な需給逼迫が生じる恐れがあった。

　この恐れは現実のものとなった。原発は13カ月間運転すれば停止させ，安全点検を義務づけられている。通常なら数カ月後に再稼働するが，民主党政権は，過酷事故を防げなかった当時の安全基準のもとで，国民感情も踏まえると再稼働を許可できなかったのである。こうして各地で原発が順次停止し，2012年5月にその電力は0％になった。この結果，年間最大需要を記録する真夏を控え，停電を避けるために原発を再稼働させるかが議論になった。安全性を優先するか，安定供給を優先するかが問われたのである。

　最終的に民主党政権は，原発依存度が高い関西電力管内に限り，暫定的な安全対策を施したとして，大飯原発2基の再稼働を決定した。野田佳彦首相は，「3割の原子力発電をいま止めては，日本の社会は立ちゆかない」，「国民の生活を守るため」（2012年6月8日の記者会見）と，国民に理解を求めた。原発の立地地域の事故リスクと，大消費地を含む広域的な停電リスクを比較し，後者の方が大きいと判断したことになろう。

　一方で，節電や他地域からの融通で電力は足りるとの指摘もあり，振り返れば原発の再稼働がなくても足りていた。再稼働の決定の背景には，経済活動への悪影響を避けたい関西経済界からの要求もあったという[4]。これが事実とすれば，単純な安定供給のためというより，厳しい節電を回避することで経済活動の維持を優先したといえるかもしれない。

安全性と経済性の価値対立　いずれにしろ，関西などでは2012年の夏の需給逼迫は相当な深刻度があり，大々的な節電がなければ安定供給が危うかったことは間違いない。しかしそれ以降は，需給逼迫が問題になることはほぼなくなった。電力会社による火力発電の確保が進むとともに，節電

がさらに進んだからである。

　安定供給の問題が一息付くと，次に出てきた争点が経済性であった。2012年に各地の大手電力は電気料金を値上げした。これを受けて経団連など経済三団体は，「原子力を火力で代替するための燃料費負担は」，「電気料金上昇の大きな要因となって」おり，原発の「再稼働プロセスを加速すべき」と要求した（「エネルギー問題に関する緊急提言」2014年5月28日）。これは，原発の経済性を評価し，安全性の問題より優先させるべきとの判断であろう。

　対照的に原発の経済性への異論が唱えられたことが，注目される。これまで原子力の発電コストは，再エネはもちろん火力と比べても安いとされてきた。しかし大島（2011）によれば，設備費や燃料費といった大手電力が直接負担する表面的なコストに，立地対策費や放射性廃棄物の処分費など隠れたコストを加えて実績値で計算すると，決して安くないという。このような新たな主張が国民の支持を集めるようになった。異なる価値と価値の対立だけでなく，価値を支える根拠が論争の的になったのである。

　なお，大島が指摘する原発のコストとは，初期投資も含めた均等化発電単価の話であり，限界費用（燃料費）が問題となる既設の再稼働の経済性とは区別する必要がある。とはいえ，原発のコストが実は高いという主張は，事故対応や賠償の費用が兆円規模になる現実を前に，強い説得力を持って受け入れられ，次節の長期的なエネルギー選択の議論に影響を与えた。

　環境適合性をめぐる価値対立　2012年の夏以降に経済性と共に争点となったのが，環境適合性である。原子力の穴を火力が埋めた結果，国内の二酸化炭素排出量は2010年度の11.9億トンに対して，2013年度には13.1億トンへと増加した（環境省「温室効果ガス排出・吸収量等の算定と報告」）。脱炭素電源として原子力の環境適合性が評価され，再稼働を求める声が高まった。

　ここで興味深いのは，環境NGOなどからでなく経済界からその声が上がったことである。経済三団体は，経済活動を制約するとしてこれまで気候変動対策に消極的だったが，「CO_2排出量の大幅な増加により地球温暖化問題への対応にも深刻な影響を与えている」と主張した（前出，「エネルギー問題に関する緊急提言」）。

　逆にFoE Japanや気候ネットワークといった環境NGOは，原発の安全性上

の欠陥や放射能汚染を問題視し，再エネによる気候変動対策を求めた。NGOの立場にもよるが，原子力は環境適合性が高いとの評価に，反論が寄せられるようになったのである。

3　エネルギー選択をめぐる政策論議

政策過程の
開放化と透明化

原発のあり方に国民的関心が高まり，様々な価値対立が表面化するなかで，民主党政権は，原発の割合を倍増させるとした2010年のエネ基の見直しに動き出した。2011年10月に総合資源エネルギー調査会に基本問題委員会が設置され，2030年を目処としたエネルギー選択をめぐる政策論議が始まった。

一般に審議会には「官僚の隠れ蓑」といった評価が根強く，これまでの閉鎖的な政策過程のままでは，歴史的事件後の国民的な合意形成は難しい。そこで経産省は，委員会を全面公開してインターネット中継した他，以下の2点の政策過程を開放化・透明化する試みを講じた。

第1に審議会の委員の人選である。一般に委員の人選は，事務局の官僚が結論を想定して差配するとされる。10月に基本問題委員会が設置された際には，枝野幸男経産大臣の指示により，6月に内定していた人選案に，脱原発派などの委員7名を追加した[5]。

第2に審議会の運営方法である。一般には，事務局が自ら進めたい政策に関する詳細の資料を用意し，委員の意見を伺いつつ予定調和的に議論を誘導することが多い。しかし基本問題委員会では，委員間の議論を整理したものを除けば事務局資料は少なく，逆に「委員提出資料」が多い[6]。原発推進派と脱原発派の対立を軸に委員は自由に発言しており，事務局は無理に議論を誘導していないことが，議事録からも読み取れる。

原子力と再生可能
エネルギーの二項対立

基本問題委員会の最大の争点は，過酷事故を起こした原発を今後も使い続けるかであり，その裏側にあるのが，代替電源として再エネに頼れるかであった。原発は，安全性の他，放射能汚染や廃棄物処理という環境適合性が批判された。再エネは，経済性や出力変動による不安定性が問題視された。概ね原発推進派と脱原発（≒再エネ推進）

第5章　エネルギー政策

派に分かれた委員会の議論は，対立が先鋭化して合意形成に向かう様子もなく，「二項対立」と揶揄された。

　そのような価値対立は，基本問題委員会の25名の委員の立場や所属にも反映されていた。概ね，企業経営者や工学系の研究者は原発推進派であり[7]，経済性や産業競争力を重視し，原発の実績を評価した。直前に加えられた経済学系の研究者，消費者団体やNPOの代表者は脱原発派[8]が多く，事故被害や社会的コストを問題視し，再エネの将来性に期待した。

　一般に審議会の答申は，事務局の官僚が主体的に書くため，両論併記になることは珍しい。しかしこれだけ価値対立が先鋭化した基本問題委員会では，意見の集約は困難であった。そのため2012年6月の答申では，「エネルギーミックスの選択肢の原案」として，2030年の電源構成の3シナリオを提示した。それらは，原発の割合に応じて，ゼロシナリオ（脱原発），15シナリオ，20-25シナリオと呼ばれた。政府が結論を1つに絞るのでなく，複数の選択肢を示して国民の意見を聞こうというのである。

| 国民的議論と討論型世論調査 |

国においてこのような政策決定の方法は異例である。代議制民主主義の否定といった批判や，逆に結論が決まっているガス抜きではないかといった疑念も生じた。それでも2012年7月以降，民主党政権は3シナリオについて意見聴取会，パブリックコメント，討論型世論調査（コラム）を実施し，「国民同士が意見交換を行い議論を深める機会を提供しながら，国民各層の意向を丁寧に把握する」（エネルギー・環境会議「エネルギー・環境に関する選択肢」2012年6月29日）ことを目指した。これが，エネルギー選択のための「国民的議論」である。

　全国11会場で開催された意見聴取会では，意見表明申込者の68％が，8万8286件寄せられたパブリックコメントでは87％が，ゼロシナリオを支持した（国家戦略担当大臣「国民的議論に関する検証会合の検討結果について」2012年9月4日）。また討論型世論調査では，一般市民が2日にわたって専門的な討論をした結果，ほぼ半数がゼロシナリオを支持した。

　その結果，民主党政権は，「少なくとも過半の国民は原発に依存しない社会の実現を望んでいる」と結論づけた（国家戦略担当大臣「戦略策定に向けて～国民的議論が指し示すもの～」2012年9月4日）。同時に，「その実現に向けたスピード

101

Column

討論型世論調査

討論型世論調査とは，特定のテーマについて一般市民に熟議の機会を経て意見を聞く，世論調査の手法である。通常の世論調査では，その場ですぐに意見を求められるのに対し，討論型世論調査では，専門的情報を踏まえて他人と討論を行ったうえで，自分の意見を固めることができる。熟議のうえで選択を行うことで，その調査結果はより確かな世論として政策決定の参考になるとされる。また，熟議の前と後で同じ調査をして，意見の変化をみることも意図されている。J. フィシュキン・スタンフォード大学教授が，社会実験の一種として考案した。

2012年8月4日・5日に慶應義塾大学で行われた「エネルギー・環境の選択肢に関する討論型世論調査」には，無作為抽出で選ばれた285名の一般市民が参加し，3シナリオについて討論した（エネルギー・環境の選択肢に関する討論型世論調査実行委員会「調査報告書」2012年8月27日）。そこでは，「安全の確保」，「エネルギーの安定供給」，「地球温暖化防止」，「コスト」の，S+3Eに該当する4つの「判断基準」が示され，複数の専門家による情報提供や質疑応答を経て，どれを重視するかが議論された。

その結果，安全性が最も重視され，ゼロシナリオが47％と最多の支持を集めた。最初の電話調査の段階では，ゼロシナリオ支持者は27％に止まったが，討論前調査では41％，討論後調査では上記の47％に増えたのである。これに伴い，特定のシナリオを選択しない「その他」が減り続けたことも，示唆的だった。国民の価値判断は，与えられた環境や情報に応じて明確な形で示されうるのである。

討論型世論調査は，過去，イギリスやデンマークなどで実施されたことがあるが，「国政上の重要な政策決定過程で公式に採用された例としては世界初」であったという（同上，「調査報告書」）。その後2025年1月現在まで，日本において自治体のレベルを除けば実施されていない。実施コストが大きいというデメリットがあるが，原発の新増設など大きな政策転換を行おうとするなかで，再評価されるべきだろう。

感に関しては意見が分かれている」とも指摘した。

脱原発の政治決定と政権交代　国民的議論の結果を受け，2012年9月14日に民主党政権は，「2030年代に原発稼働ゼロを可能とするよう，あらゆる政策資源を投入する」とした，「革新的エネルギー・環境戦略」（以後，エネ環戦略）を決定した。実質的に脱原発が選択されたのである。

エネ環戦略に対し，経済界などから強い反対が表明された。経済三団体の首脳は9月18日に共同記者会見を行い，「国内産業の空洞化は加速し，雇用の維持が困難になる」，「国益を大きく損ねる」と反対した（日本経済団体連合会ウェブサイト）。また，読売新聞は社説において，同様の理由で「『原発ゼロ』は戦略に値しない」と批判した（2012年9月15日）。

そもそも，民主党政権内での合意形成すら十分でなかった。詳細は高橋（2019）の通りだが，原発問題への野田首相の関心は低く，大臣間でも党内でも意見対立が収拾されないなかで，エネ環戦略は決定された。そのため，「可能とするよう，あらゆる政策資源を投入する」といった曖昧な表現や，脱原発なのに核燃料サイクルは継続するといった妥協がなされた。先鋭化した価値対立は，合意形成から程遠い状態だったのである。

そして2012年末の衆議院総選挙に民主党は大敗し，自由民主党を中心とした第二次安倍晋三政権が成立した。過半の国民は脱原発を支持したが，民主党は支持されなかったのである。その理由として，民主党としての意思決定方法など統治体制自体への評価が低かった，総選挙として多様な政策の総合評価となった，自民党も「原子力に依存しなくてもよい経済・社会構造の確立を目指」す（自民党「重点政策2012」）との公約を掲げるなど，脱原発が十分に争点化されなかった，などが考えられる。そして安倍政権はエネ環戦略を即座に否定した。

欧米における原発をめぐる価値対立

福島原発事故は海外にどのような影響を与えたのだろうか。脱原発で有名なのはドイツである。ドイツでは，1986年のチェルノブイリ事故後に原発の安全性や放射性廃棄物をめぐる議論が活発化し，2000年に脱原発の政治決定がなされた。その後，期限の延期などもあったが，2011年の福島原発事故を受けて脱原発運動が再燃した結果，与野党は数カ月間で2022年までの脱原発に改めて合意した。ドイツは安全性を優先したといえよう。

この2011年の政策過程では，アンゲラ・メルケル首相が，「安全なエネルギー供給に関する倫理委員会」を設置したことが注目される。これは，哲学者，教会関係者，社会学者など，エネルギーの専門家を除く様々な知識人で構成され，「社会のあり方」を議論した。同時期に開催された原子力の専門家か

らなる原子炉安全委員会の結論は、「原発を直ちに止めなくてはならない技術的な理由はない」であった。しかし倫理委員会の結論は、「よりリスクの少ない選択肢がある以上は」「10年以内に脱原発すべき」であった（Ethics Commission 2011）。メルケル首相はこの提言を尊重し、国民的合意に至ったのである。

　しかしその後、ドイツ流の脱原発政策は世界の主流になっていない。ドイツの後にスイスやベルギー、さらに韓国などが続いたが、大きく広がらなかった。それは、原発の脱炭素に寄与する点が評価された理由が大きいと思われる。安全性よりも環境適合性を優先したことになる。特に欧州では、巨大地震や津波の恐れが低いという地質学的な理由も影響しただろう。また、初期投資は大きいが限界費用は小さいという、原発の経済性の理由もある。石炭火力と比べても燃料費が低いため、既設を使い続ける誘因が高くなるのだ。

　その結果、脱原発しない先進国の多数派は、期限を決めずに使い続けるものの、新増設は積極的に進めないという状況になった。スペイン、スウェーデン、オランダ、カナダなどが、これに該当する。再エネの導入に時間を要するなかで、脱炭素の選択肢を広く残すということだろう。福島原発事故以降も新増設を積極的に掲げたのは、フランス、イギリス、米国などに限られた。

　このように原発への評価は先進国のなかでも多様である。国民性やエネルギー情勢、核保有国かどうか、時の政権の判断など、複雑な要因が働いているだろう。ここでは、日本が過酷事故を受けて短期的に議論が沸騰したのに対し、欧米は数十年にわたる原発をめぐる議論や国民的合意が存在し、2011年以降の対応はそれ以前の帰結をある程度受けたものになったと、整理しておきたい。

4　脱石炭火力をめぐる国際的な価値対立

> パリ協定と脱石炭火力

　前節の通り、2011年以降に新たに脱原発を選択した国は限定的であった。その後2015年に合意されたのが、気候変動枠組条約のパリ協定である。パリ協定は、産業革命以降の気温上昇を21世紀後半に向けて2度未満に抑える「2度目標」を、発展途上国も含む締約

第5章　エネルギー政策

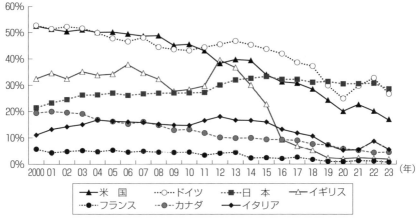

図5-2　主要先進国の石炭火力の電源構成の推移

出典：IEA, Energy Statistics Data Browserより筆者作成。

国全体で掲げたことで，一般に高く評価されている。それは，低炭素ではなく脱炭素の達成を求めている。

この結果槍玉に上がるようになったのが，石炭火力発電である。石炭は天然ガスに比べて単位熱量あたり約2倍の二酸化炭素を排出する。窒素酸化物や硫黄酸化物も多いため，発展途上国では大気汚染を引き起こしており，環境適合性が最も低い電源といえる。一方で石炭火力の最大の長所は経済性である。石炭は石油や天然ガスと比べて安いため，2000年代には多くの先進国で石炭火力の割合は高かった（図5-2）。

このなかで2015年11月にイギリス政府は，世界で初めて石炭火力を2025年までに全廃する計画を発表した。脱石炭火力である。続いて2016年11月にフランス政府は，2023年までの脱石炭火力を宣言した。さらにイタリア，オランダ，デンマークなどもこれに続いた。

この流れを受けて，2017年11月の気候変動枠組条約のCOP（締約国会議）23において，カナダ政府とイギリス政府が提唱したのが，脱石炭火力連盟（Powering Past Coal Alliance：PPCA）である。PPCAは，旧式の石炭火力を廃止し，CCS（炭素回収・貯留）なしでの新増設をしないことを宣言した政府の集まりである。両政府による呼びかけは瞬く間に広がり，COP23の終了までに20

105

の政府が加盟した。PPCA ウェブサイトによれば、2025年2月時点で60の政府に広がっている。多くの国々が、脱原発より脱石炭火力を優先したのである。

　脱石炭火力は、どうして国境を越えて波及したのだろうか。原発の安全性より気候変動の方が問題視されていることは、否定し難いだろう。同時に毎年集まる COP の場には、各国政府による気候変動対策の宣伝競争の側面があるため、COP の直前や会議中に脱石炭火力の連鎖が起きたのではないか。対照的に、脱原発は基本的に国内問題であり、外交的に他国に誇るような話でなく、そのような国際的な場もない。そのため、国際的な政策波及が起きにくいのではないか。

エネルギー転換を進めるドイツの苦悩

　このような脱石炭火力の政策競争のなかで苦悩してきたのが、エネルギー転換の先進国・ドイツである。エネルギー転換とは、化石燃料に依存した旧来のエネルギーシステムを、再エネと省エネを2本柱とする持続可能なシステムへ構造改革することを指す。ここで原子力の扱いについては意見が分かれる。イギリスやフランスもエネルギー転換を標榜しているが、石炭火力を全廃しても再エネだけでなく原子力に頼れるため、安定供給上は余裕がある。

　しかしドイツのエネルギー転換では、気候変動問題の主因である化石燃料はもちろん、脱炭素電源の原子力も持続可能でないと位置づけられている。ドイツは先に脱原発を決めたため、脱石炭火力も同時に行うことは容易でない。実際にドイツの石炭火力の割合は、2023年時点で26.6％と主要先進国のなかで日本に次いで高い（図5-2）。逆にイギリスやフランスは、2016年には石炭火力の電源構成が10％を切っており、容易だから脱石炭火力を宣言したという側面もあるだろう。

　加えて、石炭火力の割合が高い理由でもあるのだが、ドイツは現在でも主要な産炭国であり、石炭がエネルギー安全保障に寄与するとともに、産炭地の雇用を提供している。この石炭の多くは発電に使われるため、脱石炭火力は国内の雇用問題を惹起する。このため、2015年以降の脱石炭火力の国際潮流にドイツは乗れなかったのである。

　そこでメルケル政権は、「石炭委員会」と呼ぶ審議会を2018年に立ち上げ、

第5章　エネルギー政策

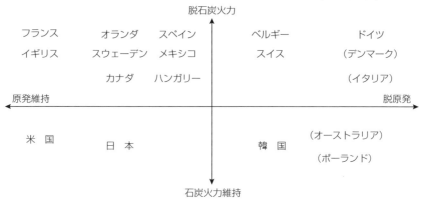

図5-3　脱原発と脱石炭火力に対する主要先進国の選択（2020年時点）

出典：筆者作成。(カッコ内) は，以前から原発を有しない国。

脱石炭火力を議論させた。同委員会の委員は，学者や環境NGOに加え，労働組合や産業団体，産炭地の代表者等を含み，利害調整と合意形成を目的とした。その結果，欧州のなかでは遅い2038年までの脱石炭火力が2019年1月に提言され，2020年に脱石炭法が成立した。こうしてドイツは，脱原発と脱石炭火力を同時に目指す数少ない国となった。

ここまでの脱原発と脱石炭火力の選択を整理したのが，図5-3である。多数派は，脱石炭火力を選択して原発は維持する組み合わせである。この第2象限は，安全性より環境適合性を優先したと考えられる。逆に，脱石炭火力と脱原発を同時に追求する第1象限は多くない。エネルギー安全保障の障壁が高いからだろう。先進国で石炭火力維持は少ないが，第4象限のオーストラリアは，原発を有しない一方で有数の産炭国である。そして石炭火力も原発も維持する第3象限は，日本などに限られる[9]。原発の過酷事故を起こしかつ産炭国でないのに，政策転換を選択しない日本について，以下で再検討する。

| 日本における石炭火力の新増設 |

2012年末に誕生した第二次安倍政権は，2014年にエネ基を改定した。これは，福島原発事故後初の改定であったが，原子力を「重要なベースロード電源」として復活を目指すとともに，石炭も「重要なベースロード電源の燃料」と位置づけた。翌年には2030年の電源構成目標を定め，原子力は20～22％，石炭火力は26％とした。この間，

107

大手電力が進めたのは石炭火力の新増設である（図5-2）。

　石炭火力は，原子力や水力と共にベースロード電源と呼ばれ，限界費用が低く24時間運転可能なため，安定供給に不可欠とされてきた。福島原発事故の結果，一時は全原発が運転停止し，今後も新増設はおろか再稼働すら見通せないなかで，大手電力は原子力に代わるベースロード電源を石炭火力に求めた。それ以前は，気候変動対策上，石炭火力の新増設は難しかったが，経産省は環境影響評価の基準を緩和した。環境適合性を犠牲に経済性や安定供給を追求したのであり，2012年以降の新増設計画は，2018年4月時点で50基に上った（気候ネットワーク 2018）。

　石炭火力の運転期間は40年程度とされる。50基にはすでに稼働した8基や中止が決定された7基も含まれるが，それら以外が稼働すれば，2050年時点でも2000万kW近い石炭火力が残る計算になり，パリ協定の達成は不可能となる。だから欧州諸国は，2030年前後までの脱石炭火力を進めており，当然，新増設計画はない。先進国で多数の新増設を進めるのは日本だけという状況が出現したのである。

　環境適合性に劣る日本の姿勢は，パリ協定が合意された2015年頃から国際的な批判を受けるようになった。環境NGOのE3Gは，COP21の前に先進7カ国の脱石炭火力の取り組みに関するランキングを公表し，最下位の日本を批判した（E3Gウェブサイト，"Japan isolated as USA leads the way in G7 move beyond coal." 2015年10月21日）。また日本政府は，発展途上国などへのインフラ輸出戦略の一環として，高効率石炭火力発電の海外展開を推進しており，これも批判を浴びていた。

　石炭火力をめぐる国際的な批判は，2019年末のCOP25で日本が「化石賞」を受賞したことで，国内でも注目が集まった。化石賞は，環境NGOの気候アクション・ネットワークが気候変動対策に消極的な国にCOP期間中に授与する，不名誉な賞である。COP25に出席した小泉進次郎環境大臣は，国際社会に少しでも前向きなメッセージを出せるよう，石炭火力の抑制など事前に調整を試みたが，「石炭火力発電の認可は経済産業相の権限でもあり」，実を結ばなかったという（「小泉環境相，石炭火力廃止踏み込めず　COP25会合」『日本経済新聞』2019年12月11日）。

第 5 章　エネルギー政策

> 脱原発も脱石炭火力
> も選択しない日本

　安倍政権は2018年にエネ基を改定した。このなかで，原子力や石炭火力の「重要なベースロード電源」との位置づけや，2030年の電源構成の目標値は，変更されなかった。一方で，原発は再稼働が進まず，20〜22％という目標達成は「もはや絵空事」とエネ基を審議する委員から酷評され（『朝日新聞』2018年7月4日），石炭火力は国際的批判を浴びていた。日本は再エネの導入に遅れていることもあり，脱原発と脱石炭火力の一方だけでも安定供給や経済性に支障が生じると，政府は考えていた。その結果，安全性と環境適合性が犠牲になっていた。

　気候変動対策に消極的だった日本が積極的になったのが，菅義偉政権の時である。2020年10月に菅首相は，国会の所信表明演説で2050年カーボンニュートラルを宣言した。カーボンニュートラル，すなわち炭素排出実質ゼロは，パリ協定の前提となる目標であり，そのためには一刻も早い脱石炭火力を必要とする。これを受けて翌年に改定されたエネ基では，2030年の石炭火力の電源構成目標は26％から19％に下がったものの，期限を切った脱石炭火力には言及されなかった。

　とはいえ，日本もカーボンニュートラルを約束した以上，遅くとも2050年までには石炭火力をゼロにしなければならない。そのため政府は脱炭素火力を推進し始めた。脱炭素火力は，発電燃料として水素やアンモニアを使う場合と，化石燃料のままでCCSを併用する場合がある。既存の設備や技術が流用できるメリットがあるが，コスト高で商業化されていない上，これら燃料の多くは輸入を前提とするため，エネルギー安全保障に寄与しないという課題を抱える。

　そのようななか，2022年2月に始まったウクライナ戦争を受けて，化石燃料価格が暴騰し，欧州では供給不安も生じた。エネルギー安全保障の重要性が再認識された結果，岸田政権は新たにGX（グリーントランスフォーメーション）政策を打ち出した。ここでは，建て替えや運転期間の延長など原発の復権が盛り込まれた。気候変動対策をエネルギー安全保障と両立させるには，原発も脱炭素火力も必要だというのである。一方で純国産の再エネについては，導入目標を高めるなどの強化策は盛り込まれなかった。GXは，福島原発事故後の大きな政策転換であったが，2012年のような国民的議論は行われず，限られた審議会を通して短期間で政策決定がなされたことに，批判が寄せられた[10]。

脱石炭火力については，2024年4月のG7気候・エネルギー・環境大臣会合において，ようやく日本も同意した。しかしその対象は，「排出削減対策が講じられていない石炭火力」と曖昧であり，その廃止期限は，「気温上昇を1.5℃に抑えることを射程に入れ続けることと整合的」とするだけで，明示されていない（環境省「G7気候・エネルギー・環境大臣会合の結果（仮訳）」）。本当に政府には脱石炭火力の意思があるのか，気候変動対策として十分なのか，環境NGOなどから批判の声が上がっている。

5　価値対立の教訓と今後の展望

　　　価値対立の教訓　　　本章では，福島原発事故以降の内外のエネルギー政策における価値対立をみてきた。最後にここから得られる教訓を整理したい。
　第1に，そもそも公共政策は多様な価値を包含しうるが，特にエネルギー政策ではトリレンマと呼ばれるように，主要な価値の間で対立が生じやすい。福島原発事故後には，悲惨な歴史的事件を契機として安全性の優先順位が高まり，多面的な価値対立が顕在化した。
　第2に，その国内の政策過程は以前より開放され，新たな政策アイディアが登場し，国民は自らの価値について意見表明し，政治に影響を与えた。原発の安全神話は崩壊し，発電コストにも疑念が深まるなど，既存の価値自体が問われた。短期間で先鋭化した議論は，変化への推進力をもたらす反面，合意形成を困難にしただろう。
　第3に，国際間でも価値対立が生じうる。脱原発はドイツなどに限定されたが，脱石炭火力は先進国を中心に広く波及した。原発は安全性を中心とした国内問題に止まったのに対して，石炭火力は環境適合性に関わる国際問題であり，国家間の政策競争も生じた。各国の置かれた状況によって重視される価値が異なるとともに，エネルギー政策は国際的に影響し合うのである。

　　　今後のエネルギー政策の展望　　　NHKの世論調査によれば，「発電で重要なこと」について，2011年には安全性との回答が最も多かったが，2021年には環境適合性や安定供給が大きく上回った（図5-4）。国民は安全性

第5章　エネルギー政策

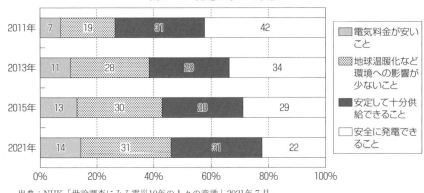

図5-4　発電に求める価値

出典：NHK「世論調査にみる震災10年の人々の意識」2021年7月。

のみを重視しているのでなく，また重視する価値は時と共に変化する。このような国民の意識の変化が，近年の原発の復権にも影響しているだろう。

一方で政府が新増設を決定した原発については，安全基準の強化によって建設コストが2～3倍に膨張しており，積極派のフランスやイギリスですら新増設は進んでいない。そして日本の脱炭素火力は，10％程度のアンモニア混焼の形で始めるため，排出削減は限定的であり，石炭火力の延命策との批判もある。そしてこれらの選択について，国民的議論は行われていない。

合意形成に近道はない。政治決定には，政治的リーダーによる指導力が必要なのはもちろん，十分な時間をかけて合意形成に努めることが不可欠であろう。国民の価値観は変わりうる。市場や技術の状況も，国際情勢も変わりうる。このような内外の環境変化と向き合いつつ，その都度適切に意思決定を下していくことが，政治に求められる役割なのである。

📖 文献案内

① 植田和弘，2013，『緑のエネルギー原論』岩波書店。
　　環境経済学の権威による持続可能なエネルギー論。福島原発事故を契機として政府のエネルギー政策の形成にも関与した著者が，生命や安全を優先した経済社会のあり方を提起する。
② 高橋洋，2017，『エネルギー政策論』岩波書店。
　　政治学・公共政策学の立場からのエネルギー政策に関する初の体系的な教科書。エネ

ルギー政策の理論的基礎を学んだ上で，石油危機，電力自由化，気候変動問題，福島原発事故といった，各論について考察する。
③ 経済産業省『エネルギー白書』各年版。
　経産省・資源エネルギー庁が毎年発行するエネルギーに関する白書。エネルギーに関する膨大な定量的データが網羅されており，日本政府のエネルギー政策についても解説されている。

1) 核燃料サイクルとは，使用済み核燃料を再処理して新たに核燃料を生み出し，再利用する仕組みを指す。技術的に難しく，海外でも一部しか実用化されていない。
2) 日経テレコンで検索し，日本経済新聞，朝日新聞，毎日新聞，読売新聞，産経新聞の記事数を合計した。なお，再エネは2012年にはさらに増えて5,910件に達した。
3) 1988年11月9日の衆議院商工委員会で，原発は100％安全なのかという質問に対し，鎌田吉郎資源エネルギー庁長官が，「常識的に使っている，そういった意味では絶対安全なものだ」と答弁した。
4) 大飯原発の再稼働に慎重だった嘉田由紀子滋賀県知事によれば，「経済界からの要請が強く，追い詰められていた」。『毎日新聞』2012年6月23日大阪朝刊。
5) 前述の大島の他，飯田哲也環境エネルギー政策研究所長，八田達夫大阪大学招聘教授など。『読売新聞』2011年9月28日朝刊。
6) 第2回（2011年10月26日）では，事務局が要請した「委員提出メモ」23点の他，委員の判断による「委員提出資料」9点が，配布された。その後も，第3回10点，第7回14点，第18回12点など。
7) 槍田松瑩三井物産会長，榊原定征東レ会長，田中知東京大学教授，山地憲治地球環境産業技術研究機構理事など。
8) 大島，飯田の他，阿南久全国消費者団体連絡会事務局長，枝廣淳子ジャパン・フォー・サステナビリティ代表など。
9) 米国では，2023年にジョー・バイデン政権が脱石炭火力を宣言した（第2象限）。韓国では，2017年に文在寅政権が脱原発を宣言したが，2022年の尹錫悦政権への交代により原発推進に転換した（第3象限）。また，2022年のウクライナ戦争を受けて，オランダとスウェーデンは原発積極派へ移動する一方で，スペインは左派政権のもとで脱原発を決定した（第1象限）。
10) 経産省の原子力小委員会の委員でもあった松久保（2023）は，原発推進派に偏った委員の人選や議論の拙速さを批判した。

※本章は，本書初版第6章と，2020年6月の日本公共政策学会で報告した拙稿「脱原発か脱石炭火発か？」を統合し，大幅に加筆・修正したものである。

〔引用・参考文献一覧〕
大島堅一，2011，『原発のコスト——エネルギー転換への視点』岩波書店．
気候ネットワーク，2018，「石炭火力2030フェーズアウトの道筋」（2024年11月8日取得，

https://www.kikonet.org/kiko/wp-content/uploads/2019/03/Report_Japan-Coal-phase-Out_JP.pdf).

高橋洋, 2019, 「民主党政権の脱原発を巡る政策過程――オーラル・ヒストリーと自叙伝から検証する」御厨貴編『オーラル・ヒストリーに何ができるか――作り方から使い方まで』岩波書店.

松久保肇, 2023, 「ウクライナ危機・電力高騰を「カミカゼ」として利用した強引な原発回帰」『社会運動』(450): 71-79.

Ethics Commission for a Safe Energy Supply, 2011, Germany's energy transition – A collective project for the future.

第6章 ICT 政策
AI 社会における情報の保護と活用

　政府は Society5.0 の実現に向けて取り組んでおり，その過程でデータは重要な要素として位置づけられている。しかし，技術進展に伴い ICT 利活用と人格権や財産権などデータに関する個人の権利の関係が複雑化しており，この対立のバランスをいかに取るかが課題となっている。
　本章では，生成 AI の開発・利活用と学習データの権利保護の価値対立に焦点を当て，この問題の解決が困難であることを詳説する。この複雑な価値対立の構図を理解するために，①多様なアクターが関与する政策分野としての AI 政策，②新しい技術に対する評価の多様性，③進展する技術への政策的対応の可能性と限界，の3点から論及する。社会に直接影響を与える最先端の技術は，様々な対立を引き起こす。解消が困難な価値対立と政策立案の難しさを指摘する。

1　AI 社会とデータ

生成 AI が社会を変える

　新しい技術，例えば，蒸気機関や電信，インターネットの普及により，社会は大きく変わった。これにより，社会問題が発生し，政策や法制度の対応が迫られることがある。社会に大きな影響を与える技術の直近の例として AI（人工知能，Artificial Intelligence）[1] がある。AI を活用することによって，国際競争力の向上や社会の活性化，経済成長が期待できる。AI は以前から研究，開発が進められていたが，いわゆる対話型生成 AI（以後，生成 AI）の登場により状況は大きく変化した。
　生成 AI は，システムに指示を与えるだけで，文章のほか，画像，音声などのコンテンツを簡単に生成できる AI である。利用する際，難しい知識を有していることを前提としておらず，普段の生活で用いる言葉で指示することができる。OpenAI 社 ChatGPT が代表例である。2022年11月に公開されて以来，

多くの人々が生成AIを利用するようになった。

　生成AIは，プログラミングを支援したり，文章を要約したり，他の言語に翻訳したり，アイディアを提供したりするなど多様な利用方法がある。検索エンジンのように蓄積した情報のなかから検索して答えを表示するのではなく，元のデータにない情報を推論して答えを生成し，表示する。高品質な文章，画像を短時間で作成することが可能となり，作成にかかる労力が大幅に軽減され，作品制作の効率性，生産性が向上した。

　　　　　　　　　　　　　生成AIは，例えば大規模なテキストデータを学習す
　学習データが大事　　　る大規模言語モデル（Large Language Model）のように，
大量のデータを用いて，そのデータのパターンや特徴を学習し，問題を解決する。そのため，生成AIの精度向上には，膨大なデータが必要不可欠である。十分なデータがあれば，生成される成果物の品質が向上する可能性が高まる。一方，学習データの入手が困難な場合，生成AIの開発に制約が生じる。生成AIの開発及び利活用において，多くのデータを利用できることが重要な前提条件である。

　このようなデータの重要性は生成AIが普及する前から指摘されていた。知的財産の創造，保護，そして活用に関する計画として知的財産推進計画がある。2016年に策定された知的財産推進計画2016では，データ流通環境の円滑化，データ流通の効用に対する社会意識の醸成，オープンデータの取り組みの促進が必要であると指摘している。2015年の個人情報保護法の改正，2016年12月の官民データ活用推進基本法の施行などにより，パーソナルデータや多様かつ大量の情報を適正に利活用することができる環境は整備されつつある。

　　　　　　　　　　　　ところで，大量のデータを収集する過程で問題が発生
　保護と利活用
　　のバランス　　　　することがある。データには所有者がおり，その意に
反したデータ収集は，著作権侵害や財産的価値を損ねるなどの問題を引き起こし，権利を侵害するおそれがある。さらに，データに個人情報が含まれている場合，個人のプライバシーが侵害される可能性がある。もちろん，個別に著作者の許諾を得る，個人情報が含まれていないか確認することで防止できるが，大量のデータを扱う場合，このような対応は困難である。知的財産推進計画2016のなかでも，「大量・不特定の情報を利用する場合，全ての著作権者から

事前に許諾を得ることは事実上不可能である」と指摘している。

　大量のデータを使用する性質上，生成 AI の利活用を目指す開発者とデータの所有者，権利者の間で対立が生じうる。生成 AI の開発者は，作家や報道関係者の財産権を侵害したり，仕事を奪ったりする意図で AI を開発しているわけではなく，また，クリエーターも生成 AI が社会で利活用されること，それがもたらす便益を否定しているわけではない。

　2023年時点において，日本では AI 開発・学習のため，著作者の許諾なしに著作物を学習データとして使用することが認められている。後に記述するが，AI の学習データに関連する著作権の権利制限の規定は，生成 AI が広く普及する以前に定められたものであり，現在，この妥当性をめぐり議論が起きている。

　本章では，AI システムを構築するときに必要となる学習データに焦点を当てる。過度な保護が行われると，開発，そして AI の利活用が制限され，公益が損なわれる可能性がある。個人の権利をどこまで保護しどこまで制限するか，学習データとしてどのような利用を許容するのか。政策として考えた場合の利活用と保護の対立を検討する。

2　AI をめぐる多様なアクター

AI の開発者，提供者，利用者　AI には実に多様なアクターが関与する。これらのアクター間で，対立や競合が発生することがある。AI の安全安心な活用を促進するため AI ガバナンスの統一的な指針を示した AI 事業者ガイドラインによると，AI に関係する主体として，AI 開発者，AI 提供者，AI 利用者のほか，業務外利用者（事業活動以外で AI を利用する者又は AI を直接事業で利用せずに AI システム・サービスの便益を享受する，場合によっては損失を被る者），データ提供者（AI 活用に伴い学習および利用に用いるデータを提供する特定の法人および個人）がいるとしている。

　AI システムを開発している人とその完成したシステム・サービスを提供している人についても，同じ事業者が AI 開発者と AI 提供者を兼ねている場合もあれば，別の事業者が担当している場合もある。

AIの開発段階に注目しても，データ収集段階，学習用データセットを作るなどの前処理段階，データを学習させ AI モデルを作成する段階，そのモデルの有効性を検証する段階に大きく分けることができ，単一の事業者が担当しているとは限らない。

生成 AI の学習データの収集方法については，開発者が自らデータを収集する方法，オープンソースのデータセットを利用する方法，AI の学習に適したデータセットを開発者自ら作成する方法，商用利用可能なデータをライセンス契約によって取得する方法などがある。このように学習データを収集する者と AI モデルを開発する者が，同じ事業者とは限らない。

加えて，開発段階においては，他者が開発したモデルを利用する AI 開発者もいる。ファインチューニング（Fine-tuning）と呼ばれる，学習済みのモデルに独自の追加データを用いて再学習させ，モデルのパラメータを微調整することも行われる。一から学習データを集め，AI モデルを作るのではなく，一部だけ再学習させ，AI システムを修正するものである。特定組織で AI システムを用いる場合，その組織に特有の情報を用いて再学習させると AI システムの性能が向上する可能性がある。また，新しいデータを再学習させることで，最新の情報に基づく AI システムを構築することができる。

データを学習させ AI モデルを開発する者，データを提供する者など，関係者が込み入っているため，AI をめぐる対応は複雑になる。利害関係者が限られる政策課題に比べれば，悪構造であり，対立が複雑化しやすい傾向にある。

内閣による統合的な AI 政策

AI をめぐっては，民間セクターだけではなく，政府セクターも主要なアクターとして関わっている。AI 政策は，新しい政策分野であり，また，影響も多岐にわたるため，この政策課題に対して複数の組織，府省庁が関与している[2]。

政府全体の AI 政策の調整，推進は，統合イノベーション戦略推進会議が担当している[3]。統合イノベーション戦略（2018年6月15日閣議決定）では，特に取り組みを強化すべき主要分野として AI 技術を挙げており，統合イノベーション戦略推進会議のもと AI 戦略実行会議（イノベーション政策強化推進のための有識者会議「AI 戦略」，2018～23年），AI 戦略会議で議論が行われている。

2019年3月，統合イノベーション戦略推進会議は，AI の社会実装を進めて

第6章 ICT 政策

117

いくうえでの基本原則として「人間中心のAI社会原則」を決定した。このほか，AIに関する総合的な政策パッケージを示したAI戦略2019，AI戦略2021，AI戦略2022を，2023年5月にはAIに関する暫定的な論点整理を公表している。

しかし，統合イノベーション戦略推進会議が設置される以前から高度情報通信ネットワーク社会推進戦略本部や知的財産戦略本部などいわゆる司令塔会議でAI政策は検討されていた。2015年あたりから「第四次産業革命」という考え方に注目が集まり，その主要な技術であるAIについて，政策のなかで言及されるようになった。「日本再興戦略 改訂2015」（2015年6月30日閣議決定）では，IoT（Internet of Things），ビッグデータ，人工知能による産業構造・就業構造変革の検討が主要施策の1つとして掲げられている。

司令塔会議 国の総合的な科学技術政策については，総合科学技術・イノベーション会議が担当している。科学技術基本法に基づく計画である第5期科学技術基本計画（2016年1月22日閣議決定）では，超スマート社会（Society5.0）の実現，関係する基盤技術の戦略的強化を図るとしている。同計画を受けた科学技術イノベーション総合戦略2016（2016年5月24日閣議決定）では，特に検討を深めるべき項目として，Society5.0の実現に向けて，AI関連の取り組みを強化することがあげられている。また，第6期科学技術・イノベーション基本計画（2021年3月26日閣議決定）では，「サイバー空間とフィジカル空間とがダイナミックな好循環を生み出す社会へと変革させ，いつでも，どこでも，誰でも，安心してデータやAIを活用して新たな価値を創出できるようになる」ことを目標としている。

ICT政策については，2000年に制定された高度情報通信ネットワーク社会形成基本法に基づき設置された高度情報通信ネットワーク社会推進戦略本部が担当していた。AI関連では，世界最先端IT国家創造宣言（2015年6月30日閣議決定）で，AIが社会経済活動に組み込まれることで「超スマート社会」の到来が見込まれると指摘しており，2019年6月の「デジタル時代の新たなIT政策大綱」のなかで，AI活用型（AI-ready）社会の実現に向けた取り組みを推進するとしている。

知的財産政策については，知的財産戦略本部が担当している。2002年11月に

知的財産基本法が成立し、知的財産戦略本部を中心に、知的財産に関する政策が本格化した。知的財産推進計画2015では、「人工知能技術の発展により、人間に替わって機械が著作物を生み出す場合も生じつつあるなど、帰属が曖昧な著作物がインターネット上を漂う時代」であり、今後取り組むべき施策として、「知財の権利保護と活用促進のバランスを考慮し」「柔軟性の高い権利制限規定」など新しい時代に対応した制度のあり方について検討が必要であると指摘し、AI の発展による影響に言及している。これ以降の知的財産推進計画のなかでも AI について言及しており、また、2023年10月から知的財産戦略本部のもとに AI 時代の知的財産権検討会が設置され、生成 AI と知的財産権に関連する課題に対応するための議論が行われている。

各府省庁の取り組み

デジタル庁では、2023年6月9日に閣議決定された「デジタル社会の実現に向けた重点計画」に基づき、AI 活用の基盤となるデータの整備、インフラの整備・強化、官民における適切な活用に向けた検討・取り組みを進めている。

総務省、経済産業省、文部科学省では、計算資源の拡充をはじめとしたデジタル基盤の整備、生成 AI に関する基盤モデルなど AI 関連の研究、技術開発の支援、産業競争力の強化、人材育成、教育体制の整備等の施策を行っており、AI の開発力強化、積極的な利活用を促進するための取り組みを行っている。

このほか、医療や農業、インフラ管理など個別の政策分野における AI の利用促進にかかるものまで含めると実に多くの府省庁が関連している。様々な府省庁が補助金等の政策手段を用いて、研究技術開発、人材の育成を図っている。

AI によるリスクへの対応に関連して、AI の利用を促進するよりむしろ保護に重きを置く立場に立つ府省庁もある。文部科学省、文化庁、文化審議会著作権分科会は、AI に欠かせないデータと著作権の関係について扱っており、詳細は後に記す。大量の学習データのなかに個人情報が含まれることもあり、2023年6月2日に個人情報保護委員会は「生成 AI サービスの利用に関する注意喚起等」を発表し、個人情報に関する注意喚起を行った。

また、ガイドラインを整備することで、開発者、事業者に対して指針を示

し，リスクの軽減を図っている省もある。総務省は，2016年10月にAIネットワーク社会推進会議を設置し，2017年7月に「国際的な議論のためのAI開発ガイドライン案」，2019年8月に「AI利活用ガイドライン」を策定した。経済産業省でも，2022年1月にAI事業者が実践すべき行動目標をまとめた「AI原則実践のためのガバナンス・ガイドライン」を策定した。なお，総務省と経済産業省がそれぞれ作成したガイドラインは統合，見直され，2024年4月に「AI事業者ガイドライン」が策定された。

　各府省の政策目的や所掌事務は異なり，それぞれの立場からAI政策に取り組んでいる。AIという共通のテーマを扱う以上，重複する部分が生じることは避けることができない。多くの利害関係者や関係行政機関が政策形成プロセスに関与すると，異なる価値基準が影響を与え，問題構造が複雑になり，合意形成が困難になる可能性がある。

3　新しい技術に対する評価の多様性

技術の不確実性

　情報システムの開発において，人々の安心感を確保し，信頼性を高めるために，技術的な対策がとられている。情報の所有者の権利と利活用のバランスについても，所有者に損害がない限り問題は生じないため，開発者は権利侵害が発生しないようにシステム構築を行う。しかし，複雑なシステムには，不確実性があり，予期しない問題が発生しうる。外部のセキュリティの専門家によって不具合が発見されることもある。

　生成AIへの指示によっては，学習データと類似性が高い生成物が出力される可能性も否定できない。また，不正な情報を表示させる，システムの動作を不安定にさせることを目的とした指示も問題になっている。2023年に発表された研究により，ChatGPTに同じ言葉を連続して入力すると，個人情報を含む学習データがそのまま出力されるなど開発者が想定していない動作をすることが明らかになった。

　ニューヨーク・タイムズは，ChatGPTで同社の記事がほぼそのまま出力されたとして，OpenAIを提訴した。OpenAI側は，このようなことはシステムに内在するまれな欠陥であること，ニューヨーク・タイムズ側が，学習データ

をほぼそのまま再現できるように AI に指示したと，公式ブログで反論している。技術的な詳細は不明ながらも，学習データが元の状態に近いまま生成物として出力される可能性は排除できない。悪意のある人は，開発者の想定外の手法で抜け穴を見つけるため，対策に限界がある。

　データセットに不適切な情報が紛れ込んでいないかチェックしきれない問題もある。AI の学習用データは，インターネット上にある情報を機械的に収集，保存する「スクレイピング」という行為によって集められることがある。自分の組織の Web サイトであればスクレイピングの対象外になるよう robots.txt ファイルで設定し，自分のデータが収集されないようにすることができる。ところで，インターネット上には，書籍を著作者に無断でスキャンしたり，他サイトから著作物を無断で転用したりするなど，著作者の許諾を得ずに掲載されている違法な情報もある。このように他者が情報を違法にコピーし公開した場合，スクレイピングの対象とならないようにするのは困難である。たとえデータを集めデータセットを作成した人に悪意がなかったとしても，機械的に情報を収集することで，不適切な情報が学習データとして扱われる可能性がある。

| 技術的対策の可能性と限界 |

　そこで，技術的な対策の一例として，収集したデータの内容をチェックするフィルターをかけることが行われているが，効果には限界がある。例えば，画像生成 AI「Stable Diffusion」の学習に利用されているオープンデータセットの「LAION-5B」は，このような対策を講じていたにもかかわらず，有害なコンテンツを除去しきれなかった。「LAION-5B」のサイトでは，コンテンツに関する警告として，有害なコンテンツが存在しない可能性を完全に排除できないとしている。

　AI 生成物であると特定できる技術的な印を付与することで，事後対応が必要となるが，権利保護を目指す動きもある。例えば，AI 生成画像に電子透かしを埋め込んだり，モデルや学習データに関するメタデータを付与したりすることがある。類似した AI 生成物が発見された場合，その印から作成した AI システムを特定することが可能であり，権利を侵害されたと考えられる著作物が学習データとして使用されていたかどうかを確認することができる。

　ただし，このような印は改ざんしたり削除したりすることができる可能性があり，完全な解決策とはいえない。技術的な規制は，悪意を持った人間による

問題行動をある程度防ぐことができるが，その効果には限界がある。悪意を持った人々は常に新たな方法を見つけて規制を回避しようとする。

　問題が発生すると，開発者はその箇所を修正する。これによってAIシステムの信頼性が向上し，不当な搾取や著作権侵害などの問題に対応することが可能になる。しかし，別の問題現象が発生する可能性がある。最善と思われる対策を講じても，不正行為や問題を完全に防ぐことは難しい。ある時点ではほぼ破られないと思われていた暗号も，技術の進歩によって解読される可能性があるのと同様，問題を起こさないシステムを構築することは困難である。技術自体に100％の確実性がないため，対策には限界がある。このような状況をどう判断するかは個々人によって見解が異なり，技術に起因する対立の解消を困難にする。

　⬛ 人々の価値観の多様性　新しい技術は不確実なこともあるため，それに対する人々の価値観や信頼にはばらつきがある。生成AIの学習データ利用に対する評価も複雑で多様である。AIは進化が速く，新しい技術も登場し，それに伴って問題が生じ，解決されるサイクルが短いことも，この傾向に拍車をかけている。

　技術を信用する人，しない人，利便性のためにやむをえないと割り切る人，AIに懸念を抱く人，生成AIなど不要であるという人など，様々な考え方があろう。データの所有者のなかにも，便利なAIシステム構築のため積極的に学習データとして利用を認める人もいれば，一切データを提供したくない人もいるであろう。賛成や反対の二者択一ではなく，グラデーションのようにその間に多様な見解がある。

　執筆，作詞作曲，演技や創作活動で生計を立てている人々のなかには，自らの作品がAIによって学習され，類似した作品が生成される可能性があることを懸念する者がいる。AIによって仕事が奪われるのではないかという不安が生じている。そもそも学習データに使用しなければ，類似した生成物が出力されることはないため，自らの著作物が無断でAIの学習に利用されることに反対する人々もいる。報道機関関係者やクリエーター団体は，知的財産の保護や運用面の透明化を求める声明を発表しており，また，海外ではAI開発者に対して訴訟が起こされている。

一方で，データの所有者の権利を過度に保護することで，学習データの使用に制約が生じ，AI開発が制約される可能性がある。そのため，関係者が受け入れることができる対策を検討する動きがある。現在のAIモデルは非常に複雑であり，その解釈性が低いという欠点がある。出力結果の根拠や判断プロセスを説明することが困難であり，ブラックボックス化や信頼性低下の懸念が高まっている。

そこで，システムの透明性を高めるために，AIシステムが行った判断や生成物の根拠を説明できるようにする説明可能なAI（Explainable AI）という取り組みが行われている。透明性の向上は，AI技術の発展と社会的信頼の構築にとって重要な要素である。システムの透明性を高めるこれらの取り組みにより，システム（技術）に対して信頼性が高まることが期待されるが，人々の価値観のばらつきの幅をどの程度狭められるかは不透明である。

4　政策的対応の可能性と限界

> 技術の進歩に政策が追いつかない

AI開発など，注目を集めている技術分野では，多額の予算が投入され，競争が激しくなる。こうした技術分野では，思いがけない急速な発展がみられ，それに伴い社会も変化することがある。知的財産推進計画2016のなかでも「これまで人間の発想では思い付かなかったような情報の利活用方法が価値を生み出していくことも起こり得る」と指摘している。

しかしながら，技術は良い影響をもたらすだけではなく，新たな問題を引き起こすこともある。これに対し政策的対応が取られることがあるが，政策や法律の整備には時間がかかるため，しばしば技術がもたらす問題に追いつくことができない場合がある。問題が発生してから対策を講じる場合もあるが，未知の技術に柔軟に対処できるよう，事前に対策が取られることがある。

AIの学習データが著作権の権利制限の対象となっているのがその一例である。文化庁は「著作権法の一部を改正する法律（平成30年法律第30号）について」の法律概要の説明で，「イノベーションの創出を促進するため，情報通信技術の進展に伴い将来新たな著作物の利用方法が生まれた場合にも柔軟に対応

できるよう，ある程度抽象的に定めた規定を整備する」とし，著作権法第30条の4（著作物に表現された思想又は感情の享受を目的としない利用）などの規定を設けた。

AIが学習に著作物を使用する際，権利者の許諾を得ることなく著作物等を利用できる権利制限が，どのように整備されていったのか，その経緯を検討する。

柔軟な権利制限

著作権者の権利を保護することは，その権利者のみならず社会全体にとっても重要である。それは文化や産業の発展に貢献し，人々の生活の質や豊かさを向上させる。創作者の経済基盤を支えることで，コンテンツの創作意欲を維持し，新しい成果物を生み出すことが可能となる。コンテンツを保護しない場合，創作者が適切な対価を得る機会が失われ，それにより新たな創作意欲を喪失し，文化や産業の発展が妨げられる。著作物の独占的権利を認め，経済的利益を保護することは重要であり，創作活動を維持するうえでも不可欠である。

一方，デジタル社会において，技術の利用や研究，技術開発のためには，データの流通と利用が不可欠である。情報が自由に利用可能であることが望ましく，コンテンツの過度の保護は新たなイノベーションを阻害する可能性がある。これに対処するためには，権利の保護と情報の利活用のバランスを考慮する必要があり，その1つの解決策として，著作権の柔軟な権利制限が検討されるようになった。

経済財政改革の基本方針2007は，成長力の強化を目指し，世界最先端のデジタルコンテンツ流通促進法制の整備方針を示した。2008年の知的財産戦略本部のデジタル・ネット時代における知財制度専門調査会の「デジタル・ネット時代における知財制度の在り方について」，文化審議会著作権分科会の権利制限見直しの議論を経て，2009年に著作権法は改正された。インターネットを利用した著作物の流通を円滑化するための権利制限規定が新たに導入された。研究開発における情報利用の円滑化に関連して，現在の著作権法第30条の4第2号（情報解析の用に供する場合）の基となった改正前の第47条の7（情報解析のための複製等）が設けられた。「多数の著作物その他の大量の情報から，当該情報を構成する言語，音，影像その他の要素に係る情報を抽出し，比較，分類その他

の統計的な解析」を行う電子計算機による情報解析について，複製等を広く許容することとした。

> 著作物の表現を享受しない利用

その後も，文化審議会著作権分科会法制問題小委員会では，権利制限の一般規定などの検討を行っていた。2011年1月の文化審議会著作権分科会の報告書では，権利者に特段の不利益を及ぼさないが，形式的に著作権侵害とみなされる可能性のある行為として，①著作物の付随的な利用，②適法利用の過程における著作物の利用，③著作物の表現を享受しない利用，の3つの類型を提示した。著作権法は，表現の享受行為と複製等の行為とが密接不可分の関係にあるとの前提に基づいていたが，技術開発や検証のための素材として利用されるにとどまるなど表現の知覚が伴わないのであれば，この前提が変化するため，このような表現を享受しない利用について複製等を認めるなど，一般規定による権利制限の対象とすることが適当であるとした。

この提言を受け，2012年に著作物利用の円滑化のため著作権法が改正された。録音・録画に関するデジタル技術の研究開発・検証のための複製など，「技術の開発又は実用化のための試験の用に供する場合には，その必要と認められる限度において，利用することができる」とした第30条の4（技術の開発又は実用化のための試験の用に供するための利用）が設けられた。現在の著作権法第30条の4第1号（試験の用に供する場合）は，この改正前の第30条の4を基にしている。

> 新たな情報財

知的財産推進計画2016では，人工知能を用いた新しいイノベーションの創出が期待される一方で，大量に生成，収集される情報のなかには著作権で保護された情報も含まれる可能性があることを指摘し，情報の種類，利用の態様，新しい情報の創出への影響を考慮し，イノベーション創出と知的財産保護のバランスを図る必要性があると強調している。

また，同計画では，新たな情報財について言及している。新たな情報財とは，人工知能によって自律的に生成される創作物や3Dデータ，創作性を認めにくいデータベースなどを指す。第四次産業革命に関連する技術の進展に対応するため，これらの新たな情報財の保護について検討が必要であると指摘して

いる。

　新たな情報財の保護に関する検討は，2015年から知的財産戦略本部の検証・評価・企画委員会次世代知財システム検討委員会によって行われ，2016年4月に「次世代知財システム検討委員会報告書　デジタル・ネットワーク化に対応する次世代知財システム構築に向けて」が公表された。今後起こりうるイノベーションを予測して，制度を作ることは不可能だとし，「起こりうる，しかし予測できないイノベーションに対し，制度面でいかに柔軟に対応できるかが重要」と指摘している。

　2016年からは，知的財産戦略本部の検証・評価・企画委員会の新たな情報財検討委員会で議論が行われ，同委員会は2017年3月に「新たな情報財検討委員会報告書」を公表した。この報告書では，AIの「学習用データを提供・提示する行為について，新たな時代のニーズに対応した著作権法の権利制限規定に関する制度設計や運用の中で検討を進めること」が適当であるとした。

　柔軟な権利制限規定　2015年に文化審議会著作権分科会法制・基本問題小委員会のもとに，「新たな時代のニーズに的確に対応した権利制限規定やライセンシング体制等の在り方」を検討するため，「新たな時代のニーズに的確に対応した制度等の整備に関するワーキングチーム」が設立された。同チームの「新たな時代のニーズに的確に対応した権利制限規定の在り方等に関する報告書」および同報告を踏まえた2017年4月「文化審議会著作権分科会報告書」では，柔軟性のある権利制限規定の整備のため，多層的な対応を行うことを提言した。権利者に及びうる不利益の度会いに応じて，①著作物の本来的利用には該当せず，権利者の利益を通常害さないと評価できる行為類型（第1層），②著作物の本来的利用には該当せず，権利者に及びうる不利益が軽微な行為類型（第2層），③公益的政策実現のために著作物の利用の促進が期待される行為類型（第3層），の3層に分類し，それぞれに応じた適切な柔軟性を備えた規定を整備することが適当であるとした。

　以上のように，文化審議会著作権分科会，次世代知財システム検討委員会，新たな情報財検討委員会での議論を受け，2018年に著作権法が改正された。柔軟性を確保した包括的な権利制限規定のうち第1層に対応するものとして，著作権法第30条の4の規定が導入された。情報解析の用に供する場合，試験の用

Column

デジタルで対立を和らげることはできるのか

　コロナ禍は利害関係者間の対立を先鋭化する方向で作用することがあるが、対立を緩和し、妥協を模索する方向に作用することもある。新型コロナウイルス感染症の流行により、国民生活や経済活動に制約が生じ、大きな悪影響をもたらした一方、これまであまり進まなかったデジタル活用を促進する契機となった。

　2020年より前から、ICT（情報通信技術）を用いて、働き方改革、医師の地域偏在など様々な社会問題を解決しようとする議論はあった。例えば、2017年5月に閣議決定された「世界最先端IT国家創造宣言・官民データ活用推進基本計画」では、ICTを活用した遠隔診療やテレワークの推進などが重点的に講ずべき施策として取り上げられていた。しかし、導入に費用や手間がかかることなど消極的な意見もあり、普及が進んでいるとは言い難い状況であった。

　コロナ禍になり、状況は大きく変化した。ICTは、非接触かつ非対面でありながら、コミュニケーションをはかることや業務を継続することを可能とした。このため、感染症拡大を防止しながら、以前と同様とまではいかなくても、ある程度の生活や経済活動を維持することが可能となった。非接触が望ましいとされたコロナ禍の生活スタイルとICTは相性が良かった。

　ICTの活用は様々な分野に影響を与えた。例えば医療分野では、外出自粛や感染のリスクを減らすため、初診からのオンライン診療が特例として認められるなど医療のデジタル化が促進された。その後、特例ではなく、初診からの利用を恒常的な制度とすることについて議論された。患者の持病や平時の健康状態を十分に把握できないという懸念や、患者との信頼関係を構築しにくいなど慎重な意見があったが、条件つきで恒常的な制度として認められた。

　危機に対処するため、新しい技術を導入し、問題解決を目指すことが検討される。その際、たとえ多少障害があったとしても導入が試みられることもある。実際に試してみると、技術導入のメリット、デメリットが具体的に理解されるようになる。デジタル化の成果によっては、利害関係者の対立が先鋭化するのではなく、技術の利活用の可能性と、その活用によって発生するかもしれない問題との葛藤を解消する方向で、利害関係者同士が歩み寄るようになる可能性がある。

　コロナ禍により、解決策としてのデジタル活用が広がった。

に供する場合，電子計算機による人の知覚による認識のない利用など，「著作物に表現された思想又は感情を自ら享受し又は他人に享受させることを目的としない場合には，その必要と認められる限度において，いずれの方法によるかを問わず，利用することができる」とした。旧法の第30条の4，第47条の7を基に改正した規定であるが，改正前と比較して，電子計算機を用いない情報解析も対象となったこと，記録又は翻案以外も許容されるなど，権利制限の範囲が広がった。また，第30条の4第2号について，改正前の第47条の7で「その他の統計的な解析」とあった文言は，「その他の解析」となり，例えば幾何学的な解析を行ったとしても，著作権の制約を受けずにデータを活用できることが明確化された。

5　価値対立の解消は難しい

最適解は常に変化する　　AIなど新しい技術の導入は，社会に変化をもたらす。この過程において，しばしばジレンマが発生する。技術が登場し，社会的な問題を引き起こした場合，それが新たな仕組みのなかに組み込まれることで解決されていく。ところが，ある論点に対して対策を講じたとしても，新たな技術の出現により新たな価値観の対立が生じ，論点が変化することがある。

著作権法第30条の4のような「新たな著作物の利用方法が生まれた場合にも柔軟に対応できるよう，ある程度抽象的に」整備された規定は，生成AIシステムが限られた学習データだけを用い，かつ限られた利用者だけが使用するのであれば，統制を容易に行うことができ，懸念を示す者の指摘に対応することも簡単で，議論の対象とならなかったかもしれない。

しかしながら，大量の学習データが必要で，簡単な指示だけで成果品を生成でき，さらに一般の人でも簡単に利用できるという生成AIの登場により，状況は大きく変化した。社会的に一応の合意が取れていた利活用と保護のバランスについて，異を唱える意見が出てきた。

著作権法第30条の4のただし書では，「ただし，当該著作物の種類及び用途並びに当該利用の態様に照らし著作権者の利益を不当に害することとなる場合

は，この限りでない」と規定している。著作権者の利益が不当に害される場合は権利制限が適用されないとしている。

この「不当に」という基準には曖昧さがある。どのようなケースで，どの程度の利用が著作権者の利益を不当に害するとみなされるのか，その基準や線引きを明確にすることは非常に難しい問題である。これについてAI時代の知的財産権検討会や文化審議会著作権分科会で議論がなされている。知的財産推進計画2023では，学習用データとしての著作物の適切な利用等をめぐる論点として，著作権法第30条の4ただし書に定める「著作権者の利益を不当に害することとなる場合」についての考え方を，具体的事例に即して整理し，考え方の明確化を図ることが望まれる，と指摘している。

このように，著作権者の利益を不当に害することとなる場合に関する論点が浮上し，生成AIの開発や利活用の状況に適応した最適解を模索する動きがみられるようになった。技術の進歩によって政策の選択肢は絶えず変化し，最適解もまた移り変わる動態性があり，政策をめぐる構図は複雑化する。

> 共通認識の形成に時間がかかる

社会全体が共通の認識を持つと，対立は解消しやすくなるが，その認識を形成するには，相応の時間が必要である。利害関係者が多い場合，意見や要望が多様化し，利害や権利の関係も絡み合い，問題は複雑化する。

変化が緩やかであれば，個々人それぞれが時間をかけて状況を咀嚼することができるため，共通認識は形成されやすい。しかし，変化が急であったり，これまでとは大きく異なる制度が導入されたりした場合は，賛否の対立は先鋭化されやすく，共通認識は形成されにくくなる。また，先に指摘した通り，人々の新しい技術への信頼度にはばらつきがあり，その程度によっては共通認識の形成により時間がかかることもある。

技術の進化や社会の変化に伴い，新たな論点が浮かび上がる。生成AIをめぐる議論は，技術進歩に伴って生じた，共通認識が十分に形成されていない，新たな問題の一例である。AIの利活用と保護に対する利害関係者の主張にはそれぞれ理がある。この対立を解消するためには1つの政策手段，例えば，著作権制度の改正だけでは不十分であり，ソフトローとしてのガイドラインを作成し普及させること，安心して利活用できる技術的な仕組みを取り入れるこ

と，機械学習の仕組みなど一般の人々のAIに対する知識を涵養することなど，複数の政策手段を組み合わせて，問題に対処することが必要である。

　見直しは絶えず迫られるが，異なる利害関係者や専門家の意見を十分に考慮し，公共セクターと民間セクターの協働など，複層的に考え，バランスの取れた政策を策定することが重要である。新しい技術や利用形態が出現するたびに技術の利活用と個人の権利保護の両方を考慮しながら，解決策を模索する必要があり，対立の解消は容易ではない。

📖 文献案内

① 上野達弘・奥邨弘司編，2024，『AIと著作権』勁草書房.
　　生成AIを含むAIと著作権制度について，国内だけではなく海外の動向も踏まえて検討している。AIによる学習の侵害，生成の侵害，AI生成物の著作権保護について，法解釈だけではなく，立法論まで含め考察している。

② 宍戸常寿・大屋雄裕・小塚荘一郎・佐藤一郎編，2020，『AIと社会と法——パラダイムシフトは起きるか？』有斐閣.
　　AIが社会に与える影響，リスク，法的対応について，法学者と情報科学の専門家が座談会形式で議論している。2020年刊行で生成AIへの言及は少ないが，AIと法の関係について，有益な論点を提起している。

1)　官民データ活用推進基本法第2条第2項では，「人工知能関連技術」について，「人工的な方法による学習，推論，判断等の知的な機能の実現及び人工的な方法により実現した当該機能の活用に関する技術」と定義している。
2)　国際関係の観点からも検討する必要があるが，本章では省略する。AIに関する包摂的な国際ガバナンスを形成する動きとして，2023年5月に広島で開催されたG7広島サミットの「広島AIプロセス」がある。国連でも，AIに関して安全保障理事会で討論したり，総会でAIに関する決議案を採択したりするなど，G7や国連などの多国間の枠組みで取り組みが行われている。
3)　イノベーションに関連する総合科学技術・イノベーション会議，高度情報通信ネットワーク社会推進戦略本部，知的財産戦略本部などについて，横断的かつ実質的な調整を図り，統合イノベーション戦略を推進するため，統合イノベーション戦略（2018年6月閣議決定）に基づき，統合イノベーション戦略推進会議を内閣に設置した。そのため，同会議がAI政策を扱ったのは2018年以降である。
4)　人間や社会のあり方と科学技術・イノベーションとの関係が密接不可分となっている現状を踏まえ，2020年に「科学技術基本法」は「科学技術・イノベーション基本法」に改正された。2021年に「科学技術基本計画」も「科学技術・イノベーション基本計画」へ変更された。
5)　デジタル社会形成基本法及びデジタル庁設置法により，2021年9月に高度情報通信

第 6 章　ICT 政策

ネットワーク社会推進戦略本部は廃止され，新たにデジタル社会推進会議，デジタル庁が設置された。

〔引用・参考文献一覧〕

上野達弘・奥邨弘司編，2024，『AI と著作権』勁草書房.

岡﨑直観・荒瀬由紀・鈴木潤・鶴岡慶雅・宮尾祐介，2022，『IT Text 自然言語処理の基礎』オーム社.

首相官邸，2024，「知的財産戦略本部」（2024年 4 月15日取得，https://www.kantei.go.jp/jp/singi/titeki2/index.html）.

内閣府，2024，「科学技術・イノベーション」（2024年 4 月15日取得，https://www8.cao.go.jp/cstp/stmain.html）.

中山信弘，2023，『著作権法〔第 4 版〕』有斐閣.

福岡真之介・松下外，2023，『生成 AI の法的リスクと対策』日経 BP.

文化審議会著作権分科会，2024，「報告・答申等」（2024年 4 月15日取得，https://www.bunka.go.jp/seisaku/bunkashingikai/chosakuken/hokoku.html）.

松田政行，2022，『著作権法コンメンタール別冊平成30年・令和 2 年改正解説』勁草書房.

Nasr, Milad, Nicholas Carlini, Jonathan Hayase, Matthew Jagielski, A. Feder Cooper, Daphne Ippolito, Christopher A. Choquette-Choo, Eric Wallace, Florian Tramèr and Katherine Lee, 2023, "Scalable Extraction of Training Data from (Production) Language Models" (Retrieved April 15, 2024, https://arxiv.org/abs/2311.17035).

OpenAI, 2024, "OpenAI and journalism" (Retrieved April 15, 2024, https://openai.com/blog/openai-and-journalism).

第 7 章　外交・安全保障政策
4つの対立軸

　安全保障を含めた外交政策には，外国政府や国際機構など外的アクターとの関係が政策過程に伴うという点と，エリート主義的という特色がある。外交政策の第一の目的は，国家の利益（国益）を守り増進することであるが，国益の意味は多様であり，手段もいろいろ考えられる。これまで，(1)「国益」か「国際公益」か，(2)「国家」か「国民」か，(3)軍事的な安全保障の優先度，(4)外交政策で採るべきアプローチを軸に対立が生じてきた。

　それら対立は，どう生まれ，どう現実の外交政策に反映され，変化するのであろうか。事例として取り上げる日本の開発協力政策では，「国益」と「国際公益」の追求の間で対立やジレンマが生じてきた。安全保障政策（特に沖縄の米軍基地問題）では，一部の国民（沖縄県民）の安全を犠牲にしてでも，日米同盟による国家全体の安全保障が追求されるべきか，また，どの程度，軍事的な安全保障を優先するかが問われてきた。

1　外交・安全保障政策とはどういう政策か

外交と安全保障とは何か　本章では，外交・安全保障政策における価値の対立を扱う。対外的な関係がその政策過程の特質であるため，外交・安全保障政策における対立の様相は，ほかの政策分野とは異なる面がある。

　本章のタイトルである外交・安全保障政策について，外交と安全保障はたびたび一緒に言及される。『大辞林〔第三版〕』によると，外交（diplomacy）とは「外国との交際や交渉」とされ，内政の対義語とされる。対して，安全保障（security）は，「外部からの侵略に対して国家の安全を保障すること」とされる。しかし，外交政策（foreign policy）という場合，日本の外務省の「外交政策」のウェブサイトにあるように，安全保障を含む国家の対外的な政策全般を

指し，安全保障はそのサブカテゴリーとなる[1]。そこで本章でも，「国際関係において独立したアクター（たいていは国家）によって実行される公的な対外関係の合計」（Smith et. al. 2016：3）であり，国家の対外関係にかかわる政策全般として，以下では「外交政策」の語をもっぱら用い，その一分野として安全保障政策を取り上げる。また，日本の外交政策に注目したい。

ただし，交渉としての外交の用法も根強い。例えば，北朝鮮の核問題は戦争ではなく外交を通じて解決されるべき，といった言い回しに表れる。この場合の外交とは，国家の対外的な目標達成の手段の1つである。外交を外交政策（対外政策）として分析する研究とは別に，交渉という側面に注目して外交を研究する学問（外交学）も存在する（細谷 2007）。本章では，安全保障を含む国家の対外的な政策全般としての外交政策を扱うが，交渉としての外交も含まれる。

外交政策の政策過程の特色

外交政策の過程について，他分野と異なる特色を2つ指摘できる（Smith et. al. 2016；草野 2012）。第1に，外交政策の過程には，外国政府や国際機構など外的アクターとの関係が伴う。外交に言及する際の「日本は」「アメリカは」という言い回しに端的に表れるように，国家は「単一」の意思を持つものとみなされる傾向がある。国家の内部の意思決定過程は「ブラックボックス」とされ，国際関係論（国際政治学）の現実主義の理論をはじめ，外交政策の研究では分析の対象外とされやすい。今でも，国家を単一のアクターと想定して外交政策を研究することは一般的に行われる。

他方で，そのような複雑な外交・安全保障の国内の政治過程の実態を明らかにする試みも行われてきた。その古典的研究として，1962年10月のキューバ危機を分析したアリソンの『決定の本質』（初版は1971年）がある（アリソン・ゼリコウ 2016）。アリソンは，国家を単一かつ合理的なアクターとして分析する「合理的アクター」モデル，政府内の組織が常に自己の組織利益や目的を追求しようとしたり，従来の標準作業手続きに従って行動したりすることに注目する「組織行動」モデル，政治過程に多様なアクターの間の相互作用で意思決定がなされることを想定する「政府内政治モデル」を提示した。アリソンは，従来の外交政策の研究の主流であった「合理的アクター」モデルに対して，それ

133

以外の分析モデルの存在を示して研究の視野を広げると同時に，それらを組み合わせることで，外交政策の過程の全体像を明らかにできるとした。

また，国際と国内の両レベルにまたがるという外交政策の複雑な政策過程の考察を進めるために，パットナムは，1988年に「ツーレベルゲーム」の概念を提示している。すなわち，対外的な政策は，国内において政策を形成する過程と，形成された政策を元にした外交交渉という2つのレベルで行われる。外交交渉を受けて再び国内で政策を修正するといったように，2つのレベルの相互作用が行われる（Putnam 1988）。以上の研究から外交政策の政策過程の研究は大きく進んだが，外交政策での価値の対立は，外的アクターとの交渉が関わることで他の政策分野に比べてより複雑な様相を呈することになる。

第2に，安全保障問題を含む外交政策は，他の国内政策と違い，国民に公開されることなく，専門的なエリートによって形成・遂行される（べき）という考え方が根強く存在する。外交政策の過程は，本来的に民主的な政治過程になじまないとされてきた。なぜなら，外交や安全保障は冷静かつ合理的な政治判断が不可欠であり，感情的な世論からは遮断されるべきで，「プロ」である外交官や国防関係者によって交渉・決定されることが好ましいからである。外交に関する古典的研究であるニコルソンの『外交』（1939年）は，エリートである外交官同士の交渉が主流であった時代（「旧外交」）と，国民に外交交渉の様子が公開され，世論の影響を受けるようになった時代（「新外交」）を分けて，前者の望ましさを訴えている（ニコルソン 1968）。

ニコルソンの著書は第二次世界大戦前に書かれたものであり，第一次世界大戦後の欧米の「大衆化」の世相を反映したものであった。現代では，政府のエリート官僚だけではなく，政党や市民団体など数多くのアクターが外交・安全保障の政治過程に関わるのは当たり前になっている。また，北朝鮮の核兵器開発問題や中国との尖閣諸島問題に代表されるように，政府はSNSなどで示される世論の動向をもはや無視できない。それどころか，大統領や首相など各国の政策決定者は，X（旧Twitter）などSNSを通じて外交の進捗・成果を盛んに国民にアピールしている。その意味で，外交の「民主化」はいっそう進んでいる。それでも，情報の公開性と専門性いう点で，外交政策の政策過程には「ブラックボックス」の側面が伴うことは否定できない。この独自性は，政策

第 7 章　外交・安全保障政策

過程で生じる対立にも少なからず影響を与えている。

2　外交政策における 4 つの対立軸

外交政策の目標　一般的に，外交政策の第一の目的は，国家の利益（＝国益）を守り増進することとされる。各国政府は，その時々の国際情勢を分析して，国益の現状を認識し，それを守り促進するための具体的な「目標（goal）」を設定し，その達成のための方針や戦略を立案し，実行していく。そして結果を受けて，新たに政策を立案・実行する。しかし，具体的に国益が何であるかについては，必ずしも合意があるわけではない。また，国益を守り増進する手段も様々に考えられる。さらに，各国家は，国家からなる国際社会において，自国の国益の追求のみならず，国際規範の遵守や国際公共財の提供も求められる。これらを決定・実施する過程において価値の対立が発生するのである。

そもそも，政府は複数の外交政策の目標を常に抱え，同時に追求しなければならず，外交の現場で絞り込みに迫られる。例えば，日本政府の国際情勢の認識と外交政策の基本方針は『外交青書』において示されるが，その令和 6 (2024) 年版の「第 1 章　国際情勢認識と日本外交の展望」では，(1)日本の国益をしっかりと守る，(2)日本の存在感を高めていく，(3)国民の声に耳を傾け，国民に理解され，支持される外交を展開することを日本外交の基本方針としたうえで，①法の支配に基づく自由で開かれた国際秩序の維持・強化，②安全保障上の課題への対応，③経済外交の新しいフロンティアの開拓，④近隣諸国などとの外交，⑤地域外交の課題，⑥地球規模課題のための協力，⑦総合的な外交・領事実施体制の強化，それぞれへの取り組みを強調している（外務省2024）。

しかし，外交目標は相互間で矛盾や対立が生じやすい。上の日本外交の重点分野でも，①の法の支配に基づく自由で開かれた国際秩序の維持・強化は，「自由で開かれたインド太平洋（FOIP）」の推進を軸としており，日中関係の悪化を招きかねず，④にある近隣諸国との関係強化と矛盾しうる。対立しないよう優先順位を定めようとしても，その決定は難しい。このように外交政策の

過程では様々な点で対立が生じるが，ここでは4つの主な対立軸を取り上げたい。

> 「国益」か
> 「国際公益」か

第1の対立軸として，外交の目標において，国家にとって利己的な目標と利他的な目標との間で対立や矛盾が起きうる。従来，外交政策の目標は「国益」の追求が「自明」とされてきた。しかし，国家間の相互依存関係の深化や国際規範の普及により，利他的な外交目標の追求も各国は迫られるようになった。利他的な外交目標には，国際公共財の提供や確保や，国際規範の促進や擁護といった「国際公益」の追求がある。

国際公共財はすべての国家にとって必要かつ利用可能なものとされる。具体的には，自由貿易体制や国際平和，地球環境，エネルギー資源，感染症の予防，国際法秩序などがある。それらの多くは，国連で2015年に採択された持続可能な開発目標（SDGs）に含まれる。自由貿易体制や国際平和が自国の経済発展にプラスになるなど，国際公共財の提供や確保が国益と一致することも多く，日本の『外交青書』にも示されるように，たいていの国の外交目標に掲げられる。しかし，公共財は他国が提供しても利用可能であり，フリーライド（タダ乗り）の問題が生じやすい。フリーライドはあっても国際公共財を提供するべきか，あるいは不服として提供に消極的になるかは，各国の外交政策の争点となる。

この点で，アメリカは，第二次世界大戦後，冷戦下での自由主義的な国際秩序の維持のために，あえて国際公共財を負担した（アイケンベリー 2012）。自由貿易を促すために米国市場を開放したり，国際秩序維持の名目で日本を含め世界各地に米軍を駐留させたりしてきた。しかし，1989年に冷戦が終結してソ連が崩壊しアメリカの一極支配になると，国民の要求もあり，自由主義的な国際秩序維持のための負担から次第に手を引くようになった。2016年に就任したトランプ大統領は「アメリカ・ファースト」を主張して露骨に自国の利益優先の外交目標を掲げるようになり，自由貿易体制の維持や地球温暖化対策など国際公共財の提供に消極的な姿勢を強めた。国外への米軍の駐留についても，ヨーロッパや韓国，日本に対し自己負担を増やすよう求めた。

国際関係論のコンストラクティビズム（社会構成主義）が明らかにするよう

に，人権や民主主義，経済自由主義，人間の安全保障，国家主権の尊重（内政不干渉の原則など）といった国際規範によって，国家は行動が制約される（大矢根編 2013）。国際規範は，必ずしも国益と結び付くわけではないが，政策担当者や国民一般が教育や国際交流を通じてそれらを信じるようになり（＝社会化），その遵守や推進が「義務」として各国の外交目標に取り込まれていく。

　もちろん，人権侵害が起きている国に対する内政不干渉の原則と人権擁護のジレンマのように，国際規範の間でも選択を迫られることがある。それ以上に，国際規範の促進と擁護という外交目標は，国益に関わる目標との間で葛藤が生じやすい。例えば，アメリカは，長らく民主主義や人権の推進を外交目標として掲げる一方で，対テロ戦略やエネルギー確保への配慮から，サウジアラビアなど中東の専制君主国家における人権侵害への批判を控え，むしろ友好関係を築いてきた。日本も同様である。このように，国益の追求と国際公益のどちらを優先するべきかで，各国の外交政策は揺らいできた。

「国家」か「国民」か　第2に，「国家」と「国民」のどちらを重視すべきか，言い換えると，国家全体のために一部の国民を犠牲にすべきか，というジレンマが外交政策には常に付きまとってきた。特に安全保障でこの葛藤が生まれやすい。例えば，北朝鮮問題では，日本人拉致問題の解決と核兵器開発の停止という目標の間で，日本政府は長らくジレンマを抱えてきた。2000年代後半以降，拉致問題の進捗がないことを理由に，核兵器開発問題をめぐる北朝鮮との交渉がたびたび暗礁に乗り上げてきた。また，後述する沖縄の米軍基地問題のように，国全体の安全保障のために特定の地域を犠牲にすべきかも，長く争われてきた問題である。

軍事的な安全保障の優先度　第3に，外交政策のなかでの「軍事的な安全保障の優先度」も争点の1つである。国家の外交政策では安全保障が優先されるべきという考え方は根強い。その背景には，国際関係の性質についての伝統的な想定がある。国際関係論の現実主義が強調するように，国際関係は中心的な権威が存在しない「アナーキー」であり，各国は自力で国益を守らなければならない。そして，優先されるべき国益は自国の安全であり，安全保障には軍事力が欠かせない。軍事力増強のためには，経済力やエネルギー確保といった国力の強化が必要という，いわゆる「富国強兵」という発想

も生まれた。この軍事的な安全保障優先の発想は，近代以降，日本も含めて各国に広く浸透し，対外政策だけでなく，国内の防衛体制や情報管理，産業育成といった国内政策にも影響を及ぼした。

たしかに今では，「経済安全保障」や「総合安全保障」といった軍事分野に限定されない安全保障の概念も広まっている。また，「人間の安全保障」のように，個人の安全を重視すべきという考え方も広く支持される。それでも，軍事面での安全保障を優先する価値観とは今なお浸透しており，沖縄の米軍基地問題にみられるように，それに沿った外交及び国内政策のあり方が問われている。

外交政策で採るべきアプローチ　第4に，外交政策における価値の対立は，目標レベルとは別に，ある外交目標をどう実現するかという「アプローチ」レベルでも生じてきた。例えば，北朝鮮の核兵器開発問題の解決のために，経済制裁を含む強硬路線でいくべきか，あるいは対話路線でいくべきかは，長らく日本国内で争われてきた。

また，外交目標の追求で二国間外交と多国間外交のどちらを重視するかも，アプローチ上の争点である。G20首脳会議の機会を利用して二国間の首脳外交も行われるなど，両者は常に対立するわけではない。しかし，今世紀初頭以降の国連を中心とした国際協調（＝「多国間主義」）の行き詰まりと失望から，貿易分野のように，制約の多い多国間枠組みを避けて二国間で協定を結ぶ動きが近年強まっている。特にアメリカは，単独行動主義と称されたブッシュJr.政権，国際協調を比較的重視したオバマ政権，アメリカ・ファーストを唱えた第一次トランプ政権，そして再び国際協調を重視するバイデン政権と，二国間と多国間で揺れ動きつつ，全体としては二国間優先の外交路線が強まっている。

以上の(1)「国益」か「国際公益」か，(2)「国家」か「国民」か，(3)軍事的な安全保障の優先度，(4)外交政策で採るべきアプローチを軸とした対立は，どう生まれ，現実の外交政策に反映され，変化するのであろうか。事例として，日本の開発協力政策と安全保障政策（特に沖縄の米軍基地問題）を取り上げる。[2]

3 日本の開発協力政策の事例

日本の政府開発援助（ODA）の歴史　日本の開発援助（開発協力）は，日本自体がまだ復興途上の1950年代に（準）戦後賠償という形で始まった。日本の経済成長とともに増額され，90年代初めには年間予算で1兆円を超え，90年代を通じ支出で世界1位となった。そのODA政策では，前節で挙げた①「国益」か「国際公益」かの対立軸，すなわち，ODAは国益追求の手段か，それとも国際貢献のためかが常に争われてきた。

1954年のコロンボプランへの加盟より始まった日本のODAには，日本企業のアジア進出を助けることで国益に資するという意図が当初からあった（福島 2014）。しかし，冷戦終結前後から国連の活性化で多国間外交が盛んになると，「経済大国」としてふさわしい国際貢献が求められるようになり，1990年代には国際公益の追求を重視する方向へとODAの役割が変わっていく。

ODA大綱の採用　それまで日本のODAの目的は必ずしも明示されてこなかったが，1992年，「内外の理解を深めることによって幅広い支持を得るとともに，援助をいっそう効果的・効率的に実施するため」に「ODA大綱」が閣議決定された。基本方針について「我が国にとって，世界の平和を維持し，国際社会の繁栄を確保するため，その国力に相応しい役割を果たすことは重要な使命」としたうえで，「開発途上国の離陸へ向けての自助努力を支援することを基本とし，広範な人造り，国内の諸制度を含むインフラストラクチャー（経済社会基盤）および基礎生活分野の整備等を通じて，これらの国における資源配分の効率と公正や『良い統治』の確保を図り，その上に健全な経済発展を実現すること」がODAの目的とされた。

同時に，(1)環境と開発の両立，(2)軍事的用途及び国際紛争助長への使用の回避，(3)開発途上国の軍事支出，大量破壊兵器・ミサイルの開発・製造，武器の輸出入等の動向に十分注意を払う，(4)開発途上国における民主化の促進，市場指向型経済導入の努力並びに基本的人権及び自由の保障状況に十分注意を払うという「原則」が示された。守られない場合は提供を中断する可能性もある「政治的コンディショナリティ（条件）」とされる。実際，1998年のインドの核

実験などの事例で日本はODAを中断している。このODA政策の国際公益重視の裏には，日本が多国間外交の場面でいっそうの国際貢献を求められる一方，冷戦終結でODAに消極的な国内世論にその意義を示す必要性があった。

ODA政策とジレンマ 1992年のODA大綱は，「原則」も含めてあくまで指針にすぎず，その採択以降も，経済的利益や安全保障といった国益の追求と国際規範の間でジレンマが生じる事例がみられた。例えば，中国に対するODAは，1989年の天安門事件で欧米諸国に歩調を合わせて一時中断したものの，隣国としての中国の安定の必要と経済的動機から，日本は先進国で最初に援助を再開させた。ミャンマーでも，1988年に軍政が始まったのを契機に，日本は，欧米諸国同様，ODAを中断した。1995年7月に民主化運動のリーダーであるアウンサンスーチーが自宅軟禁から解放されると，一部民生分野での援助を再開したが，アウンサンスーチー本人を含め国内外から批判を集めた。結局，2003年にアウンサンスーチーへの襲撃事件と再度の自宅軟禁を受けて，大規模な支援事業を再び停止した。

今世紀の日本のODA政策 2001年に，貧困率の半減などを掲げた国連ミレニアム開発目標（MDGs）が採択され，日本のODA政策もその国際潮流に合わることが求められた。他方，日本経済の停滞のなかで，ODAは日本の国益に資するべきという考え方も強くなっていく。2003年に改訂されたODA大綱では，ODAの目的は，「国際社会の平和と発展に貢献し，これを通じて我が国の安全と繁栄の確保に資することである」として，安全保障を含む国益への貢献が強調された。背景に，2001年の9・11同時多発テロ後のアメリカの対テロ戦争に同盟国として歩調を合わせる必要と，2002年の鈴木宗男衆議院議員逮捕などODAに絡む不祥事を受けた改革の要求があった。

ながらく日本のODA政策は，外務省や大蔵省（現，財務省）などの省庁，JICA（現，国際協力機構）など政府系援助機関，一部の政治家という比較的狭いサークルのなかで決定されてきた。しかも，アメリカの対外援助法のような明確な法的根拠に欠き，縦割り行政によって統一された戦略がないまま，被援助国からの要請に基づいて（＝「要請主義」），半ば制度的惰性でODAが提供されてきた。今世紀に入ると，先のODA大綱改定とともに，JICAへの国際協力銀行の海外経済協力部門の統合（2008年）など制度改革が進められた。また，

外務省から，世論の動向を意識する自民党の政治家へと，中国などへのODA政策の主導権が移っていった（高嶺 2016）。批判が高まっていた中国へのODAは，2007年に円借款の新規供与を停止した（2018年度すべてのODA終了）。

　2015年2月には，ODA大綱が「開発協力大綱」に名称が変更のうえで改定され，閣議決定された[3]。そこでは，「国際社会の平和と安定および繁栄の確保に一層積極的に貢献すること」を目的としつつ，同時に日本の「国益の確保に貢献する」べきとして，「国益」という語が初めて明記され，ODAが日本の国益を追求する手段であることが明確にされた。

　2023年6月には，再び開発協力大綱の改定が行われ，後述の2022年12月に改定された「国家安全保障戦略」と関連づけたものとなっている。その背景として，気候変動やCOVID-19の流行など地球的課題が深刻化するとともに，中国の台頭による「パワーバランスの変化と地政学的競争の激化」のなかで，2022年2月のロシアのウクライナ侵攻など従来の国際秩序が挑戦を受けており，「国際社会は歴史的な転換期にあり，複合的危機に直面している」ことが挙げられる。

　改定された大綱は，①「質の高い成長」を通じた貧困削減，②法の支配に基づく自由で開かれた国際秩序の維持・強化，③地球規模課題への国際的取組の主導が重点政策とされた。②で先述のFOIP構想に言及するなど，近年の日本の外交・安全保障戦略と連動している。実施面でも，それまでの「要請主義」に対し，日本の強みを生かした協力メニューを積極的に提案する「オファー型協力」を新たに打ち出し，中国など新興ドナーが台頭するなかで「戦略性」を強化する方針を示した。ただし，押し付けにならないように，途上国との対話と協働を重視する「共創」も基本方針としている。

　他方，改定された大綱でも，これまで同様，開発協力の実施上の原則として「民主化の定着，法の支配および基本的人権の保障の状況」を考慮し，上の重点政策②で，「法の支配の確立，グッドガバナンスの実現，民主化の促進・定着，基本的人権の尊重等のため，法令の起草支援や制度整備支援，人材育成等の法制度整備支援を行う」としている。しかし，中国が台頭し，既存の自由主義的な国際秩序が揺らぐなかで，近年権威主義化が進むカンボジアへの支援のように，日本は，①国益と国際公益（特に人権や民主化の擁護）のジレンマや④

141

Column

ロシア・ウクライナ戦争による日本の外交・安全保障のジレンマ

　2022年2月のロシアによるウクライナ侵攻は，日本にも外交・安全保障政策上のジレンマを生んだ。本章で挙げた対立軸のうち，①「国益」か「国際公益」かについて，武力行使による一方的な現状変更というロシアの試みは，侵略直後の国連総会決議にもあるように，国際ルールを破るものであり，当然非難されるべきものである。それは，2022年の国家安全保障戦略でも示されるように，国際公益のみならず，日本の国益を脅かすものでもある。他方，輸入する液化天然ガス（LNG）の1割をロシアに頼ってきた日本にとり，ロシアとの関係悪化はエネルギーの安定的な確保という国益を脅かす。侵攻後のエネルギー価格の上昇は，円安と相まって日本国内の物価上昇の一因となり国民を苦しめた。そのため，侵攻後も日本はロシアからLNGの輸入を続けてきた。日露間の懸案である北方領土問題についても，ウクライナを支援する立場を鮮明にしたことで，返還の前提とされる平和条約交渉はロシアによって一方的に中断された。また，旧島民の「ビザなし交流」も停止され，②「国家」か「国民」かの選択に関連して，旧島民の希望を奪う結果となっている。

　③軍事的な安全保障の優先度をめぐっては，ウクライナを支援することで，「隣国」ロシアの軍事的圧力が強まったのみならず，アメリカの隙を突いた中国による台湾有事の可能性が高まったとされることで，財政的に厳しいなかでの防衛力の増強を日本は迫られることとなった。④外交政策で採るべきアプローチをめぐっては，日本は，アメリカなどNATO諸国に歩調を合わせて経済制裁に参加する一方，ウクライナへの軍事支援はほぼ行わず，財政支援が中心である。しかし，2年間で121億ドル（約1兆7000億円）に上ったとされる支援に対し，先述の物価上昇に加えて，2024年1月に発生した能登半島地震からの復興も求められるなかで，国民から批判の声が上がりつつあり，再び①国益と国際公益の複雑なジレンマを日本政府に突き付けている。もちろん以上のようなジレンマは，日本だけではなく，ロシアからの安価な天然ガスの輸入に頼ってきた欧州諸国やインドなどいわゆる「グローバル・サウス」諸国も直面している。後者は経済制裁に参加しない選択を採るなど，ロシアのウクライナ侵攻は世界各国の外交・安全保障政策に大きな影響を及ぼしている。

採るべきアプローチの選択の難しさに直面する機会が増えている。

カンボジアへの支援のジレンマ　カンボジアでは，1993年の国連カンボジア暫定統治機構（UNTAC）のもとで民主的な政治体制が採用されて総選挙が行われ，ラナリットを第一首相とする連立政権が誕生した。しかし，

1997年に政変が発生しラナリットが追放され，93年の総選挙では敗れた人民党のフン・センが98年に単独の首相となった。その後，日本はカンボジアへのODAを拡充し，次第に経済成長が進む一方で，政権の強権化も指摘されるようになった。

2014年7月の総選挙で野党の救国党（CNRP）が健闘すると，フン・セン政権による野党やNGOの活動への制約が加速した。2017年6月の地方議会選挙でも野党勢力が躍進すると，政権は危機感を強め，2018年末，政府の意向を受けた裁判所の命令で，CNRPは解散に追い込まれた。また，人権や民主化に関わるNGOは，欧米諸国と通じて「革命」を引き起こそうとしているとして，活動がいっそう制約されるようになった。このような強権化に対して，欧米諸国の政府や国連，NGOを中心に国際的な批判が集まった。結局，有力野党不在のまま行われた2018年7月の総選挙では，与党の人民党が圧勝している。

日本は，もともとカンボジアへの国民の関心が高く，1980年代末の内戦の和平交渉でも尽力し，UNTAC代表に明石康が就任すると，自衛隊の派遣をはじめ支援に力を注いだ。1997年の政変で民主化が一時後退したものの，政治的な安定と経済発展が進むカンボジアは，2017年策定の「対カンボジア王国 国別開発協力方針」でも記されたように，日本政府にとって平和構築支援の「成功例」であった（外務省 2017）。さらに，賃金が比較的安く，経済成長が進むカンボジアへの日本企業の進出が進み，経済面での重要性も年々高まってきた。

そのなかでフン・セン政権の強権化が進むと，日本はジレンマに直面することになった。欧米諸国援助が援助の中断や制裁を始めたのに対して，日本は制裁よりも対話重視のアプローチを選択して援助を継続し，2018年の総選挙に対しても中国とともに選挙支援を続けた。支援の内容自体は，選挙関連の法制度整備への助言や投票箱など選挙に関わる物資の提供であったが，選挙の公正さが疑われるなかでの日本の支援は，国内外より批判を招いた。

アメリカやEUによる制裁にもかかわらず，2023年7月の総選挙でも野党は活動を制約され，さらにフン・センから長男のフン・マネットへと首相の座が譲られるなど，権威主義体制の強化と長期化が進んでいる（山田編 2024）。対して日本は，2023年にはカンボジアとの外交関係を「包括的戦略的パートナー

シップ」に格上げし，同年9月と12月に岸田首相はフン・マネット首相と首脳会談を行い，カンボジアのデジタル経済社会をオファー型協力のメニューで支援することに合意するなど，支援を継続・拡大している。日本政府がカンボジアを援助し続ける背景には，経済的動機に加えて，カンボジアで影響力を拡大する中国への安全保障戦略上の対抗がある。2009年までカンボジアへの援助額で1位であった日本は，2010年に中国に抜かれて第2位となり，差を開けられている状況を受け，いっそう国益の観点を重視するようになっている。

近年の日本の開発協力政策は，改定された開発協力大綱にあるように，戦略性を高めることで，国益追求が国際公益にもなるよう模索している。しかし，カンボジアの例にあるように，(1)国益と国際公益の対立解消は容易ではない。

4 日本の安全保障政策の事例——沖縄の米軍基地問題を中心に

日本の安全保障政策　そもそも国民の安全と財産を守ることが近代主権国家の主たる「存在理由」とされ，安全保障は政府にとって「最優先」の政策課題と位置づけられてきた。

日本の安全保障政策は，第2次世界大戦後，1960年改定の日米安全保障条約に基づく日米同盟（日米安保体制）を基軸としてきた。両国の首脳会議や，同条約に基づく日米安全保障協議委員会（2プラス2）および日米地位協定に基づく日米合同委員会といった定期的な日米交渉を通じ，日米同盟は維持された。冷戦終結後は，国連の平和維持活動への自衛隊の海外派遣を可能にしたり，日米防衛協力のガイドライン関連法案を整備したりと，国際情勢の変化に合わせて様々な政策が決定されてきたが，日米同盟が基軸であることに変化はない。

近年は，2010年9月の尖閣諸島沖での漁船と海上保安庁の巡視船の衝突事件に象徴されるように，核開発を続ける北朝鮮のみならず，中国の増大する脅威への対応が，台湾情勢とも絡みながら，日本の安全保障の課題となっている。さらに，2022年2月にウクライナ侵攻を行ったロシアについても，長年の北方領土問題も絡んで，脅威として改めて警戒されている。既存の国際秩序に対する中露を中心とした挑戦が，日本の安全保障に大きな影響を及ぼしつつある。

日本の安全保障の政策決定は、小泉純一郎政権（2001～06年）で「官邸外交」という言葉が使われたように、外務省など官僚主導から首相ら官邸主導へと切り替わっていった。第二次安倍政権で2013年に国家安全保障会議が設置され、首相を中心に国家の安全保障に関する重要事項および重大な緊急事態へ対処する仕組みが作られた。

現在の日本の安全保障戦略

　国家安全保障会議及び閣議で、日本政府は、2013年12月17日「国家安全保障戦略」を策定し、国益を明確にしたうえで、国家安全保障に関する外交政策及び防衛政策に関する基本方針を示した。さらに2022年12月16日、先述の開発協力大綱の改定と同様、地政学的競争の激化や地球規模課題への早急な対応の必要といった国際情勢の変化の認識に合わせて、同戦略は改定された。また、防衛計画大綱に代わる「国家防衛戦略」と、中期防衛力整備計画に代わる「防衛力整備計画」も同時に閣議決定され、合わせて「安保三文書」と呼ばれる。[4]

　改定された国家安全保障戦略での「国益」とは、①主権と独立を維持し、領域を保全し国民の生命・身体・財産の安全を確保し、日本の平和と安全すること、また、豊かな文化と伝統を継承し、世界で尊敬され、好意的に受け入れられる国家・国民であり続けること、②経済成長を通じた更なる繁栄を主体的に実現し、開かれ安定した国際経済秩序を維持・強化し、他国と共存共栄できる国際的な環境を実現すること、③自由、民主主義、基本的人権、法の支配等の普遍的価値や国際法に基づく国際秩序を擁護し、特にインド太平洋地域で自由で開かれた国際秩序を維持・発展することとされる。

　その国益を守るための安全保障政策の前提となる「原則」として、①積極的平和主義を維持しつつ日本自身の安全保障上の能力と役割を強化、②普遍的価値を維持・擁護する形で安全保障政策を遂行、③平和国家として専守防衛、非核三原則の堅持、③基軸としての日米同盟、④他国との共存共栄、同志国との連携、多国間の協力の重視を掲げている。そのうえでの安全保障政策の「目標」は、①日本の主権と独立、国内・外交に関する政策を自主的に決定できる国であり続け、領域、国民の生命・身体・財産を守る、②日本の経済が成長できる国際環境を、安全保障政策を通じて主体的に確保する、③国際関係における新たな均衡を、特にインド太平洋地域において実現し、一方的な現状変更を

防ぎ，法の支配に基づく自由で開かれた国際秩序を強化する，④多国間の協力の分野において国際社会が共存共栄できる環境を実現することである。

　それら目標を達成するため，総合的な国力（外交力，防衛力，経済力，技術力，情報力）を用いた「戦略的なアプローチ」を実施する。日本がとるべき戦略的アプローチとして，①危機を未然に防ぎ，平和で安定した国際環境を能動的に創出し，自由で開かれた国際秩序を強化するための外交，②日本の防衛体制の強化，③米国との安全保障面における協力の深化，④日本を全方位でシームレスに守るための取組の強化，⑤自主的な経済的繁栄を実現するための経済安全保障政策の促進，⑥自由，公正，公平なルールに基づく国際経済秩序の維持・強化，⑦国際社会が共存共栄するためのグローバルな取組が挙げられる。特に②に含まれる弾道ミサイル等に対するスタンド・オフ（＝脅威圏外からの）反撃能力の取得と防衛費をGDPの2％までの増額を目指すことが注目された。

　以上の日本政府の安全保障政策をめぐっては，最初の国家安全保障戦略の時点から，野党や市民社会から様々な批判がなされた。2015年にいわゆる「安保法制」が制定され集団的自衛権の行使を可能とした際は，大規模な反対デモを伴う争点となった。近年も，防衛力の強化自体は国民に広く受け入れられつつも，「敵基地攻撃能力」とも呼ばれる，長距離ミサイルを使ったスタンド・オフ反撃能力の行使のタイミングや，防衛費増額に伴う増税の可能性などに対し，様々な批判が生じている。ここでは，国際情勢の変化のなかでも戦後一貫して日本の安全保障政策の柱であり続ける日米同盟が，第2節で挙げた(2)「国家」か「国民」かという対立軸を通じて問い直され，(3)「軍事的な安全保障の優先度」も議論されてきた事例として，沖縄の米軍基地問題を取り上げたい（以下，杉浦（2017）に川名（2022），野添（2022）で補足修正）。

1990年代の沖縄の米軍基地問題

　戦後の米軍占領期と，1972年の本土復帰から80年代まで，日米安保体制の維持という日米両政府の強い目的意識のもとで，基地機能の本土から沖縄への移転と安保体制強化により，沖縄の基地負担は増大した。また，県政の保革対立，基地経済への依存と低下，本土との経済格差，県による対米直接交渉，「島ぐるみ」闘争のような住民の直接的な政治運動がみられた。

　米軍基地問題は，1980年代の保守県政による政府からの利益誘導で，比較的

落ち着いた。しかし，冷戦の終結と1995年9月の少女暴行事件を機に，負担の大きさへの沖縄県民の不満が表面化していく。事件後の10月，大規模な県民大会という「島ぐるみ闘争」以来の政治手法によって「民意」が示された。民意を受けて革新系の大田昌秀知事が軍用地借用の代理署名拒否などを通じて抵抗するなかで，翌年4月，当時の橋本龍太郎首相のリーダーシップにより，普天間飛行場の返還がクリントン大統領との間で合意された。

　同じ首脳会談では日米安全保障共同宣言が発表され，日米安保条約の「再定義」が明らかとなった。すなわち，日米安保条約体制の適用範囲を従来の「極東」から「アジア・太平洋地域」に拡大し，日本の周辺地域における有事（周辺事態）に備えた協力関係を構築するというものであった。そのために沖縄の基地機能の維持が必要と考える日米両政府は，「県内での代替施設」を普天間飛行場の返還の条件とした。しかし，同年9月の県民投票で「日米地位協定の見直し」と「基地の縮小」という民意が示され，それに沿って行動する大田県政と対立が深まっていく。移転先として名護市辺野古地域にあるキャンプ・シュワブ沖合が有力視されたが，97年末の名護市の住民投票でも反対多数であった。

　しかし，沖縄県民も基地問題と経済振興の間で揺れ動き，1998年11月知事選で，保守系の稲嶺惠一が大田知事を破った。その後，軍民共用と15年間の使用期限という条件付きで，政府と沖縄との間で辺野古への移設について合意が成立し，名護市も受け入れたことで，1999年12月に正式に移設が閣議決定された。しかし，先の条件はアメリカとは合意されておらず，代替施設の工法も不確定なままであった。

普天間飛行場移設をめぐる迷走　1999年末の閣議決定で普天間飛行場の辺野古移設が決定したものの，代替施設の工法をめぐって，沖縄の諸自治体も交えて協議が続けられた。反対派の抗議活動もあり，移設作業は遅れた。他方，9・11同時多発テロ以降，アメリカが対テロ戦争に乗り出していくと，沖縄の基地問題は，沖縄駐留の海兵隊を含む米軍再編と結びつけられていく。2004年5月に沖縄国際大学キャンパスへの米軍ヘリコプター墜落事故が発生すると，不平等な日米地位協定の見直しを求める沖縄の世論が再び強まった。移設合意履行の遅れに危機感を強めた日本政府は，当時の小泉純一郎首相

のリーダーシップに支えられた守屋武昌防衛事務次官を中心に，辺野古のキャンプ・シュワブ沖合を埋め立てて陸地を延長するV字案をまとめていく。

2006年5月1日，日米安全保障協議委員会が在日米軍再編に関する最終報告として「再編実施のためのロードマップ」を発表し，2014年までのV字案による普天間飛行場の代替施設の完成と，在沖海兵隊8000人とその家族のグアム移転が「パッケージ化」されて示された。同月30日にはこれらの方針が閣議決定で承認され，1999年の閣議決定が正式に破棄された。しかし，前年の閣議決定での移設条件を反故にされ，地元の「頭越し」に移設を進めようとする政府の手法は稲嶺知事含む沖縄県側の反発を呼び，移設は再び行き詰まっていく。

2009年9月，自民党から民主党へ政権交代が起き，「最低でも県外」を主張する鳩山邦夫首相が登場すると，普天間移設問題は大きな転機を迎えた。しかし，鳩山首相のリーダーシップ不足と，閣僚や連立政党間の不一致，変化を望まない外務省と防衛省の抵抗などにより，実行を伴わなかった。政権交代で県外移設への沖縄県民の期待は保革問わず膨らんだものの，そもそも日本政府側が意思統一に欠け，アメリカとの本格的な交渉に至らなかった。アメリカ側も，2009年にオバマ政権が誕生したが，前政権からのゲーツ国防長官の続投もあり，計画変更を望まなかった。また，新たに中国の「脅威」が尖閣諸島問題などを通じて表面化しつつあることも，鳩山首相が県外移設断念の理由として挙げたように，沖縄の米海兵隊の「抑止力」を必要とする根拠と認識された。結局，2010年5月末，移設問題について自ら決めた決定期限を迎えた鳩山政権は，県外移設を果たしえないまま元の辺野古への移設案に回帰して，降板した。

沖縄対本土の対立へ

2011年6月以降，事故が懸念されるV-22オスプレイの普天間飛行場への配備が沖縄の米軍基地問題に加えられた。それでも，2012年12月の総選挙で勝利した自民党の安倍晋三が首相の座に就くと，2013年末に経済振興を優先する仲井眞弘多知事の決断で辺野古沖の埋め立てが承認された。稲嶺路線を継いだはずの仲井眞知事の決定は，沖縄県民から「裏切り」として強い反発を招いた。

2014年11月の県知事選挙では，那覇市長の翁長雄志が基地移設反対を明確に打ち出して出馬し，「イデオロギーよりアイデンティティ」を唱えて「オール

沖縄」として保革両勢力から支持を受けて，現職の仲井真知事を大差で破って当選を果たした。2012月14日に行われた衆議院の解散総選挙でも，「オール沖縄」系の候補者が小選挙区で勝利を収めた。しかし，全国的には，安倍政権の経済政策（アベノミクス）が総選挙の主要な争点であり，沖縄の基地問題を含む外交・安全保障政策が注目されることはなかった。沖縄の米軍基地問題は，「保守対革新」から「沖縄対本土」へと次第に変化していく。

　2015年3月には，再開された辺野古での海上作業に対し，翁長知事は作業の中止を指示した。その後，菅義偉官房長官を中心とする政府と沖縄県の間で集中協議がもたれたが，両者の主張がかみ合うことはなかった。同年4月に新たな「日米防衛協力のための指針（ガイドライン）」が日米安全保障協議委員会で合意され，辺野古移転が唯一の選択肢であることが確認された。10月には，翁長知事は埋め立て承認を取り消したが，政府は沖縄県を相手に承認取り消しの撤回へ向けた訴訟を開始した。2016年12月20日の最高裁判決で沖縄県側が敗れ，2017年4月には辺野古の埋め立て工事が再開された。2018年9月，翁長知事の病死を受けた知事選挙で，翁長の後継であるデニー玉城前衆議院議員が当選し，翌2019年2月，辺野古の埋め立ての是非を問う県民投票が実施された。埋め立て反対が約72％の多数を占めたが，安倍政権は埋め立て工事を継続した。その後，2020年9月には菅義偉政権，2021年10月からは岸田文雄政権，2024年10月からは石破茂政権と，自民党中心の政権は移っていったが，政府の沖縄の米軍基地問題に対する方針は変化しないままである。2022年9月には玉城知事が再選されたものの，中国の脅威やコロナ禍による観光産業への打撃で，「オール沖縄」側の結束は揺らぎつつある。他方で，2025年1月から，日本に負担増を求める第二次トランプ政権が発足したが，沖縄の米軍基地の重視には変化がみられない。

　以上，沖縄の米軍基地問題では，対立軸(2)の一部の国民（沖縄県民）の安全を犠牲にしてでも，日米同盟による国家全体の安全保障が追求されるべきか，また，(3)どの程度，軍事的な安全保障を優先するかが争われてきた。軍事的な安全保障が優先され続けるなか，日本の本土と沖縄の間で対立が深まっている。

5　対立はどのように解決されうるのか

　本章では，安全保障を含む外交政策で生じている価値の対立のうち代表的なものを，(1)「国益」か「国際公益」か，(2)「国家」か「国民」か，(3)安全保障の優先度，(4)採るべきアプローチの対立軸にまとめ，事例として，日本の開発協力政策や安全保障政策にどう現れているか検証した。開発協力政策では，目標が国益か国際公益かで揺らいでおり，近年は国益の追求を強調する傾向にあることを示した。安全保障政策では沖縄の米軍基地問題を取り上げ，国家か国民かの対立が，「沖縄対本土」という構図に行き着いた経緯をみた。

　では，対立は「解決」されうるのであろうか。1つには，政治的リーダーシップなどを通じて，目標間に優先順位をつける方法がある。しかし，優先順位をめぐって新たな政治的対立が生じうる。また，設定しても，冷戦終結やアメリカの政権交代のように，国内外の環境の変化で意味をなさなくなることもある。しかも，米軍基地問題にみられるように，政策上の合理性とは別に，既存の政策には政策決定者による現状維持バイアスが働く（川名 2022）。結局，そのまま対立状態が続く可能性は高くなる。沖縄の米軍基地問題での日本政府と沖縄の対立はその不幸な例といえよう。

　外的アクターも関係する外交政策における価値の対立の解決は容易ではないが，かつてのエリート主義に回帰するのではなく，対立軸を明確にしたうえで，広く当事者の意見を尊重しつつ，改めて国民に政策の選択を問うことが望ましい。沖縄の米軍基地問題の事例でも，小泉政権になる頃までは，本土の政治・経済エリートや国民の間に沖縄の負担への贖罪意識や共感があり，双方の話し合いの土台となった。相互理解を深めつつ，日本政府，沖縄県，アメリカ政府を交えた協議体の設置が1つの方策かもしれない（川名 2022）。開発協力でも，今世紀になりオーナーシップ原則が浸透し，SDGsを含む開発過程に当事国の政府や市民社会が参加することが求められている。先述のカンボジアの事例も，カンボジアの政府に加えて，両国の市民を日本の開発協力の立案・実施過程に取り込むことが，対立軸から生じるジレンマの解決につながるかもしれない。

📖 文献案内

① ニコルソン，ハロルド（斎藤眞・深谷満雄訳），1968，『外交』東京大学出版会．

原著の初版は1939年。外交に関する古典的研究である。エリート外交官同士の交渉が主流であった時代の「旧外交」と，国民に外交交渉が公開され，世論の影響を受ける「新外交」に分類し，その長短を比較している。

② アリソン，グラハム／フィリップ・ゼリコウ（漆嶋稔訳），2016，『決定の本質──キューバ・ミサイル危機の分析〔第2版〕Ⅰ・Ⅱ』日経BP社．

原著の初版は1971年。キューバ危機を事例に，国家を単一かつ合理的なものとして扱う従来の外交政策研究に対し，それ以外の分析モデルを示している。

③ 草野厚，2012，『政策過程分析入門〔第2版〕』東京大学出版会．

政策過程の分析方法について，日本のODA政策を含めた様々な具体例に即して実践的に解説している。

1) 外務省「外交政策」(https://www.mofa.go.jp/mofaj/gaiko/index.html)．2024年5月9日アクセス。
2) もともと「開発援助」と呼ばれてきたが，近年は対等なニュアンスが込められた「開発協力」が用いられる傾向にあり，本章もそれに合わせて使用する。
3) 毎年発行される『政府開発援助（ODA）白書』も『開発協力白書』に名称変更された (https://www.mofa.go.jp/mofaj/gaiko/oda/shiryo/hakusyo.html)。
4) 各文書について，外務省の「日本の安全保障政策」のウェブサイト参照（https://www.mofa.go.jp/mofaj/gaiko/page22_000407.html)。

〔引用・参考文献一覧〕

アイケンベリー，G. ジョン，細谷雄一訳，2012，『リベラルな秩序か帝国か（上）（下）──アメリカと世界政治の行方』勁草書房．
アリソン，グラハム／フィリップ・ゼリコウ，2016，漆嶋稔訳，2016，『決定の本質──キューバ・ミサイル危機の分析〔第2版〕Ⅰ・Ⅱ』日経BP社．
大矢根聡編，2013，『コンストラクティヴィズムの国際関係論』有斐閣．
外務省，2017，「対カンボジア王国 国別開発協力方針」（2024年5月9日取得，https://www.mofa.go.jp/mofaj/gaiko/oda/files/000072231.pdf)．
外務省，2024，『外交青書2024』外務省．
川名晋史，2022，『基地はなぜ沖縄でなければいけないのか』筑摩書房．
草野厚，2012，『政策過程分析入門〔第2版〕』東京大学出版会．
杉浦功一，2017，「沖縄基地問題をめぐる政治過程」岩井奉信・岩崎正洋編著『日本政治とカウンター・デモクラシー』勁草書房，83-123．
高嶺司，2016，『日本の対中国関与外交政策──開発援助からみた日中関係』明石書店．
野添文彬，2022，『沖縄県知事──その人生と思想』新潮社．
ニコルソン，ハロルド（斎藤眞・深谷満雄訳），1968，『外交』東京大学出版会．
福島安紀子，2014，「開発援助と安全保障の連関」遠藤乾編『グローバル・コモンズ』岩波

書店，275-307.
細谷雄一，2007，『外交──多文明時代の対話と交渉』有斐閣.
山田裕史編，2024，『強化されるフン・セン体制──2023年カンボジア総選挙と世襲内閣の誕生』アジア経済研究所.
Putnam, Robert D., 1988, "Diplomacy and Domestic Politics: The Logic of Two-Level Games," *International Organization*, 42(3), 427-460.
Smith, Steve, Amelia Hadfield and Tim Dunne eds., 2016, *Foreign Policy: Theories, Actors, Cases*, Oxford University Press.

第8章 移民政策
社会統合政策との関連から

> 2019年4月1日より日本も公式に移民を受け入れるようになった。その背景には，日本の労働力不足と人口減少の問題がある。だが，実際にはどのような労働力「人材」を受け入れるかといった入国管理の議論が先行し，移民が定着して市民となるような人口減少問題の解決に必要な議論が進んでいない。本稿では，日本にやってきた移民をいかに社会統合するか，いかに市民として育成するか，日本をどのような社会にしていくのかといった社会統合政策につなげて移民政策を考える。そのため，先行して移民を受け入れてきたフランスの経験を引き合いにしながら，移民に対して国民への同化を求める考え方と，定住する移民を市民として受け入れて権利を保障するシティズンシップの考え方という2つの価値の対立を描きながら議論していく。

1 なぜ移民政策を取り上げるのか

移民受け入れ国への転換　戦前まで移民の送り出し国だった日本は，アジア諸国や，ブラジルなど南米への移住を国策として促進していった。戦後は，海外植民地の放棄によって移民の送り出しは停止したが，1980年代に入ると労働力不足を背景に外国人の受け入れが始まった。

1982年には外国人研修生の在留資格が創設された。また，ブラジルから日系人の出稼ぎが増えると，1990年には「出入国管理及び難民認定法」（入管法）の改正によって，日系3世ならびにその家族にまで3年間滞在可能な定住者として就労可能な地位が与えられ，労働者としての受け入れを認めた。1993年には技能実習制度を導入し，留学生の受け入れも拡大させた。こうして，産業界で需要の高まる単純労働を日系人や，技能実習生，留学生が担う構図ができた。公式には外国人の単純労働を認めないと主張してきたが，実質的には移民社会

となってきたわけである。しかしこの状態は，外国人労働者を表玄関から入れさせず，技能実習制度や留学制度を利用して実質的に労働力を補う「サイドドア」から受け入れることになり，法制度の不備を突く労働環境の悪化や問題点が指摘されるようになった。[1]

外国人労働者の雇用に向けた法整備　2018年12月8日，国会にて「出入国管理及び難民認定法及び法務省設置法の一部を改正する法律」が成立した（同月14日公布，平成30年法律第102号，以下「改正入管法」とする）。この「改正入管法」の目的は，「人材を確保することが困難な状況にあるため外国人により不足する人材の確保を図るべき産業上の分野」（同第2条の3）において，「産業人材」の不足を外国人によって補完することにある。そのため，第1に在留資格として「特定技能1号」と「特定技能2号」を創設し，第2に法務省の管轄下にあった出入国管理局から新たに外局として「出入国在留管理庁」（以下，「入管庁」）を設置した。このように外国人労働者の雇用に向けた法整備が進められた。

これに合わせて，厚生労働省は「外国人労働者の雇用管理の改善等に関して事業主が適切に対処するための指針」（平成19年告示第276号）を見直し，「外国人雇用対策―平成31年4月1日からの制度変更について」（2019年）という新たな指針を打ち出した。その改正点は，職業紹介事業者等からあっせんを受けないこと，労働条件を母国語や平易な日本語等で外国人労働者が理解できるように説明すること，適正な労働時間等の管理，新たに創設された「特定技能」や「留学」などそれぞれ在留資格に応じた措置を講じること等である。

外国人材の受け入れ・共生　さらに，2018年に内閣府は「外国人材の受入れ・共生のための総合的対応策」を発表した。共生社会の実現を図ることにより，日本人と外国人が安心して安全に暮らせる社会の実現に寄与することを目的として，①「在留資格を有する全ての外国人を孤立させることなく，社会を構成する一員として受け入れていくという視点に立ち，外国人が日本人と同様に公共サービスを享受し安心して生活することができる環境を全力で整備」し，②「外国人もまた，共生の理念を理解し，日本の風土・文化を理解するよう努めていくことが重要」とした。

ここで留意したいのは，第1に，上記の総合的対応策のタイトルに現れてい

るように，「外国人」ではなく「外国人材」の受け入れ促進が重要であるという点である。対して，第2に，「社会を構成する一員として」外国人を受け入れるため，「生活者としての外国人」を受け入れようとする意味が含まれ，そして第3に，外国人が「共生の理念」を持ち，「日本の風土・文化を理解するよう努める」ことの重要性が指摘されている点である。なお，ここでは「共生」とは，「全ての人が互いの人権を大切にし支え合う」ことを意味している。つまり，「外国人」ではなく「外国人材」と示すことで日本社会に役立つ労働力といったニュアンスを含みながら，「生活者としての外国人」の視点や「共生の理念」といった社会の一員として受け入れる方向性が示されており，両義的な表現になっている。

> 日本の移民受け入れの背景

こうして，2019年4月1日の施行に向けて急いで法を整備し，日本も公式に移民受け入れ国へと舵をきった。産業界における労働力不足解消のため，どのような「人材」を受け入れるかといった入国管理や，家族同伴を認められる特定技能1号はどのような資格かといった議論に終始した感がある。それでも，4カ月足らずの準備期間で急いで「改正入管法」を認めたのはなぜなのか。

その背景には，日本はかつてない人口減少に直面し，少子化と高齢化と長寿化が同時進行することへの対応が急務であることが挙げられる。人口の多い大都市圏よりも，特に地方都市において若者の流出と高齢化による人口減少は深刻で，「このままでは900近くの自治体が消滅しかねない」と警鐘がならされている（増田編 2014）。

こうした少子高齢化に伴う人口減少と労働力不足を同時に解消するための移民政策という考え方に対して，出生率が改善しない限り人口減少に歯止めはかからないこと，また出生率の不足分を補うためには大規模な移民が必要だが，それには国民的合意が得られないという指摘がある（増田編 2014：92）。要するに，これらの問題を解決するには，日本に定着する「生活者としての市民」が求められている。移民が定着して市民となるためにどのような社会を目指すのか。移民をいかに社会統合していくのか，いかに市民として育成するか，どのような社会にしていくのかが問われている。

Column

コロナ禍の移民政策

　改正入管法が施行された2019年4月1日から特定技能による外国人労働者の受け入れ拡大が始まって間もなく，2020年1月以降，東アジアを発端として新型コロナウイルス感染症（以下，「コロナ」）が拡大した。世界各地で経済活動および人の移動が停止し，国境閉鎖や渡航制限によって日本の移民政策も完全に止まった。その影響は日本で働いていた外国人技能実習生や留学生たちの生活にも及んだ。外国人の多くが働いていた建設業や飲食業などは営業停止や休廃業に追い込まれたため，雇用調整職や収入源を絶たれた外国人たちは雇用とともに住居を失ってしまい，帰国か留まるか選択を迫られた。

　法務省の在留外国人数の推移をみると，コロナ感染の前（2019年末）には外国人は293.3万人いたが，緊急事態宣言が解除されて経済活動が再開されたものの感染者数が過去最大となった2021年末には276.0万人へと，約17万人も減少した。そのうち約13.4万人（約41.0万人から27.6万人へ）が技能実習の在留資格であった。2022年末には外国人総数は300万人を超えた（307.5万人）一方，入国制限も緩和されつつあったが，技能実習は32.4万人とコロナ前の水準を回復できていない。その影響は，労働力不足を補うため技能実習生を頼りにしてきた農業では特に大きく，移民はすでに「欠かせない労働力」となっている（朝日新聞 2021年11月5日「技能実習生，農家「早く来て」　2人不足なら収入1千万円減」）。

　他方，日本に留まる選択をした外国人は何カ月にもわたって帰国できなくなった。経済活動停止によって失業し収入も絶たれて生活に困窮したり，留学生もアルバイトができず金銭面で困ったりして，日本人以上に深刻な状況に置かれた。

　そうしたなかで外国人に対して様々な差別が現れた。例えばコロナウイルスが最初に発見された中国やアジアからの出身者に対して，激しい差別が世界中で起こり，時には暴力事件にまで発展した。こうした直接的差別以外でも，例えば政府によるコロナ対策支援金は，「国民」1人あたりという言い回しが用いられた（実際には住民基本台帳に登録されている外国人も対象となった）（鈴木編 2021：121-122）。

　外国人の受け入れにあたって政府は多文化共生の論理を示した。しかしコロナ禍のような危機下では，このようなナショナリスティックな現象が現れる。外国人を「生活者」として受け入れているのか。社会的危機の時ほど，社会統合政策が機能しているかどうか，受け入れ社会の真価が問われる。喫緊の課題である労働力不足解消のため拡大される移民政策は，危機の時代ほど，生活者として移民を受け入れる社会統合政策と両輪で進める必要がある。

「生活者としての外国人」の視点　一方で，外国人が日本へやってくる傾向が強まると，外国人と地域社会との間に摩擦が生じる懸念もでてくる。これについては，すでに政府は2006年4月から外国人労働者問題関係省庁連絡会議を開き，「生活者としての外国人」という問題への対応を検討し始めている。そこでは対策として4つ挙げられている。1つ目は外国人が暮らしやすい地域社会づくり，2つ目は外国人の子どもの教育の充実，3つ目は外国人の労働環境の改善，社会保険の加入促進等，4つ目は居住地等の事項の変更を想定した外国人の在留管理制度の見直し等である。なお，同連絡会議は2017年まで毎年実施報告書を出している（内閣官房 2017）。

このように，労働力不足解消のために外国人労働者を受け入れるには，生活面を踏まえて関係省庁が調整しながら総合的な対策を講じる必要がある。

移民政策をめぐる価値の対立点　移民政策の議論において労働力不足が先行してしまい，社会統合政策と一緒になって議論が進まないのは，様々な価値が対立するからである。本稿では，政治社会学の立場から，移民政策をめぐる価値の対立点として2つ挙げて考えてみたい。

第1に，どのような移民を受け入れるのかという点である。これは，労働力不足を補うために移民を「労働力」としてとらえるのか。それとも，日本にやってきた移民は日本の「生活者」であり，将来には市民にもなりうる存在としてとらえるのか，という議論である。

第2に，シティズンシップの議論に関する点である。移民を国民に同化させる立場をとるのか。それとも，移民の文化や権利を認めながら社会の一員として受け入れる立場をとるのか。それは，移民を国民と認めて同じ権利を保障するのか，定住外国人として権利を保障するのか，といった議論にも通じる。

フランスの例から考える　これらの2つの価値の対立は，先行して移民を受け入れてきたヨーロッパ諸国においても経験されてきたことである。ヨーロッパでは，19世紀後半には産業革命や交通の発達によって多くの人が移動し，海を渡って新大陸アメリカを目指した。そうした国際的な人の移動が起こるなか，フランス人は革命以来，土地を所有したことによって出国する者は少なく，むしろ外国人をひきつけていった。19世紀末には，すでにフランスにいる外国人の数は100万人を超えていたという。[2]

それでも20世紀前半，ドイツとの度重なる戦争にあたってフランスの兵力は不足したため，人口停滞は政治問題化し，人口増加は喫緊の国家目標となった。その対策として，フランス政府は血統主義による国籍法を1889年に改正し，出生地主義を採用した。これにより，人種や出自や宗教の差別なく，フランス生まれの移民子弟を「国民」にし，将来の「兵士」を増やしていった。そして，海外の植民地から多くの兵士を動員した。さらに，20世紀に入ると出生率を上げるため，出産奨励と多子家族への扶助をはじめとする家族政策が導入されるとともに，堕胎と避妊の取締まりが強化された（福島 2015：92-143）。

　二度の大戦の結果，多くの人口を失ったため労働力が不足した戦後のフランスは，経済復興のために労働力を外国に頼らざるをえなくなった。こうして，フランスは，外国から労働者を募集するようになるのだが，どのように外国人労働者の受け入れに対応するようになったのだろうか。

2　労働力としての移民

<u>フランスの移民政策とその背景</u>　戦後の経済復興に必要な労働力が不足したため，フランス政府は，外国から若い男性を労働者として大量に募集していった。1950～60年代に二国間協定をヨーロッパ諸国やアフリカ諸国と締結し，組織的に移民受け入れ政策が行われた。特に，隣国イタリアや，フランス植民地であった北アフリカのマグレブ諸国（アルジェリア，モロッコ，チュニジア）の出身者が多かった。

　移民政策が行われた背景は，移民を必要とする側と，人々を送り出したい側の思惑が一致するという経済的なアプローチによる「プッシュ・プル理論」で説明できるだろう（カースルズ・ミラー 2011）。

　イタリアの場合，国内の人口余剰に対して，労働人口不足のフランスや西ドイツとの間に，労働力の需要と供給のバランスが成立した。さらに，1957年に欧州経済共同体（EEC）設立を定めたローマ条約が結ばれ，その条文に加盟国の労働者の移動の促進と待遇平等が定められた。これにより，国籍差別のない環境で働くことが保障されたことも，他のEEC諸国へイタリア人の出稼ぎを促した。

マグレブ諸国の場合は，1950〜60年代にフランスの支配から独立したものの国内社会経済は安定しなかったため，フランスへの出稼ぎ希望者が多かったことを背景に，フランス政府と二国間協定を結び，組織的に労働力を送り出した。フランス側は移民の量を制限し，健康で丈夫な若い男性を選別した。なお二国間協定は旧植民地諸国以外でも締結され，1960年代にはユーゴスラヴィア，トルコ等からも移民を受け入れた。こうして，フランスは1970年代まで「栄光の30年」（Trente glorieuses）と呼ばれる繁栄を手にした。

　経済効率優先　フランス政府は労働力需要を満たすため，二国間協定を締結し組織的な移民政策をとった。それゆえ外国人を一時的な労働力不足の補完として受け入れてきたため，いずれは帰国することを想定していた。

　また，移民の大量受け入れに対して，住宅供給が間に合わず，外国人労働者たちは都市郊外に用意された単身者用の寮や一時的な仮住まいに，数名が間仕切りもなく寝泊まりするなど生活環境は悪かった。道路も下水などの整備もなく不衛生な所に掘っ立て小屋が建ち並ぶ「ビドンヴィル」（bidonville）と呼ばれる地域に住んだ者も多かった。このように，彼らには働いて寝に帰るだけの最小限の住環境しか提供されず，家族同伴も認められないまま，経済効率が優先された。

　隣のドイツ（当時，西ドイツ）は，公式に移民国であるとは認めず，さらに経済合理性が追求されていた。二国間協定によって雇用した労働者を1〜2年すると帰国させ，新たに別の若い労働者を受け入れるといった短期ローテーション式を採用していた。この場合，受け入れ企業は一時的に滞在する単身男性用の狭い簡易な住居や寮しか提供せず，労働者にかけるコストを低く抑えた。

　このように，若くて健康な移民労働者は経済生産性が高いのに比べて，住宅など受け入れにかけるコストも低く，社会保険給付も少なかったため，経済効率性は非常に高かった。ただし，住宅環境の悪さ，家族同伴を認めないことなどは，人権の観点が軽視されていたといわざるをえない（宮島 2016：30-55）。

　転換点　ところが，1970年代はじめに起こった石油危機は，フランスや西ドイツの移民政策にとって転換点となった。この不況によって，外国人の多くはそのあおりを真っ先に受けて失業した。フ

ランス政府は，労働力需要の調整弁として外国人労働者をとらえていたため，失職した外国人は帰国すると想定していた。しかし政府の意に反して多くの外国人がとどまったのは，ひとたび帰国すると，政府が打ち出した新規移民停止措置によって再び入国できなくなるからであった。そこで，政府は移民に帰国を促すため帰国奨励金を用意した。だが，それに応じたのは南欧諸国出身者などほんのわずかで，マグレブ諸国出身者の多くは滞在し続け，故国から家族を呼び寄せて定住していったのである。

このように，フランスの経験からは，労働者として移民を受け入れると政府の意図に反して定住化を招く可能性があることがわかる。大規模に移民を受け入れてから約20年経って，移民が労働者から定住者となって，移民政策も転換点を迎えたのである。

3　生活者市民としての移民

「労働力」ではなく「人間」であった　労働力不足を補うための移民政策では，経済効率性を優先するあまり，人間にとって重要な住宅の不足や生活環境が軽視され，その整備が遅れたことが明らかとなった。さらに，新規移民停止措置がかえって移民の滞在長期化を招き，故郷からの家族呼び寄せを引き起こした。これに対してフランス政府は当初，移民停止を理由に家族再結合も許可しなかったが，国際機関等から批判を受けて人道的観点から妻や子どもの入国を認めた。ここでもまた，移民の行動は政府の意図とは異なった。移民は「労働力」ではなく「人間」であったのである。

この結果，1970年代までの移民の特徴であった単身男性から，1980年代以降は家族再結合による女性と子どもの増加へと変化していった。このことは，移民を「生活者」として受け入れるようフランス社会を変えていった。

定住化　1つ目の変化は，住まいに現れた。それまでは単身者向けの簡単なつくりのワンルームが主であったが，世帯向けの住宅が必要となり，住宅供給不足に拍車をかけたため，住宅公団は都市郊外に大規模な団地や高層住宅を建設し，低家賃住宅（HLM）を提供していった。

移民の定住化について，具体例を2つ挙げて紹介する。まず，ポルトガル人たちの場合，本国の独裁体制やアフリカでの植民地戦争から逃れるため，1960〜75年をピークに大量にフランスへ流入した。移民停止措置で帰国した者もいたが，家族を呼び寄せる者も多かった。1999年時点で約60万人が居住しており，その数はフランスに住む外国人のなかでもアルジェリア人とともに最も多かった。ポルトガル人男性の多くは，工場労働や建設業に従事していた関係から，大都市周辺に居住する者が多く，特にパリ周辺のイル・ド・フランス地方（Ile-de-France）に集中している。なかでもパリ南東部のヴァル・ド・マルヌ県（Val-de-Marne）にはポルトガル系移民が大量に流入したため，住宅供給が間に合わなかったことから，ビドンヴィルに住んだ後しばらくして整備された住宅へ徐々に移住していったという（鈴木 2007a：119-137）。

　他方，1970年代半ばには，東南アジアのインドシナから紛争を逃れてきた推計14.5万人もの人々が，旧宗主国フランスへ流入した。これらインドシナ難民の多くは中国にルーツをもっていたこともあり，大陸出身の中国系移民が暮らしていたパリの中心部のカルチエ・ラタン（Quartier Latin）界隈や南東部のリヨン駅（Gare de Lyon）からイタリー広場（Place d'Italie）界隈に，同じ中国語方言を話す者同士集まって定住していった。特にショワジ門（Porte de Choisy）周辺に中国系移民が集住しているのは，建設された高層アパルトマンがフランス人たちに不評で，空いていたところへ難民たちが入居し，商店やレストランを始めたからである。ここは現在カルチエ・シノワ（中華街）として知られている。

　このように，労働移民であっても難民であっても，就業する場所の多い都市や，同郷や文化的な近さを理由に集住する傾向にあることがわかる。

| 子どもの教育 |

　移民の家族呼び寄せによって生じたもう1つの変化は，移民の子どもの教育である。フランスでは19世紀末に公教育制度が整備されて以来，初等学校の義務化・無償化・世俗化という三原則が貫かれている。現在でも，就学年齢に達した子どもはすべて，外国籍であっても，義務教育（⇒第2章）を受ける権利があり，住まいの近くの公立学校へ通うことができる。

　それまでの単身者中心の移民にとっては，労働する場所が社会統合の場で

あったのに対して，その子どもたちにとっては，「共和国の学校」と呼ばれる公立学校が社会統合の機能を果たしてきた。来仏したばかりでフランス語がわからない子どもたちに対する措置も，定住傾向がみられるようになった1970年代から整備されてきた。例えば，初等教育では1970年に「入門学級」が，前期中等教育（中学校）レベルでは1973年に「適応学級」が，外国籍の子どもを対象にフランスの学校文化への適応を目的として設置された。その学級は通常学級とは別で，フランス語を習得させて，速やかに通常学級へ移行できるようにした。また，移民第二世代を中心とした出身国・地域が異なる子どもへの多様な対応を迫られた教員に対しても，支援や研修を行うセンターが大学区レベルに1976年以降設置されていった（小山 2017：116-117）。

　上記のような移民の子どもの受け入れ措置をとってきたにもかかわらず，経済的に貧しい地区には移民出身の人口が集中し，その地域の学校の成績は全国平均を下回り，中途退学する生徒も多かった。こうした構造的な学業不振の対策として，1980年代に国民教育省は，経済的に不利な状況にある地区を優先教育地域（ZEP）と定め，この地区にある学校の成績を上げるための積極的差別是正政策を導入した。具体的には，経済的貧困地区にある学校を ZEP に指定して優先的に，予算を多く配分して教育的措置を講じたり少人数クラスを実施するための教員加配を行ったりしている（鈴木 2007b）。

4　シティズンシップについて

|国籍（シティズンシップ）の付与|

　学業不振の問題を抱える生徒たちには，外国籍の移民ばかりでなくフランス人も含まれている。先述したように，人口増加を目的として国籍法に出生地主義を加えたため，フランスで生まれた外国人の子どもはフランス国籍を取得することができる。そのため，移民のなかにはフランス国籍を持つ者も多く含まれている。また，外国人が帰化する，あるいはフランス人と結婚して国籍を取得するなど，フランス国籍を取得する方法は複数存在する。

　こうした国籍（シティズンシップ）の多様なアクセスが認められているため，仏国立統計経済研究所（INSEE）によれば，2015年時点でフランス全人口の

9.3%に相当する620万人の移民が居住しており,このうち約4割(240万人)がフランス国籍を取得している。他方,外国人の数は440万人を数え,このなかにはフランス国籍を取得しなかった移民が380万人含まれている。このように,移民にはフランス国籍者と外国籍者がいるため,一言で「移民」といっても両者にはシティズンシップの違いがある。

また,全人口の6.7%に相当する外国籍者は,フランス人と同じ保護を受けられず,フランスで生活するためには滞在許可証が必要であり,参政権もない。他方,EU(欧州連合)加盟国国籍者はEU諸国内を自由に旅行,滞在,就労でき,さらに居住する国で行われる地方選挙への投票権および被選挙権も保障されている。こうした権利を付与したEUの市民権によって,外国籍でもEU加盟国国籍者とそれ以外の間で居住国における権利に差がある。

EU市民権 このEU市民権とは,1992年の欧州連合条約(通称マーストリヒト条約)のなかに規定されている。その内容は,EU加盟国国籍者はすべてEU市民であり,EU市民にはEU域内の移動・居住・就労の自由の保障や,居住するEU加盟国において実施される欧州議会選挙ならびに地方議会選挙の選挙権および被選挙権などが付与されている。EU加盟国家間の相互の承認によって平等原則に則り,EU加盟国出身者であれば外国籍であっても居住するEU加盟国での権利を保障する制度として適用された。

居住に基づく権利付与 EU市民権の制定に先立ち,1970年代以降,ヨーロッパ諸国では,すべての定住外国人に居住権・社会権・選挙権など,市民としての権利を付与する国も増えていた。人の自由移動が促進されて外国から移住した人たちのなかには,長期間居住している国での権利の保障を望むが,出身国の国籍を保持したいという人もいる。そうした定住外国人には,母国籍を捨てて国籍を取得する社会統合はハードルが高い。しかし外国籍のまま,居住を要件として社会生活を送るうえで必要な権利が国民と平等に認められることは,社会構成員として受け入れることになり,社会統合の面で肯定的に働くと考えられる。

このような歴史的背景から,ヨーロッパ諸国では居住に基づく権利付与の考え方が広まりつつあった。こうして,EU加盟国の国民は許可証不要で自由に

EU 域内を移動し，そこに居住し，その地で外国籍のまま選挙に参加できるという EU 市民権が誕生したのである。

> 国民主権による抵抗

他方，移民の社会統合について，特にフランスは国籍取得が比較的容易であることから，移民にもフランス国籍を取得することによって国民と同じ地位や権利を取得し，国民に同化を求める同化主義的な考えが強い。特に，国民主権の考え方から，外国人に対する政治的権利の付与については強い抵抗がある。このことは EU 市民権をフランス国内法に導入する際にも確認された。このときには，EU 諸国の互恵性のもとフランス選挙法の改正によって EU 市民には地方参政権が付与されたのだが，EU 域外出身者にはたとえ長期間フランスに居住していても政治権は付与されなかった。また，EU 市民権に規定された地方参政権については EU 市民に付与したが，国政に関わる参政権は国民主権を理由に認めることはなかった（鈴木 2007a）。

このように，フランスには根強い国民主権の考え方があり，特に外国人への政治的権利の付与については激しい抵抗がみられた。これは，フランスの民主主義の考え方に通じている。個人たる市民（シティズン）は平等で，フランスという政治社会に参加する不可分の存在である。そのため，国民（ネーション）に付与されるシティズンシップ（市民権）の考え方においても一元的ととらえる伝統がある。それゆえ，国民以外へのシティズンシップはフランスの伝統的考え方にそぐわないのである。シティズンシップの考え方は，フランスとイギリスで異なるように，その国の歴史や統治形式などが反映されているので，国によって異なる（シュナペール 2012）。

5　日本への示唆

> ヨーロッパの教訓

ここまで述べてきたように，移民政策は労働力としての移民を受け入れるという当初の政策意図とは異なって，移民の定住化をもたらした。これこそ，フランスをはじめとするヨーロッパの教訓である。その後，受け入れ社会は，移民を単なる労働者ではなく生活者として受け止めざるをえなくなり，受け入れ社会の国民と同じように住宅や

子どもの教育といった環境を整備する必要に迫られた。また，社会構成員としてシティズンシップを認めることで，移民の社会統合を進めていったのである。

しかし，国によってシティズンシップの考え方の伝統は異なり，市民＝国民の考えが強い国では国民主権の立場から同化主義的な社会統合の考えが根強い。これに対して，国籍の有無にかかわらず居住に基づいてシティズンシップを認める国では，外国籍のままでも生活者として受け入れ，必要な諸権利を付与している。このように，その国のシティズンシップの価値観によって，移民の社会統合に対する考え方も異なってくる。すなわち，国民の一体性を重視するのか，多元的な社会を目指すのか。労働力不足および人口減少の対策として移民政策を導入するという目的であっても，将来の社会のあり方も含めた価値を問うことにつながることを前提として議論することが求められている。

日本の移民受け入れ対策 第1節で述べた外国人労働者問題関係省庁連絡会議の内容については，2007年から本稿執筆時点で入手できた2017年まで毎年内閣官房によって「『生活者としての外国人』に関する総合的対応策」（以下，「総合的対応策」という）の実施報告書が提出されている。以下では，その内容から日本の移民受け入れ対策について検討することとする。

当該予算が組まれた初年度にあたる2008年度の「総合的対応策」予算案をみると，次のような3つの方針に沿って組まれている（内閣官房「総合的対応策」関連予算案，2008年2月15日提出より）。

① 外国人が暮らしやすい地域社会づくり（日本語教育の充実，防犯対策の充実，住宅への入居支援，諸外国の情報の収集・普及等）
② 外国人の子どもの教育の充実（公立学校等における教育の充実，就学の促進，母国政府との協力等）
③ 外国人の労働環境の改善，社会保険の加入促進等（社会保険の加入促進等，事業主指導の強化，雇用の安定）

これら①〜③について，ここでは本稿が着目する2つの価値観に基づいて，①と②を「生活者としての移民」，③を「労働力としての移民」と分類し，その予算配分から日本政府の対応について考察してみたい。そこで，2008年度から2016年度までの「総合的対応策」関係予算の推移を一覧にしてみた（表8-1）。

表8-1をみると，金額とその内訳に変化がみられる。1年目の2008年度予

表 8-1 「『生活者としての外国人』に関する総合的対応策」
関係予算の推移　　　　　　　　　　　（単位：億）

	総額	①	②	③
2008年度	8.2	4.6	2.6	1.0
2009年度	25.3	3.6	3.4	18.2
2010年度	28.3	2.4	1.4	24.6
2011年度	21.7	2.2	2.2	19.2
2012年度	17.4	2.2	2.1	15.1
2013年度	18.0	1.8	1.0	15.2
2014年度	17.3	1.7	1.0	14.6
2015年度	17.7	1.6	2.1	14.0
2016年度	18.7	1.6	2.3	14.8

注：2011年度および2012年度の②の予算は①と一部重複している。
出典：内閣官房ホームページの「外国人労働者問題関係省庁連絡会議」より、「『生活者としての外国人』に関する総合的対応策関係予算」（2008年度予算～2016年度予算）を抜き出して筆者作成。

算の総額は8.2億円で、その内訳は①「外国人が暮らしやすい地域社会づくり」が4.6億円、②「外国人の子どもの教育の充実」が2.6億円、③「外国人の労働環境の改善、社会保険の加入促進等」が1.0億円となっている。つまり「生活者としての移民」（①・②）対策が予算上かなり重視されていることがわかる。

「生活者としての移民」対策費の減少

ところが、すでに翌2009年度予算から大きく変化し始める。前年度の3倍以上の25.3億円もの予算がついたが、そのほとんどが③の予算として18億円も計上されている。これに対して、①と②の総額（3.6億＋3.4億＝7.0億円）は前年度（4.6億＋2.6億＝7.2億円）よりもむしろ2000万円減額されている。

つまり、予算規模が大幅に拡大したことに合わせて、当初は予算が少なかった「外国人の労働環境の改善、社会保険の加入促進等」（③）予算が大幅に増額されたのに対して、予算配分を手厚くしていた「外国人が暮らしやすい地域社会づくり」と「外国人の子どもの教育の充実」（①・②）のための予算が削られていた。これは、「総合的対応策」の重点が、「生活者としての移民」から「労働者としての移民」へと移行したことを意味していると考えられる。

この後もその傾向は続き,「生活者としての移民」(①・②) 関連予算が減少し,「労働力としての移民」(③) 関連の予算が増加していく。2010年度も総額が28.3億円 (前年度＋3億円) と増額され,その分は後者 (③) の予算に回されて24.6億円も計上されている。それに対して,前者 (①・②) の予算はそれぞれ2.4億円,1.4億円と大幅に減額されている。

なお,2011年度以降は「総合的対応策」の予算の総額が減額しており,その分③の予算も減額しているが,①と②の予算は横ばいとなっている。しかし留意すべきは,②の予算の中身をみると一部①と重複していることから,額面上は①と②の合計は4.4億円となっているが,実際には2.5億円 (21.7億－19.2億＝2.5億円) しか充てられていないことがわかる。2012年度も同様に,総額が17.4億円と減少し,③も前年度より4億円も減額しているのに対して,①と②は前年度比で横ばい (4.3億円) になっている。しかし,一部予算が重複しているため実際には総額から③の予算を引いた2.3億円しか充てられていないので,減額されている。つまり,予算総額が減少した結果,①・②の予算は,数字上は増えているようにみえるものの,実際には3つの対策費すべてが減額されていることがわかる。

「労働力としての移民」対策重視へ

2013年度以降も,予算総額が減少している。また文書をよくみると,③の予算項目から「社会保険の加入促進等」の文言がなくなっており,配分される予算もわずかに減った。それに対して,2015・16年度には②「外国人の子どもの教育の充実」予算が倍増した。しかしながら,全体の傾向としては,あいかわらず「労働力としての移民」(③) の予算が非常に多く,特に2016年度は予算総額の増加とともに③の予算も増えていることから,「労働力としての移民」対策の重視がわかる。

このように,政府の「『生活者としての外国人』に関する総合的対応策」から「生活者としての移民」(①・②) のための予算が減らされ,さらに「外国人の社会保険の加入促進」も軽視されるようになったことは,「生活者」の視点の弱まりを表わしているといえるだろう。

共生は進むか

こうした変遷を経て打ち出されたのが,この度の「外国人材の受入れ・共生のための総合的対応策」であった。そのなかには「生活者としての外国人に対する支援」が含まれており,

「外国人児童生徒の教育等の充実」も盛り込まれている。しかし，それに充てられた予算は，総額211億円に対してたった3億円である。この額は，これまでの「『生活者としての外国人』に関する総合的対応策」とほとんど変わらないことから，新たな「外国人材の受入れ・共生のための総合的対応策」においても，「生活者としての移民」の政策は現時点ではそれほど重視されているとはいえない。

2019年4月に発足した入管庁には出入国管理と在留管理が機能的に分けて組織され，さらに新たに組織された政策課のもとに外国人施策推進室が備わった。また，「共生」に関する予算が法務省に付いた。これらの改革は「外国人材の受入れ・共生のための総合的対応策」のなかで，「共生」に向けた外国人の受け入れ環境を整備するうえで法務省が企画立案と他省庁との調整を担うことが期待されている現れだろう（明石 2020）。しかし外国人との共生に向けた取り組みは始まったばかりで，その行方を注視する必要がある。

対立点を超えることの難しさ　最後に，日本の状況について，第1節に掲げた移民政策をめぐる価値の対立点にあてはめて考えてみたい。

第1の，どのような移民を受け入れるのかについては，まだ移民を労働力としてとらえる傾向が強く，生活者を重視した移民政策の観点は弱いといえる。

第2のシティズンシップに関する価値の対立点については，第1節に示した「外国人材の受入れ・共生のための総合的対応策」の目的の2つめに示されている，「外国人もまた，共生の理念を理解し，日本の風土・文化を理解するよう努めていくことが重要」との立場から，日本への同化を求めることが重視されていることがわかる。

要するに，移民の文化や権利を認めながら受け入れようとする公式見解は日本ではまだみられないのである。

📖 文献案内

① 宮島喬, 2016, 『現代ヨーロッパと移民問題の原点──1970, 80年代, 開かれたシティズンシップの生成と試練』明石書店.
　　外国人の定住化が進む現在の日本は，戦後移民を受け入れてきたヨーロッパ社会が1970〜80年代に経験したことから学ぶことが多いと思わせる一冊。社会学的考察から外国人との共生に向けたシティズンシップについて探る。

② 髙谷幸編，2019，『移民政策とは何か――日本の現実から考える』人文書院.
　2019年度に始まった特定技能による外国人労働者の公式受け入れは転換点といわれるが，定住化を阻止するという政府の方針に変更はない．移民の定住化が進む実態や課題について，本稿で取り上げた教育やシティズンシップを含む観点から考察し，あるべき政策の方向性を示している．

1) 「（特集）亡国の『移民政策』」『文藝春秋』2018年11月号：94-135，および，宮島喬，2015，「移民政策におけるヨーロッパと日本―比較から何を読みとるか」『移民政策研究』7：226-235を参照されたい．
2) 1891年の人口調査より（Blanc-Chaléard, Marie-Claude, 2004, "Les immigrés et la France XIXe-XXe", No. 8035, Documentation photographique, La Documentation française : 2-8.）

〔引用・参考文献一覧〕

明石純一，2020，「2018年法改正と入国管理をめぐる歴史観――変化と連続性」『移民政策研究』12：65-79.
小山晶子，2017，「フランスにおける移民教育政策」山本須美子編『ヨーロッパにおける移民第二世代の学校適応――スーパー・ダイバーシティへの教育人類学的アプローチ』明石書店，113-126.
カースルズ，ステファン／マーク・ミラー（関根政美・関根薫訳），2011，『国際移民の時代〔第4版〕』名古屋大学出版会.
シュナペール，ドミニク（富沢克・長谷川一年訳），2012，『市民権とは何か』風行社.
鈴木江理子編，2021，『アンダーコロナの移民たち――日本社会の脆弱性があらわれた場所』明石書店.
鈴木規子，2007a，『EU市民権と市民意識の動態』慶應義塾大学出版会.
鈴木規子，2007b，「教育優先地域（ZEP）における市民性教育」武藤孝典・新井浅浩編『ヨーロッパの学校における市民的社会性教育の発展――フランス・ドイツ・イギリス』東信堂，139-159.
内閣官房，2017，「外国人労働者問題関係省庁連絡会議」（2019年5月6日取得，https://www.cas.go.jp/jp/seisaku/gaikokujin/index.html）．
内閣府，2018，「外国人材の受入れ・共生のための総合的対応策」（2019年5月6日取得，https://www.kantei.go.jp/jp/singi/gaikokujinzai/kaigi/dai3/siryou3-2.pdf）．
福島都茂子，2015，『フランスにおける家族政策の起源と発展――第三共和制から戦後までの「連続性」』法律文化社.
増田寛也編，2014，『地方消滅――東京一極集中が招く人口急減』中央公論新社.
宮島喬，2016，『現代ヨーロッパと移民問題の原点――1970，80年代，開かれたシティズンシップの生成と試練』明石書店.

第 9 章　公共政策と政府間関係
中央集権か地方分権か

　公共政策は多岐にわたる。国が行うべき政策，地方自治体が行うべき政策がある。しかし，「国のみ」や「地方自治体のみ」が行っている公共政策はそれほど多くはない。国と地方自治体がそれぞれの役割を果たし，政策を立案・実施しているのが実情である。
　本章では，政府間関係，すなわち「国―地方関係」の歴史的な展開を踏まえながら，「平成の大合併」「ふるさと納税」についてそれぞれの立場から考察する。また，広域自治体である都道府県と基礎自治体である市区町村の関係もみながら，二重行政の解消なども検討していく。
　政府間関係で問われるのは，「中央集権」か「地方分権」かであり，その背後には「ナショナルミニマム」と「地方の自主・自律」がある。それぞれの立場によって派生する公共政策も大きく変わる。
　政府間関係に関わる対立軸を中心に公共政策を多角的な視点から考察する重要性を示す。

1　なぜ公共政策と政府間関係なのか

公共政策の担い手　公共政策の領域は幅広いが，それらの共通する点とすれば，国会や地方議会等の民主的手続きによって決定され，国や地方自治体の公権力によってその政策が実施されるというところであろう。公共政策の手段としては，直接供給，直接規制，誘引，啓発といった様々な手段を用いながら，公共政策を実施している（秋吉ほか 2020）。その実施にあたっては，行政機関が強制力を持って実施させるものもあれば，補助金や税金の控除を通じて「望ましい状況」へ誘導する方法などがある。もちろん，公共政策の担い手は，行政のみではなく，民間企業やNPO（非営利組織），市民もその担い手である。しかし，公共政策における行政が関与する割合は，

大きい。そして，その行政は，国と地方自治体，そして広域自治体である都道府県と基礎自治体である市区町村はそれぞれ別々の団体であり，そうした関係を「政府間関係」と呼ぶ。なお，ここでの「区」は東京23区のことで特別区という。

多様な公共政策　公共政策とは，具体的には何を指すのだろうか。「公共的問題を解決するための，解決の方向性と具体的手段」（秋吉ほか 2020：4）や「政府が，その環境諸条件またはその対象集団の行動に何らかの変更を加えようとする意図の下に，これに向けて働きかける活動の案」（西尾 2001：245-246），「公共的な課題を解決するための活動の方針であって，目的と手段を定めるもの」（磯崎ほか 2020：94），など様々である。そして，政策の意味では，「①政策は公共的な課題を解決するためにつくられるものである，②政策は課題解決のための活動の方針である，③政策とは目的と手段を定めるものである」として3つ挙げている（磯崎ほか 2020：94-95）。

　これら定義の「公共的問題」や「公共的な課題」は多岐にわたり，本書でも第1章から第9章まで9つの政策分野に分かれて記されているが，他にも公共政策として扱われる分野もある。そして，公共政策の性格や性質によって，国家が行うべきもの，地方が行うべきもの，地方が行うべきだが国の指導・監督があった方が望ましいものと様々である。例えば，外交・安全保障政策（⇒第7章）は，外交権は地方自治体には認められないので，国家が一義的に行うべきものであるが，沖縄県名護市辺野古への米軍基地の移設の問題からもわかるように，立地自治体である沖縄県や名護市にとっても重大な問題である。他方，福祉政策や教育政策（⇒第1・2章）は，大きな方針は国家が示す必要性があるものの，実施については地方自治体に広範な裁量がある。福祉政策では，子どもの医療費助成については必ずしも全国一律ではなく，地方自治体間でバラつきがある。教育政策についても，採用する教科書や子どもの減少による小学校・中学校・高等学校の再編も地方自治体が主となって行っている。

　このように公共政策は，完全に国が行うもの，完全に地方自治体が行うものというのはそれほど多くはない。そのほとんどは，国と地方自治体がともにその政策を担っているというのが実際である。

> 政府間関係の類型

政府間関係といってもその国家がどのような国家体制を選んでいるかによって大きく変わる。まず1つ目としては，単一主権国家か連邦制国家かである。単一主権国家は，日本やフランスが代表例であるが，国家主権は中央政府である国家にあり，地方自治体の権限や事務，財源については憲法や国家の制定した法律によって規定される。連邦制国家については，アメリカやドイツが代表例であるが，それらの国では州が主権と憲法を有し，これらの主権の一部を連邦政府に委譲する形で連邦政府が形成されている。そのため，連邦制国家では，連邦政府の権限と州の権限が明確に定められている。2つ目は，アングロ・サクソン型の地方自治とヨーロッパ大陸型の地方自治である。西尾の説明を用いると，アングロ・サクソン型の地方自治では，①自治体の事務権限を定める授権法に，自治体が実施しうる事務，自治体が行使しうる権限をひとつひとつ個別に明確に列挙している（制限列挙方式），②国や州が権限を持つ行政サービスについては基礎自治体とは別に国や州の出先機関などが提供する，③内政の総括官庁が存在しない。ヨーロッパ大陸型は，①地方自治体の権限については概括例示方式（概括授権方式）とされ，②国や州の事務は，地方自治体やその長に委任して執行され，③内政の総括官庁が存在し，国の統制を地方自治体は受けやすい仕組みになっている（西尾 2001：63-65，磯崎ほか 2020：20-22）。

これらは類型論なので，その国々によってヴァリエーションがあるが，政府間関係を理解するうえで，有用な視点であろう。

2　政府間関係の変化

> 戦前の国―地方関係

日本が中央集権国家となっていったのは，明治以降の近代国家形成の過程においてである。江戸時代は，参勤交代などの幕府の支配が全国に及んでいたものの，幕藩体制で300前後の藩が存在し，その藩独自で政（まつりごと）が行われてきた。その地方ごとで特色のある名産品や食の文化が花開き，現在の日本でも多様な地域性の根源となっている。そうした幕藩体制から近代的な国家を形成していくなかで採用されたのが，中央集権であった。

1871年の廃藩置県によって藩を廃止し府と県を設置した。当初は３府302県あったが，合併などを繰り返して，1888年に愛媛県から香川県が分離して現在の47都道府県となった（1943年に東京府と東京市が合併して東京都となった）。戦前の地方について考えるうえで，内務省について知っておく必要がある。内務省は1873年に設置された国の機関で，初代内務卿は大久保利通である。担当していた事務は，警察や衛生のほか，地方行政も担当しており，中央集権における地方行政の要であったといえる。戦前は，地方「自治」とはいえる状況ではなく，地方行政と表現した方が適切である。まず，現在の地方自治と大きく異なるのは，府県知事に国の官僚がその職に任命されていたという点である（官選知事）。そのため，当該府県とは無関係な人が知事になることも多かった。また，「府県庁の幹部も国の官吏であり，国の地方行政機構としての側面は，勅令としての地方官官制に規定されていた。また，市については，市会が設置され，条例の制定権も認められたが，市長は市会推薦の３候補のなかから内務大臣が天皇に上奏して任命することとされた。町村については，自治体としての性格を強くもち，公選議員からなる町村会を置き，町村会が町村長を選挙する仕組みが導入された」（磯崎ほか 2020：25-26）。このように明治憲法のもとでは，府県は国の強い統制のもとにおかれることになった。

日本国憲法と地方自治

第二次世界大戦後の1946年11月３日に日本国憲法が公布され，日本での地方自治が始まった。日本国憲法第８章（92条から95条）に地方自治の規定があり，1947年には地方自治法が制定された。地方自治の本旨として団体自治と住民自治の２つが考えられており，団体自治とは国から独立した団体によって地方自治が行われ，住民自治とは地方自治が住民の意思に基づいて行われるということである。現在の日本の地方自治をみると，国と地方自治体は違う団体であり，都道府県知事や市区町村長は住民の直接選挙によって選ばれている。最初の都道府県知事選挙では官選知事が立候補して民選知事になったところも多かったが，1950年代も半ばになると，元官選知事も姿を消していった。憲法，法律で地方自治が明記されたものの，実際は「完全な」地方自治だったとはいえない。それは，機関委任事務の存在である。

「地方自治は民主主義の学校」と呼ばれ，民主主義を日本に定着させるには

地方自治は重要だったが，戦前の中央集権の「残滓」とでもいえる機関委任事務は1990年代まで残存していた。

地方分権一括法以前の地方自治法150条には，その根拠が定められており，都道府県知事は主務大臣，市町村長は都道府県知事および主務大臣の指揮監督を受けることとされていた。この機関委任事務は，地方議会が関与することはできなかった。また，機関委任事務は増え続け，都道府県が行う事務の7割〜8割，市町村の事務の3割〜4割が機関委任事務であった（磯崎ほか 2014：36）。

> 「地方の時代」から地方分権へ

この機関委任事務は，中央集権を象徴するものであり，長い間，その廃止が求められていた。また，1960年代の公害問題への対応や同時期に誕生した革新自治体は，地方自治体独自の政策を行ったり，その政策が国の政策に影響を及ぼすこともあった[1]。さらに，1980年代以降の価値観の多様化や経済の低成長の時代になってくると，東京で決めたことと地方が望んでいることとの相違が目立つようになってきた。加えて，東京一極集中による過密と地方の過疎，公共事業の是非，農業や工業の地方それぞれの産業構造の変化などから地方分権の声が高まり，1970年代以降は，地方自治体の首長たちが「地方の時代」として地方分権を求める運動がみられた[2]。日本が本格的に地方分権改革へ動き出すのは，1980年代末のバブル経済期の大都市部の土地の高騰，東京一極集中の是正，それに関連しての「首都機能移転[3]」であろう。1993年には地方分権の推進に関する決議が衆参両院で議決され，1995年の地方分権推進法，1999年の地方分権一括法と展開していった。この地方分権一括法によって機関委任事務は自治事務と法定受託事務となった。これにより国と地方自治体の関係は垂直的な上下関係から水平的な対等な関係に変わった。さらに，地方自治体への国の関与について国と地方自治体が対立した場合の処理機関として国地方係争処理委員会が設置された。この委員会は長く注目を集めることはなかったが，2015年以降，多い年で9回（2022年）開催されている。審査案件は，普天間飛行場移設のための沖縄県辺野古沖の埋め立てについての国と沖縄県の対立やふるさと納税をめぐる国と大阪府泉佐野市の対立などである。

174

第9章 公共政策と政府間関係

「三割自治」　かつて日本の地方は,「三割自治」と呼ばれていた。これは,「三割」しか自主財源がなく,地方自治体の事務も「三割」しかないという地方自治の弱さ,中央集権の強さを表すものであった。地方財政を支えるものとしては,都道府県や市区町村に直接入る住民税や固定資産税,事業税,自動車税,地方消費税などの自主財源の他に,地方交付税や国庫補助負担金などの依存財源からなる。首都圏,中京圏,近畿圏などの大都市部では住民も多く,大企業の立地もあることから自主財源が多く,地方交付税を交付されない「不交付団体」も多い。他方,人口減少の著しい地方では自主財源の割合は低い。そして,歳入と自主財源の差を賄っているのが,地方交付税と国庫補助負担金である。地方交付税は,地方自治体間の財政の不均衡を是正し,一定水準の財政が維持できるようにするための仕組みである。一般財源として交付されるので,使途は地方自治体が決めることができる。国庫補助負担金はいわゆる「補助金」と呼ばれるもので,使途が限定されている。公共事業等で交付されることが多く,公共事業（⇒第4章）を途中で中止した場合などは返還を求められるなど一度動き始めた公共事業が止まらない要因の1つとして挙げられることも多い。

地方財政の「改革」　2004年から06年にかけて三位一体改革が行われた。これによって地方財政がかなり厳しい状況となった。三位一体改革とは,地方自治体の歳入のうち,地方税の割合を増やし,地方自治体の財政面での自律性を高めることを目的として行われた。具体的には,「国税から地方税への税源移譲」「国庫補助負担金の見直し」「地方交付税の見直し」である。国税から地方税への税源移譲によって約3兆円が地方へ移ることとなったが,国庫補助負担金は3年間で約4.7兆円が削減され,地方交付税は3年間で5.1兆円削減された。結果として,人口が少なく,有望な大企業の立地していない地方自治体にとってはマイナスの部分が大きく,財政的に大変厳しい状況となった。

　完全な地方自治を実現しようとすると,この財源の問題をどう解決するのかが課題となる。各地方自治体が自身の財源だけで賄うことを是とするのであれば,地域間ごとの行政サービスの不均衡も受容することが必要になってくるであろう。つまり,「自分の財布に適した身の丈にあった行政サービス」である。

大都市部のような財源が豊かな地方自治体では行政サービスを充実させることができる一方で，地方では最低限の行政サービスの維持すら困難な地方自治体も生まれてくるであろう。逆に財政不均衡の是正が過度なものになると，本来は大都市部で使うことができた財源を国が介在して財政の弱い地方自治体に地方交付税や補助金を通じて分配をすることで，大都市部の都市問題がなかなか解決されない。そして，地方は，身の丈以上の行政サービスを求めるようになる。さらに，国が推進する政策を進める際には補助金を支出し，そうでない場合には出さないなど，間接的に国の政策の実施を地方自治体に求めることも多くなる。さらに，自主財源ではなく国からの財政支援があることによってその地方自治体にとって「ムダなもの」「不必要なもの」を建設してしまう恐れもある。

3　具体的な事例でみる対立軸

平成の大合併　1990年代に実施された地方分権改革は，機関委任事務の廃止や国と地方自治体との対等な関係など，評価することができる。しかし，2000年代に入ると，「地方分権」から「新たな中央集権」といわれるような状況になる。まず，1つは「平成の大合併」である。1999年3月31日に3232あった市町村を1000程度に再編するものであった。この平成の大合併も様々な意見が存在するが，国の立場としてはいわゆる「受け皿論」である。それは，地方分権によって地方自治体に権限が移譲されることに伴って，それを使いこなせるような規模が基礎自治体には必要であるという考えである。そして，人口減少が進む将来を見据えて，周辺自治体と合併をし，地方議員の削減や公務員数の削減，事務経費の削減を図るという行政改革の側面もあったといえる。他方，平成の大合併について否定的な考え方としては，市町村合併は国が目標数などを決めるものではなく，自治体が自主的・自律的に判断し，合併をするかしないかを決めるべきという考え方であった。

そうした平成の大合併において，国は「合併特例債」という手段を用いて強力に合併を推進しようとした。合併特例債は，合併をした自治体に対して，新しい建設計画の事業費に対して起債できる地方債で，返済の70％を国が負担するというものであった。この合併特例債を活用してごみ焼却施設などの新規建

設などを，合併を機に行った自治体もあった。地方交付税の算定の特例（合併算定替）も行われ，合併年度とそれ以降10年間は，合併した自治体が合併しなかった場合に交付されていた交付金の合計を下回らないというものである。そして，ほぼ同時期に，三位一体改革が行われて，合併しなかった自治体については地方交付金の減額などが実施され，財政的な手段を用いて，合併に誘導するような方策もとられた。

　平成の大合併によって広大な面積となった市町村が現れたり，周辺部と中心部の格差が広がったり，人口減少が当初の予定よりも早く進行したりと決して「バラ色」の未来が待っていたわけではなかった。また，合併時に建設した公共施設の維持管理費は国の財政支援の対象ではないため，地方財政を厳しくしている要因の１つになった自治体もある。他方，合併を選択しなかった自治体も，創意工夫によって住民のニーズに合致した政策を行っている自治体もあれば，人口減少に歯止めがかからず，地方議会のなり手不足，その存続や基礎自治体そのものの維持ができるのかどうかに直面しているところも多い。

　日本の人口は2008年をピークに減少に転じた。年々減少幅は大きくなり，2023年の人口減少は約83万人であった。地方では人口減少はより深刻で，ひとつの自治体ですべてを行うことができる状況ではなくなっている。現在は，消防やごみ処理などの一部事務組合や公立図書館の相互利用など事務や業務ごとの連携によって効率化や利便性の向上などを図っている。この他に，2009年から「定住自立圏構想」が始まり，2023年11月１日現在で定住自立圏は全国で130ある。

| ふるさと納税導入の背景 | 年末になると「ふるさと納税」のCMをよく見かけるであろう。年末に「ふるさと納税」のCMをよく見か |

けるのは，翌年の確定申告に間に合わせるためであり，ふるさと納税自体は通年で行うことができる。

　さて，ふるさと納税とは，そもそも何なのだろうか。この制度は2008年に始まった。2006年ごろから小泉内閣の構造改革の「光と影」，特に影の部分が強調され，「格差拡大」と並んで「三位一体改革」による「地方の衰退」を実感としても国民が感じるようになっていた。このような時代背景のなかで導入されたのがふるさと納税であった。

ふるさと納税は，正確には「納税」ではない。「居住地以外の地方自治体への寄付金」が寄付金控除として所得税や住民税の税額控除を受けることができるという仕組みである。それぞれの所得額に応じて寄付金の上限は変わってくるが，寄付金額から2000円を引いた額が税額控除の対象となる。法的根拠は，地方税法第37条の2である。

　ふるさと納税が始まった当初は，現在のように注目を集めることもあまりなく，純粋に「寄付」を行い，手紙等の「お礼状」が届くといったものであったが，「お礼」として「品物」を送ることから，現在の返礼品競争とでもいうべき状況が生じてきた。年々，ふるさと納税に関する規制は厳しくなり，2019年からは「ふるさと納税指定制度」が創設された。総務大臣が，①寄附金の募集を適正に実施する地方団体で，②（①の地方団体で）返礼品を送付する場合に，返礼品の返礼割合を3割以下とし，かつ，返礼品を地場産品とすることを満たした地方自治体をふるさと納税の対象として指定する制度である。そして，指定対象期間は10月1日から9月30日とされ，指定を希望する地方自治体は毎年総務省に申請する必要がある。2023年には地方自治体が負担する経費の基準も厳格化した。

　肯定的な立場　このふるさと納税について，肯定的な立場からみていく。ふるさと納税は，地方自治体の創意工夫によって寄付を集めて，様々な行政サービスに活用できること，人口減少や高齢化に直面している地方自治体でも地場産品や創意工夫によって収入を増やすことができること，都市部に居住している住民も遠く離れた当該自治体に寄付をすることで「関係人口」というこれまでなかった概念が生まれつつあることである。そこに居住する住民である「定住人口」，観光に来ている「交流人口」とは異なり，その地域と縁のある人や何らかの関係を有する人を「関係人口」と呼び，その関係人口も巻き込んだ地域の活性化を模索している地方自治体も現われてきている。

　また，これまで地方自治体間にはそれほど「競争」というものがなかったが，ふるさと納税は，「大都市部の住民に対して自分たちの自治体をいかにアピールするか」が重要で，結果として地方自治体間の競争となり，いい意味では切磋琢磨，悪くいえば競争の勝者と敗者となる。横並びであった地方自治体

に新たな刺激となったことは間違いないだろう。

　この制度が始まった2008年度は全国で81.4億円が受入額であったが，年々受入額は増加し，2023年度は初めて1兆円を超え，約1兆1175億円となった。総務省「ふるさと納税に関する現況調査結果（令和6年度実施）」によると，2023年度ふるさと納税の受入額が多かった市町村は，宮崎県都城市の193億円，次いで，北海道紋別市の192億円，大阪府泉佐野市の175億円と続く。都城市の2024年度当初予算は総額975.7億円，市税収入が197.4億円であった。市税収入に匹敵する収入をふるさと納税によって得ている。都城市のHPによると，ふるさと納税による寄附金は「都城市ふるさと応援基金」に積み立てて「子育て支援」「協働のまちづくりや中心市街地活性化」などで活用されている。具体的な施策を挙げると，2023年4月より保育料の完全無料化であり，予算額は6億6800万円である。

　また，ふるさと納税の受入額の多い20団体をみると，大都市部ではなく地方の中小の地方自治体がふるさと納税を用いて寄付金を多く集めている。返礼品についても自分たちの自治体の名産や名物は何なのか，を知る機会となって地域を見直すということにもつながっている。さらに，自然災害が発生した場合に，被災地のふるさと納税が増加するといった現象も現われている（2024年1月に発生した能登半島地震など）。

　ふるさと納税については，一部の地方自治体（大阪府泉佐野市）と国（特に総務省）が返礼品の品物やその金額で対立している事例もあった。

否定的な立場　否定的な立場からは，まず，豪華すぎる返礼品が「ふるさと納税」の趣旨に反するのではないかということが挙げられる。「牛肉」や「海産物」といった名産品はたしかに地域経済への貢献という意味では有用である。しかし，地方自治体への「寄付」ということから考えると，行政の何かに活用してもらうことが趣旨に叶ったものである。また，年収にもよるが，2000円を差し引いた額が翌年の確定申告の際の税額控除が可能という点からも寄付額のほとんどが返礼品の費用となるのを正当化することは難しいであろう。つまり，いくら地域経済に貢献しているとはいえ，ふるさと納税をした人が税額控除を受けたことに加えて，その額相当の返礼品まで受け取ってしまうと，制度への信頼性も揺らぐ。また，高額所得者の方が

ふるさと納税のメリットがあるという指摘もある。

次に，税金に対する考え方である。税金は，公務員の人件費だけではなく，様々な行政サービスの運営に使われる。地方自治体では，公立学校（高校・中学校・小学校）や公立図書館，福祉，ごみ処理などの公衆衛生，そして都市部では待機児童の解消のための保育所の増設や保育士への待遇改善などに税金は用いられる。税金は「応益負担」の側面もある。応益負担とは，利益を受けた分，負担をするという意味である。つまり，住民として行政サービスを享受した場合は，その対価として税金を払うということである。ふるさと納税は，この応益負担の原則を崩しているという指摘もあり，近年は看過できないくらいの問題となってきている。先述の総務省「ふるさと納税に関する現況調査結果」によると，2024年度は，横浜市で約305億円，名古屋市で約177億円，大阪市で約167億円が市民税の控除額となっており，すなわち当該自治体にとっては減収となっている。特別区で最もふるさと納税によって減収となっているのは世田谷区で約110億円，次いで港区で約82億円となっている。2024年度の世田谷区の当初予算は3716億円で，110億円は2.96％程度の割合ではあるが，決して小さな額とはいえない。世田谷区はふるさと納税制度の見直しを，特別区長会を通じて求めているものの，抜本的な見直しの動きは出ていない。そのため，世田谷区と区民の協働によってふるさと納税対策プロジェクトを2019年度から始め，「ふるせた」として世田谷区へのふるさと納税を PR している。2023年度は3.3億円が世田谷区へふるさと納税として寄附されたが，減収額の99億円と比べるとまだまだ足りない状況である（図9-1）。

ふるさと納税は居住地以外の地方自治体に寄附を可能にする制度である。制度が始まった当初は「ささやかな」お礼であったものが，徐々に「返礼品」が目的となって自治体間で「返礼品競争」が激化した。そのたび，総務省がそうした競争を是正しようと規制を強化し，その過程で国と地方自治体が対立し裁判となった事例もある。さらに，大都市の税収（住民税）の減収も大きな問題である。大都市部の住民は様々な行政サービスを享受し，さらなる行政サービスを求める。しかし，その負担となる住民税の一部は他の自治体へ流出し，応益負担を果たしていないという批判もある。他方，過疎で人口が減少し大きな産業がなかった自治体にとっては農畜産物や海産物を全面に出して多額の寄附

第9章　公共政策と政府間関係

図9-1　世田谷区への寄付額とふるさと納税による区民税減収額

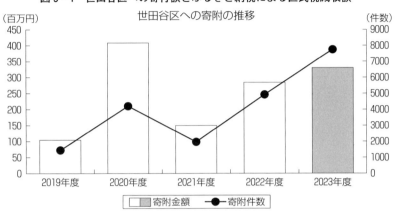

出典：世田谷区「せたがや（世田谷区の区報）」2024年10月2日号（ふるさと納税特集号），2頁・4頁。

を得ている自治体もある。これまで過疎に悩む自治体は都市部では受け入れ困難な迷惑施設を，苦渋の選択によって受け入れ，その見返りとしての補助金を得ていたという事実もある。ふるさと納税は当該自治体にとっても地場産業を活性化させるという側面もある。このようにふるさと納税にはいくつかの論点がある。まもなく20年経過するふるさと納税を発展させていくのか，国の指導が厳しくなり使い勝手の悪い制度になるのか，さらに，大都市住民の応益負担をどのように考えるのか，また過疎自治体にとっては貴重な収入源であるなど，立場によってそのスタンスが大きく変わり，誰もが納得する「正解」はな

181

い。まさに対立軸（論点）が縦横にある政策の1つといってよいであろう。

4　人口減少社会における公共政策と政府間関係をどう考えるか

|国・地方自治体の役割の再検討|　一般の人にとっては，国―都道府県―市区町村は，同じ「行政」であり，同じようなものと考えている人も多いだろう。だが，それぞれ異なる法人格を持っている。また，国―都道府県―市区町村は「上下」や「主従」の関係でもない。まったく別の法人格を持った団体である。

　国と地方自治体は，かつて機関委任事務によって主従関係であった。しかし，1999年の地方分権一括法によって，機関委任事務が廃止され自治事務と法定受託事務になったことでこのような主従関係は解消された。しかし，実際は，財政面での措置によって国の政策を地方自治体に「強いる」側面もあり，名実ともに国と地方自治体が対等な関係になったとは言い難い。

　地方自治体間でも問題がないわけではない。特に，道府県と政令指定都市の関係である。

　東京，横浜，名古屋，京都，大阪，神戸の6つの都市は，「六大市（東京都が発足した後は五大市）」と呼ばれ，戦前は「特別市制運動」や戦後も地方自治法に定められていた「特別市」の導入を求める動きがあった。戦後の「特別市」をめぐって道府県と市が対立した結果，生まれた制度が政令指定都市であった。これら5つの市は，人口も多く産業集積もある。結果として，それぞれの市に入ってくる税収も多くなる。しかし，道府県のなかにそれぞれの市があることで，住民税として市税の他に道府県税も徴収される。それが特別市となることで，道府県から完全に独立した団体となり，住民税などの税金がすべて市税として算入されることになる。そのような特別市が誕生してしまうと，道府県にとっては大きな歳入の減少となると同時に，特別市以外の区域を県が担当することになり，こうした県にとってはデメリットの多いものと予想されたため，道府県の猛反発もあって，「妥協の産物」として政令指定都市が導入された経緯がある。

　この政令指定都市は，地方自治法第252条の19に規定がある。この政令指定

第9章　公共政策と政府間関係

図9-2　指定都市・中核市・施行時特例市の主な事務

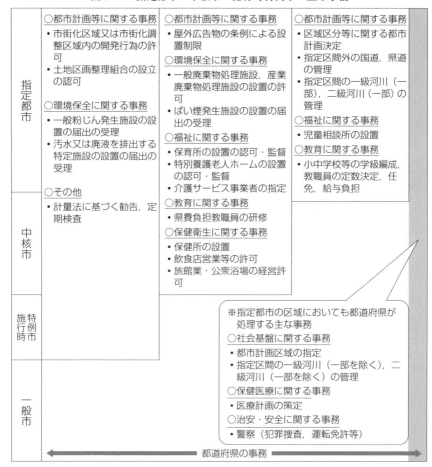

出典：総務省ホームページ（2024年5月6日取得，https://www.soumu.go.jp/main_content/000799385.pdf）

都市制度は，法律上は人口50万人以上を要件としているが，運用上は100万人以上としていた。平成の大合併を推進するために，合併によって70万人以上となった場合には政令指定都市として認めるという方針が出て，2000年代に入り政令指定都市は急増した。政令指定都市は，一般市と異なり，行政区を設置し，区役所を置くことができる。権限も道府県と「ほぼ同等」とされ，義務教育の教員採用を政令市独自で実施することなどが可能になる（図9-2）。

現在では，増えすぎた政令指定都市をどうするかという議論のなかで，新たな大都市制度の仕組みを作るべきという意見もある。横浜市などは「特別自治市」の創設を求めているが，神奈川県は「特別自治市構想に対する神奈川県の見解」を神奈川県のHP上に掲載し，「特別自治市構想に対する神奈川県の見解パンフレット」も同じようにHP上に掲載しており，懸念を示している。この他の大都市制度は，人口20万人以上が中核市，2015年4月1日に特例市であった施行時特例市がある。

　これまでは包括的に地方自治体の事務が規定されたことで，国の政策を国が行うのではなく地方自治体に委任することで行ってきた。そして一定の効果を上げることも否定はできない。しかし，人口が減少し，税収が少なくなると同時に，政策に対する要望やニーズが多様化していくなかで地方自治体が独自に判断し，行うべき事柄も多くなってきている。人口減少が急速に進み，特に地方の人口減少が顕著である。日本で一番人口の多い市は横浜市で人口は約380万人，人口の一番少ない県は鳥取県の約55万人である。限られた人員と財源のなかで公共政策を立案・実施していくためには，都道府県，政令指定都市，中核市，施行時特例市，その他の市区町村の新たな役割分担や権限の見直しも必要であろう。

|「地方創生」をどうとらえるか| 2014年に『消滅可能性都市』という本が出版され，それを受けて安倍内閣が地方創生として取り組むこととなった。2014年12月に「まち・ひと・しごと創生法」が制定され，内閣に「まち・ひと・しごと創生本部」が設置された。国の「まち・ひと・しごと創生総合戦略」が策定され，各地方自治体にも「地方人口ビジョン」と「地方版総合戦略」の策定することに「努めなければならない」とされた。ただ，地方創生関係の予算を国から獲得するためにはこの「地方人口ビジョン」や「地方版総合戦略」を策定しなければそれらの資金を獲得することができず，多くの自治体では2014年度から15年度にかけてこの策定に労力を費やすこととなった。また，2020年からの新型コロナウイルスの感染拡大によって飲食店を中心に休業を要請されることとなったが，その際の協力金などは新設された「新型コロナウイルス感染症対応地方創生臨時交付金」として地方自治体に交付された。

国が「地方創生」に取り組み始めて10年が経過したが，日本の人口減少傾向は変わることなく，少子化は2020年以降急速に進んでいる。東京一極集中の是正のために検討された中央省庁の地方移転も結局は文化庁の京都市への移転のみとなった。この移転も全面的な移転ではなく，京都庁舎と東京庁舎と分かれての移転であった。

 これまでの地方創生が交付金や補助金を用いて国の考える「地方創生」を地方に「強いる」側面があったのか，なかったのか，検証する必要も出てきている。

中央集権の「功罪」

公共政策と政府間関係で重要な論点の1つが「中央集権か地方分権か」である。「地方分権」には何となくいいイメージも付随していると考えられる。実際，新聞やテレビなどのマスコミでも，「霞が関の中央集権から地域のことはその地域で決めるべき」などと報じられ，中央集権は悪で地方分権は善であるというイメージを持っている人も多いであろう。

 その前に，中央集権は「悪」なのだろうか。中央集権と地方分権の対立軸の背景には，「ナショナルミニマム（national minimum）」と「地方の自主・自律」をどう考えるかという対立軸がある。まず，「ナショナルミニマム」とは何だろうか。ナショナルミニマムは，国家が国民に対し行うべき最低限の行政サービスの水準（ウェッブ夫妻が提唱）のことであり，地域によって行政サービスの格差を生じさせないようにすることである。代表的な例としては，生活保護や義務教育（⇒第2章）の水準になる。都会に居住する住民と地方に居住する住民の間にサービスで差が生じないように，国家がある程度の関与をし，財源についても多くの部分を国税によって賄うことも多い。生活保護の財源については，国が4分の3，地方自治体が4分の1を負担している。義務教育については，小学校6年，中学校3年の計9年間を義務教育としているが，多くの小中学校は市区町村立であり，身分は市町村の職員であるが給与については都道府県の負担となっている。加えて，人事についても都道府県が行い，市区町村を越えて異動も行われる（政令指定都市を除く）。このような制度を県費負担教職員制度という。また，学校の設置も市区町村立であり，基礎自治体の所有である。基礎自治体は，最も人口の多い横浜市（約380万人）と福島第一原子力発電

185

Column

新型コロナウイルス感染症への対応と国・地方自治体

　2019年の年末から拡大した新型コロナウイルス感染症の感染拡大は，私たちの生活に大きな影響を与えた。2020年4月7日に初めて緊急事態宣言が発出された。緊急事態宣言は新型インフルエンザ等対策特別措置法に基づくもので，首相が対象地域や期間を指定して発出し，対象地域の都道府県知事は住民に外出自粛の要請や事業者に施設の利用制限などを求めることができる。この法律は2021年2月に改正されまん延防止等重点措置が加えられ，まん延防止等重点措置が発出されると都道府県知事は市区町村を指定し時短要請や命令ができるようになった。

　法的には緊急事態宣言やまん延防止等重点措置がある一方で，都道府県ごとに基準を設け自粛要請の判断基準とするところも多かった。「大阪モデル」に基づいて通天閣が緑・黄・赤の三色でライトアップされたり，「東京アラート」に基づいて東京都庁やレインボーブリッジが赤にライトアップされた。

　また，保健所も大きな役割を果たすこととなった。保健所は地域保健法第5条で，都道府県，政令指定都市，中核市，その他政令で定められた市（保健所政令市）が設置するものである。保健所の数は1991年・92年に全国で852か所あったが，統廃合などで数が減少しており，2024年は468か所となっている。財政再建や行政改革の一環で減少していた。

　新型コロナは感染症対策を国主体で行うべきか，都道府県主体で行うべきか大きな課題を示したといえる。また，保健所についても都道府県が管轄する保健所と保健所設置市と特別区が管轄する保健所が並立し一元的に感染症に対応することが難しい状

所の事故の影響で人口が減少している地方自治体を除いて最も人口の少ない東京都青ヶ島村（144人）（2024年4月1日現在）といろいろな自治体が存在する。義務教育費国庫負担法，市町村立学校職員給与負担法，施設費負担法，義務教育教科書無償措置法といった法律によって義務教育に国庫負担や県費負担を行うことで地域差が生じないような仕組みができている。ナショナルミニマムのためには，地方自治体への国の関与や国による財政支援によって全国一定レベルの行政サービスの提供というものが正当化されるであろう。

　もう一方の「地方の自主・自律」の立場に立つと，「身の丈に合った生活」ということになる。つまり，税収が豊かな地方自治体は行政サービスが充実していく一方で，人口が少なく，大きな産業がない地方では税収が少ないため必

況であった。

　2023年9月には内閣感染症危機管理統括庁が発足し，また，「国立健康危機管理研究機構（日本版 CDC）」が2025年4月に設立された。また，2022年に改正された感染症法において都道府県連携協議会を設置し，都道府県，保健所設置市，特別区などの関係者が平時より意思疎通・情報共有・連携を推進する仕組みも整えられた。さらに，2024年6月に地方自治法が改正され，感染症が大流行した場合や大規模な災害などが発生した場合に国が地方自治体に必要な指示ができる特例が盛り込まれた。憲法が保障する地方自治の本旨に反する，地方分権に逆行するという意見や感染症の大流行や大規模災害など複数の地方自治体が関わるような状況においては必要なものだという意見もあり，国と地方自治体の関係をどうとらえるのかによって考え方も変わってくる。

　このような新型コロナへの国と地方自治体の対応について，重要な論点が2点あるとしている。ひとつめは，1990年代以降の様々な改革は個別に行われたため，日本の公共部門のなかで集権化と分権化が同時に進み，全体として整合性が欠くこととなったこと，ふたつめとして，地方分権の結果，国から地方への権限移譲が進み，地方自治体の自律性がさらに高まったこと。そして，地方自治体が担当する政策分野においては，特に首相と都道府県知事と意見が異なる場合に，首相の政策立案は知事の意向によって制約されることを明らかにしているという。そして，首相が都道府県知事の担当する分野において，特定の政策の実現を望むのであれば，知事との調整も必要であることを新型コロナへの対応が示しているという（竹中 2020：317-318）。

要最低限の行政サービスのみを提供せざるをえないということである。「足による投票」という言葉があるように，住民は行政サービスの充実した地方自治体に引っ越すことが可能である。そうなれば，人口流出が止まらないところもあれば，人口流入が止まらないところも生じてしまうであろう。このような状況においては，国の関与を否定的にとらえる人も少ないだろう。

　今後，公共政策と政府間関係は，地域に即したニーズに対応するため，地方自治体の果たす役割は大きいものの，その役割は変わってくると思われる。人口減少と財政難の状況のもとで，小規模な基礎自治体は広域自治体である都道府県の支援なしには存立ができなくなっていくであろう。その反面，ある一定の規模の基礎自治体は，政令指定都市や中核市のように権限が付与されて自ら

の事務として処理していくことも求められるであろう。

📖 文献案内

① 秋吉貴雄・伊藤修一郎・北山俊哉, 2020, 『公共政策学の基礎〔第3版〕』有斐閣.
　　政策課題がどのように検討されるのか, そして, 政策決定され, 実施されるのか。また, 政策を実施していくうえで, どのような手段を用いるのかなど, 公共政策について理論や事例を用いてわかりやすく説明している。

② 木下斉, 2021, 『まちづくり幻想——地域再生はなぜこれほど失敗するのか』SBクリエイティブ.
　　全国各地で「地域再生」が実施されているが, 成功例もあるが, 失敗例もある。様々な地域で地域再生の取組みが行われているにもかかわらず, 失敗が多いのか, こうした点について論理的に説明している。

③ 竹中治堅, 2020, 『コロナ危機の政治——安倍政権 vs. 知事』中央公論新社.
　　この本は2020年11月の発行でコロナ禍の初期のころの記述となっているが, 新たな感染症に対して国や地方自治体がどのように動いたのか, そして, 首相の権力と地方分権改革などの権力関係にも言及しており, 本書の「対立軸」を考えるうえでは有用である。

1) 革新自治体とは, 日本社会党や日本共産党の支援を受けて首長になった自治体のことで, 美濃部亮吉東京都知事, 蜷川虎三京都府知事, 黒田了一大阪府知事, 飛鳥田一雄横浜市長などが代表例である。この他にも全国で革新自治体が誕生した（岡田 2016）。
2) 1970年代の動きとしては, 長洲一二神奈川県知事や松下圭一法政大学教授などが代表的な人物であった。1980年代には平松守彦大分県知事が「一村一品」運動を提唱して注目を集めた。また, この時期には公害問題などから日本社会党や日本共産党の支援を受けた首長（革新自治体）が誕生し, 環境規制の導入や住民との対話など, これまでの自民党を中心とした保守系の首長では採用されなかった政策も実施された。そして, この革新自治体が国政に影響を少なからず及ぼしたものもある（1973年の福祉元年の社会保障制度の拡充など）。
3) 1990年には国会で「国会等の移転に関する決議」が衆参両院で議決された。移転候補地として「栃木・福島」「岐阜・愛知」「三重・畿央」の3つの地域が選定されたが, 費用や経済の低迷, 人口減少などから現在ではほとんど議論されなくなってきている。しかし, 大阪府や大阪市は「副首都構想」, 京都府は「双京構想」, 北九州市は「バックアップ首都構想」など災害や感染症を踏まえて新たな「構想」がある。
4) 片山善博は, ふるさと納税が始まってから一貫して否定的な見解で, 応益負担の原則に反する, 地方自治体への寄付に適用される寄付税制が国や学校法人や社会福祉法人への寄付に適用される寄付税制より優遇されているなど指摘している（片山 2008, 2014, 2018）。
5) 平成の大合併前は, 政令指定都市は札幌, 仙台, さいたま, 千葉, 川崎, 横浜, 名古

屋，京都，大阪，神戸，広島，北九州，福岡の13市であり，いずれも100万人以上か，100万人弱の規模の都市であった。その後，平成の大合併によって，新潟，相模原，静岡，浜松，堺，岡山，熊本の7市が加わり，合計20市となった。新たに加わった7つの市は人口90万人を超えるところはなく，静岡市は2024年1月1日現在で人口約67万7000人（2024年1月1日現在）となっている。他方，中核市で最も人口の多い船橋市は64万7000人（2024年1月1日現在）であり，人口減少時代の大都市制度を改めて検討する必要が迫られている。

〔引用・参考文献一覧〕
秋吉貴雄・伊藤修一郎・北山俊哉，2020，『公共政策学の基礎〔第3版〕』有斐閣．
磯崎初仁・金井利之・伊藤正次，2014，『ホーンブック地方自治〔第3版〕』北樹出版．
磯崎初仁・金井利之・伊藤正次，2020，『ホーンブック地方自治〔新版〕』北樹出版．
岡田一郎，2016，『革新自治体——熱狂と挫折に何を学ぶか』中央公論新社．
片山善博，2008，「『ふるさと納税』から税と自治の本質を考える」『税経通信』63（7）：17-24．
片山善博，2014，「自治を蝕む『ふるさと納税』」『世界』（861）：60-62．
片山善博，2018，「ふるさと納税は何が問題なのか——総務省のフェイクを鵜呑みにするマスコミ」『世界』（914）：70-72．
竹中治堅，2020，『コロナ危機の政治——安倍政権 vs. 知事』中央公論新社．
西尾勝，2001，『行政学〔新版〕』有斐閣．
待鳥聡史，2020，『政治改革再考——変貌を遂げた国家の軌跡』新潮社．

第10章　公共政策と予算
少子高齢化社会に対応して

> 政策を実現するための重要な要素として予算がある。予算の内容次第では、政策が実現されないこともある。予算配分は、税収と国債の発行状況によっても左右される。国債残高が非常に高く、少子高齢化で労働力人口は減少し、社会保障費が増加していくなかで、予算をどのように配分したらよいのだろうか。そこで、まず本章では、予算に関する制度、予算編成過程について整理する。そのうえで、予算に関する対立軸を検討する。歳入面では、消費税増税について、歳出面では、政府の歳出を控え緊縮財政とするか、積極的に景気対策を政府が行うかといった議論を扱う。さらに、予算配分で課題となる点を挙げる。最後に、公共政策の予算編成における政官関係、地方自治体の自律性について検討する。

1　公共政策と予算

予算とは　第1章から第9章まで示したように、公共政策の内容は多岐にわたる。公共政策は国や地方自治体によって決定され、民間に委託される場合もあるが、多くは国や地方自治体によって実施される。国や地方自治体が公共政策を実現するためには、資金の調達・管理・支出といった経済活動が必要となる。この経済活動を財政という。財政の基盤となるのが予算である。予算とは、一般に、一定期間の収入と支出の予定や計画という意味がある。なかでも、国と地方自治体の公会計の場合、会計年度における収入（歳入）と会計年度における支出（歳出）、債務負担などについての計画を意味する。国の年間予算として当初に成立した予算が本予算（当初予算）である。補正予算とは、予算作成後の事情の変更によって、その予算に不足を生じた場合、予算の内容を変える必要が生じた場合に、出来上がった予算を変更する予算のことである。暫定予算とは、本予算が年度開始前に成立し

ない場合に,その予算成立までの国政運営上必要不可欠な経費を内容とする,一定期間に係る暫定的な予算のことである。

現代民主制では,政府の財政はすべて議会の議決に基づいて処理されるべきことを基本原則にしている(西尾 2001：323)。このことを財政学では財政民主主義と称している。この財政民主主義を実現するために,租税法律主義と予算・決算を議会の議決にかける制度がある。

予算は,法律の形式をとる場合と,とらない場合とがある。欧米諸国などでは,予算は,歳入法と歳出法という法律の形式で成立する。他方,日本では法律という形式をとらず,国会の審議と議決を経て,法律に準じる形式で予算を成立させる。そのために租税法が成立しており,その法律が存在する限りは自動的に徴税することができる(神野 2007：90-91)。

| 日本における予算 |

上記の特徴の他,日本の予算は以下のようになっている。国の予算の場合,憲法・財政法の規定に基づき内閣によって作成され,国会の議決を経て成立する。その際,衆議院の先議権および議決における優越的地位が認められている。日本での会計年度は4月から翌年3月末までである。

予算の種類は,一般会計予算,特別会計予算および政府関係機関の予算の3種類がある。まず,一般会計予算であるが,予算という場合はこの一般会計予算を指す場合が多く,国の主要な収入・支出を管理する。一般会計の支出は,主要経費別分類に基づくと,社会保障,文教・科学振興,防衛,公共事業,海外協力,中小企業対策,エネルギー対策などである。収入については,租税収入のほか,国債にも頼っている。租税収入の中心は,所得税,法人税,消費税である。国債は,2種類あり,財政法4条で認められている建設国債と,財政法によって発行が禁じられている赤字国債とがある。建設国債が財政法によって認められているのは,公共事業などその支出によって作られたものが国民の資産として残り,後世の国民も利用できるためであり,1966年度から発行されている。これに対し,赤字国債は,一時的に赤字を補填するだけで,後世の国民に資産として残らない。後世の国民は返済という負担を強いられるだけで,赤字国債による利益を享受できず,世代間の不平等が生じるため発行が禁じられている。1965年度の補正予算で戦後はじめて発行されたが,その後中断を経

191

Column

コロナ関係予算

　令和2年度の一般会計の決算によると，年度内に予算が使われず，今年度に繰り越された金額は，合わせて30兆7804億円であった。令和2年度は，新型コロナウイルスの感染拡大を受けて，3度の補正予算が組まれ，総額175兆円を超える規模となっていた。繰越額が生じた主たる理由はコロナ関連予算が使用できなかったことにある。
　NHK（2021年7月30日）によれば，繰越額が最も多かったのは，実質無利子・無担保の融資など，企業の資金繰りを支えるための経費で，6兆4140億円であった。これに対し，財務省は「ことし1月に成立した第3次補正予算で，資金繰り支援策の継続に必要なお金を積み増したが，執行できる期間が短かった」と説明した。売り上げが減少した中小企業の業態転換などを支援する「事業再構築補助金」も執行期間の短さから繰越額が1兆1485億円に上った。また，営業時間の短縮要請に協力した飲食店に支払う経費は，3兆3115億円が繰り越された。都道府県の事務作業が追いつかなかったことが考えられる。Go Toトラベルについても，事業が停止されたため，1兆3353億円の経費が繰り越された。また，実質無利子・無担保の融資など，企業の資金繰りを支えるための経費で，6兆4140億円であった。
　さらに，内閣感染症危機管理統括庁が2024年6月に公開した「新型コロナウイルス感染症対策関連予算の執行状況等について」は，令和元年度から令和4年度の新型コ

て，1975年度から1年限りの公債特例法（○○年度における公債の発行の特例に関する法律）を毎年制定し，いわゆるバブル経済の恩恵によって税収増大があった1991年度から1993年度予算以外は，ほぼ継続的に発行されている。
　次に，特別会計予算であるが，財政法（昭和22年法律第34号）第13条第2項によって，国が特定の事業を行う場合，特定の資金を保有してその運用を行う場合，その他特定の歳入をもって特定の歳出に充て一般の歳入歳出と区分して経理する必要がある場合に，法律を制定し設置することが認められている。特別会計は2024年度現在13会計となっているが，特別会計改革を経て，整理統合された結果である。その背景には以下の主張があった（真渕 2009：231-234）。第1に，特別会計が多数設置され，お金の流れが複雑でわかりにくくなり，財政の一覧性が損なわれているといったことである。第2に，特定財源を持っている場合，それを使って不要不急の事業が行われているのではないかといったこ

第 10 章　公共政策と予算

ロナウイルス感染症対策関連の予算措置を伴う事業のうち，予算額・執行額ともに新型コロナウイルス感染症関連事業として区分して管理されていた763事業について，執行状況等の調査結果を示している。

　使いきれなかった金額を示す不用額と繰越額を一般会計で省庁別にみると，不用額では，経済産業省の28,417.4億円，内閣本府等の27,386.1億円，財務省の11,513.9億円，厚生労働省の10,967.8億円という順に不用額が多い。繰越額は内閣本府等の18,960.1億円，厚生労働省の13;583.8億円が他省に比べて桁違いに多い。

　さらに，省庁別に不用額を計上した事業をみると，内閣本府の新型コロナウイルス感染症対応地方創生臨時交付金（協力要請推進枠）で，23,455.6億円，経済産業省の事業復活支援金で10,024.9億円，国土交通省のGOTOトラベル事業で7,968.7億円いったように事業支援に関係するものが多い。

　予算を使用しきれなかったこと，不用となったことについて理由があろう。しかし，今後同じことを繰り返さないためにも，国・自治体レベルで算の執行方法の工夫が必要であろう。さらに，その金額の見込みは正しかったのかを検証する必要がある。議員も国民もいくら配分されるか，いくら補助金や支援金をもらえるかには関心を持つ傾向がある。しかし，いくら残ったのか，それはなぜだったのかについて，納税者として関心を持つことも必要であろう。

とである。第3に，多額の剰余金などが存在し財政資金の効率的な活用が図られていないのではないかといったことである。第4に，特別会計の場合，独立の事業を運営，固定財源としての自己財源であるため，税金を財源とする一般会計に比べて査定が緩やかになるという，第二次局譜における査定の甘さがあるのではないかといったことである。[1]

　最後に，政府関係機関の予算であるが，政府関係機関とは，特別の法律によって設立された全額政府出資の法人である。2008年10月以降，簡素で効率的な政府を実現するための行政改革の推進に関する法律（行政改革推進法）で定められた政策金融改革により再編成され，2024年度現在は，沖縄振興開発金融公庫，株式会社日本政策金融公庫，株式会社国際協力銀行，独立行政法人国際協力機構有償資金協力部門の4つとなっている。予算は，一般会計予算や特別会計予算とともに，国会の議決事項となっている。

| 公共政策と予算編成 |
| 過程との関係 |

公共政策の構成要素は，通常は複数の形式に分散して定められている。一部は法令に，一部は計画に，一部は予算に，残りは各種の行政規則にといったように定められている。

これに対し予算は，多くの場合，政策に応じて編成されるというより，前年度を規準に予算の枠が設定され，そのなかで可能な範囲で政策実施が行われる。

予算編成のための審議は実施する前年度に行われ，予算編成過程は主に以下の流れとなっている。

まず，経済財政諮問会議の議論を経て，歳出や配分の大枠といった来年度予算の全体像を定めた「経済財政運営と構造改革に関する基本方針」（いわゆる「骨太の方針」）が毎年6月に閣議決定される。この経済財政諮問会議は中央省庁再編の際，内閣府に設置された。従来，財務省（主計局）が他の省庁より事実上，上の立ち位置から予算編成を主導してきたが，小泉内閣では，内閣主導の狙いから，経済財政諮問会議を使って予算の大枠を示すことにし，現在も続いている。

上記の「経済財政運営と構造改革に関する基本方針」の枠組みを受けて，「予算の概算要求に当たっての基本的な方針について」を7月に閣議で了解し，各省に概算要求基準を提示する[2]。これを受け，各省庁は，概算要求作業を進め，大臣の了承を経たうえで，8月末から9月はじめに財務省主計局に概算要求を提出する。財務省は，各省庁から提出された概算要求の査定を行う。その際，財務省では，歳出については主計局の主査が中心となり，各省庁に対して課単位で必要性についてヒアリングを行い査定する。主査による査定案を主計官が審議し，これを経て12月下旬に財務省原案が閣議に提出される。直後に，詳細な財務省原案が各省庁に対して内示される。その内容に不満のある省庁は，復活要求を行う。復活折衝は，おおむね要求を行う省庁による課長折衝，局長折衝，次官折衝の3つのレベルの事務折衝と，事務折衝で決着をしなかった項目について各省大臣と財務大臣による大臣折衝とがある。こうした復活折衝を経て，12月下旬に政府案が閣議決定される。

政府案は，翌年の1月20日前後に国会に上程され，衆議院予算委員会に付託されて国会で審議される。衆議院，参議院での審議を経て年度末に翌年度の予算が成立する。

第 10 章　公共政策と予算

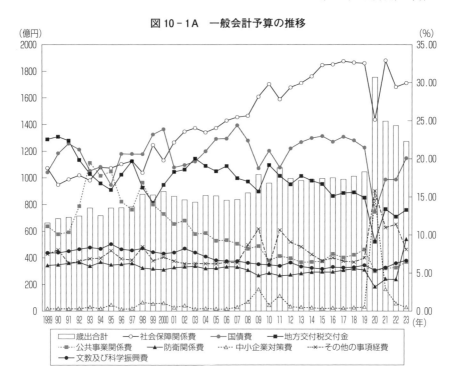

図 10-1A　一般会計予算の推移

歳出内容の経年変化

主要経費別分類をもとに16項目について，1989年から2023年の34年間の配分状況をグラフで整理すると，図10-1A・Bのようになる。各項目の数値は，歳出合計額で項目ごとの歳出額を割った比率を示している[3]。これによると，社会保障関係費の比率は増加傾向にあったが，2020年以降は比率が減少傾向にある。公共事業費の比率は2019年度までは減少傾向にあったが，近年若干ではあるが増加している。文教および科学振興費の比率も若干ではあるが減少傾向にあったが，2022年以降は上昇傾向にある。リーマンショック時や東日本大震災時を除けば，1％程度の規模であった中小企業対策費は，コロナ禍を受けて持続化給付金等の新型コロナウイルス感染症対策費により約15％に上昇した。

このことから，各予算の傾向は，前年度を基準にしているとはいえ常に変わらないというわけではなく，社会状況や政府の方針などにより，増加したり，

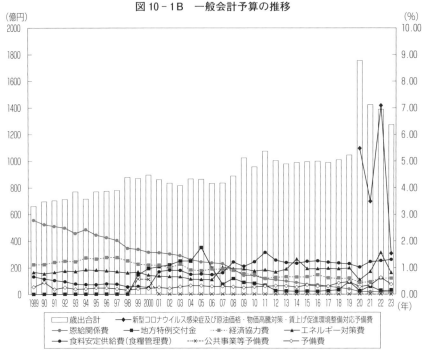

図10-1B　一般会計予算の推移

出典：筆者作成。

減少したりしている予算項目があることがわかる。

2　予算に関する対立軸

消費税をめぐる対立　　少子高齢化が進むなかで，税収増加が期待できない場合に，国債に頼らず，歳入を増やす方策として，税の創設や増税が考えられる。消費税については，税率をどうするか，増税するか否かのほか，何を課税するかも見解が分かれる。

消費税を導入している国で税率を比較すると，最も高い国はスウェーデンとデンマークで25％である。G7ではイタリア22％，フランス20％，ドイツ20％，英国20％，カナダ13％で，日本よりも高い税率である。[4]

日本では，消費税は1989年に創設された。その背景には，税全体のウエイト

196

が所得税に偏ってきたこと，同じ能力がある者は同じ負担をすべきとう公平性への関心が高まってきたこと，高齢化社会の到来を前に安定的な歳入を確保する必要があったことが挙げられる。これまで，消費税増税の方針を示し，選挙で敗北した例もあることから，議員は消費税増税には慎重であった。2019年10月には消費税率が10％となったが，消費税率10％は，民主党野田政権時代の2012年6月に民主（当時），自民，公明3党でまとめた社会保障と税の一体改革に関する合意（3党合意）に盛り込まれたものであった。しかし，次に自民党総裁となり総理となった安倍政権のもとで2度延期された結果，2019年に増税されることとなった。

消費税増税前の2019年7月の参議院選挙では，消費税増税についても争点になった。各党の公約によると，自民党は「全世代型社会保障や財政健全化に向け税率を引き上げる」と明記し，増収の一部を活用した幼児保育を含む教育無償化を盛り込んだ。同じく与党の公明党は，反対意見を和らげるために，軽減税率制度と低所得者らを対象とするプレミアム付き商品券発行を掲げた。

これに対し，立憲民主党は増税を凍結し，金融所得課税や法人税などを見直し，税の累進制を強化するとして，低所得者への配慮をアピールした。また「家計第一」をスローガンとする国民民主党も増税に反対し，子育て支援などの財源として「子ども国債」発行を提起した。共産党も増税に反対し，日本維新の会は凍結を訴えた。この参議院選挙では，消費税廃止を訴えたれいわ新選組は同年4月に結党したにもかかわらず比例で2議席を獲得した。東京新聞加盟の日本世論調査会が7月1・2日に実施した全国面接世論調査によると，安倍政権が十月に予定する消費税増税に反対する人が60％に上った。

消費税増税に対する反対の理由として，有権者の主な意見としては，「消費税は低所得者の負担が重くなる逆進性の問題がある」，「これ以上税金を負担するのは大変」，「増税は景気に悪影響を与える」などがある。また，消費税増税をしても税収が伸びないのではないかという見解もある。

そこで，消費税増税をしても税収が伸びないという見解に対し，図10-2の一般会計税収と消費税収入との関係をみてみる。1989年に消費税3％が導入された翌年の1990年は消費税収も一般会計税収全体も減少せず増加している。1997年に消費税を5％に上げた後は，上記の主張のように，一般会計税収は全

図10-2 一般会計税収と消費税収との関係

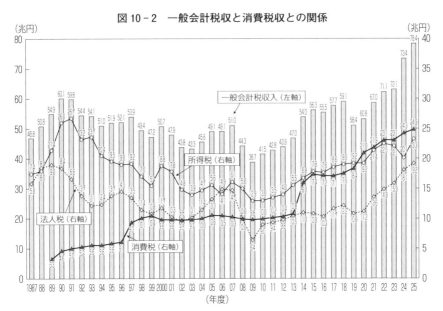

出典：財務省資料，2024，「一般会計税収の推移」（2025年2月16日取得，https://www.mof.go.jp/tax_policy/summary/condition/a03.htm）。

体としては増加していない。ただし，消費税収は増加している。2014年に5％から8％となった翌年以降，一般会計税収は全体としては増加しているが，消費税収は減少傾向にあった。2019年の10％への増税後も消費税収は増加しているが，一般会計税収全体は減少している。このことから，税収は税率以外の要素からも影響を受けるため，一概に消費税増税で消費税収が伸びないとはいいきれないだろう。消費税増税を進める財務省は，少子高齢化により，高齢者は増加し，社会保障財源が増加していくなかで，高齢者を含めて国民全体で広く負担する消費税が高齢化社会における社会保障の財源にふさわしいと考えられるとしている。また，社会保障財源のために所得税や法人税の引き上げを行えば，いっそう現役世代に負担が集中することになるとする。有権者のなかで消費税増税を賛成する意見として「年金，医療，介護や子育て支援に必要」，「国の借金を増やしてこれからの世代につけを残すべきではない」，「幅広い国民が負担する消費税を増やすべきだ」などがある。

次に，何を消費税の対象とするか，非課税対象を何にするかについての，見

解の相違についてである。日本より高い税率の国では，食料品には軽減税率，ゼロ税率を適用したり，非課税対象としたりしている国が少なくない。例えば，フランスの消費税は20％であるが，食料品には5.5％を適用しており，ドイツの消費税は19％であるが，食料品には7％，イギリスは20％であるが，食料品は，ゼロ税率である。

EC指令においては，従来，ゼロ税率および5％未満の軽減税率を否定する考え方をとっていたが，令和4年4月の改正により，特定の品目についてゼロ税率および5％未満の軽減税率が認められた。日本では，2019年10月1日に，消費税率が8％から10％に引き上げられる際に，軽減税率が導入され，飲食料品（お酒・外食を除く）等の購入に係る税率については8％となっている。円安などを背景に，物価高となった際には，食料品など生活必需品へ消費税の負担は大きいことから，軽減税率をどこまで下げるかどうかも，様々な見解がある。

> 財政再建をめぐる対立

2024年度末の普通国債の残高は，約1105兆円である。図10-3のようにG7のなかで最も高い債務残高である。こうした状況の改善するためには財政健全化を目標とした財政運営が必要となる。

プライマリーバランス（以下，PB）とは，過去の借金の元本の支払いや利払いをのぞいた部分，つまり，社会保障や公共事業をはじめ様々な行政サービスを提供するための経費（政策的経費）を，税収など借金以外の収入で賄えているかどうかを示す指標をいう。現在，日本のPBは赤字であり，追加的な借金をして政策的経費を賄っている。

政府は，歳出削減で各分野の予算を削る，消費増税などの増税を通じて収入を増やすことで，追加的な借金の額を減らし，PBを黒字にしようという目標を掲げている。

PB黒字化目標やそのための緊縮財政については意見が分かれている。緊縮財政をはかることは，デフレの元凶であり，これが政府方針にあるから政府は経済成長の為の財政出動が一切できず，優良分野の研究も産業も育たずに日本経済は益々困窮するとする意見もある。

つまり，インフレ率が高すぎる場合には，財政赤字を縮小させるように，緊

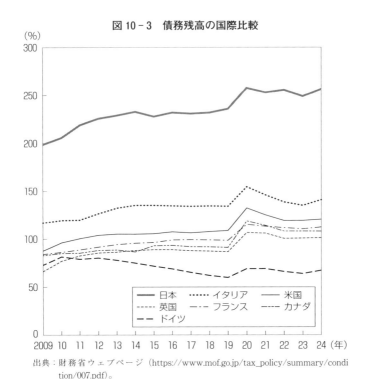

図10-3 債務残高の国際比較

出典：財務省ウェブページ（https://www.mof.go.jp/tax_policy/summary/condition/007.pdf）。

縮的な財政政策を行うが，他方でデフレ下にあり，インフレ率が低すぎる場合には，財政赤字を拡大させるように積極的な財政政策を行えばよいとする。この見解に基づけば，現在の日本は，インフレ率が低いため，財政赤字を縮小させるのではなく，積極的財政政策をとるということになる。

これに対し，財政健全化を必要とする見解では，財務省は，毎年の多額の国債発行が積み重なり，国際的にも歴史的にも最悪の水準にあるとする。欧州諸国のような財政危機の発生を防ぐために，GDPとの対比で債務残高が伸び続けないよう収束させていくことが重要であるとする。財政状況が悪化した欧州の諸国では，国内外に保有される国債が信用を失い，政府が借り入れを継続できなくなる事態（財政危機）が発生していることを挙げる。この他の見解として，財政収支が改善されれば，その分将来世代が負担する国債残高が抑制でき，将来世代の租税負担を抑制することができる。また，日本の社会保障制度

では，子どもたちが親の世代に対して仕送りをするような形で財源を賄っている賦課方式をとっていることから，社会保障の受益と負担の世代間格差がこれ以上拡大し，若者の社会保障制度に対する信頼がなくなる。若者が負担をしなくなれば，高齢者が給付をもらえなくなるという懸念が生じることから，日本の社会保障制度の仕組みの観点から財政再建の重要性を訴えているものもある。社会保障と財政健全化との関係としては，高齢化が進むなか，社会保障が日本の財政で支えきれないほど大きな負担とならず，社会保障が今後機能し続けることを可能にするためには，総額としての財政収支の目標を定め，その範囲に社会保障関係費を抑制することが不可避であるという意見もある（⇒第1章）。

　財政健全化は容易ではなく，たびたび目標が修正されている。1976年の昭和50年代前期経済計画（閣議決定）では，1980（昭和55）年度までのできるだけ早期に特例公債に依存しない財政に復帰することを目指していた。1990（平成2）年度予算では特例公債の発行から脱却したが，阪神・淡路大震災への対応等により，1994（平成6）年度以降，現在まで特例公債の発行が続いた。2002年度からは，「特例公債脱却」ではなく，「国・地方を合わせたプライマリーバランスの黒字化」に目標は変更され，目標達成を目指している。

　このPB黒字化の目標は，2002年から現在（2025年）まで達成されず目標年度は変更されてきた。2002年の経済財政運営と構造改革に関する基本方針2002（閣議決定）では，2010年代初頭のPBの黒字化が目標とされた。その後，2010年の財政運営戦略（閣議決定）では，遅くとも2020年度までに黒字化することを目標とした。

　さらに，安倍政権下で目標が修正され，2025年度の国・地方を合わせたPB黒字化を目指すとした。安倍内閣では，当初は「経済再生なくして財政健全化なし」を基本方針とし，2015年の「経済財政運営と改革の基本方針 2015」では，財政健全化と経済再生を目指して，2016〜20年度の5年間を対象期間とした「経済・財政再生計画」を策定していた。歳入面では，社会保障制度を維持するため，消費税率の10％への引き上げを平成29年4月に実施する予定であった。[5] 消費税を10％へと2％上げると，政府の収入は5兆6000億円程度増える。このうち4兆円分を使い，これまで借金で賄ってきた政策への歳出を減らし，

借金返済に回すということであった。

　しかし，2017年の衆議院議員選挙の公約では，増税分の使い道が変更された。自民党は消費税率を引き上げたうえで増収分の使い道を見直し，従来の社会保障の拡充に加えて，子育て世帯を対象とした政策などを充実させると訴えた。公明党も消費税率を引き上げたうえで，使い道を大きく変え，幼児教育の無償化など教育負担の軽減に取り組み，軽減税率を確実に実施すると述べた。

　同選挙の後，8％から10％の消費税率増税の2％分のうち，債務の軽減に充てる予定であった4兆円の一部は，社会保障や子育て支援に使用されることになった。上記の2020年までとしたPBの黒字化は「経済財政運営と改革の基本方針2018」（骨太の方針）に明記された新たな「財政健全化計画」によって2025年まで延期されることとなった。2019年7月の参院選でも，自民党は全世代型の社会保障の構築を述べた。増税の一部は，幼児保育を含んだ教育無償化といった子育て支援に回すと訴えた。

　2024年7月末，内閣府は国と地方のPBが2025年度に黒字になるとの試算をまとめた。好調な企業業績を背景として税収が増加したことが黒字の要因である。こうした状況を受け，当時の岸田政権では，2024年6月からの1人あたり計4万円の所得税・住民税の定額減税を行った。しかし，2025年1月には，PBは経済対策の歳出が膨らむため2025年度も赤字になるという試算がまとめられた。黒字化の目標は，再び先送りにされた。

　以上のように，財政再建については議論が分かれている。財政赤字を減らすために結果として景気が悪化するのであれば，財政赤字は期待したほどは減らないだろう。先に述べた税収改革や規制改革も伴わせて考える必要もあるだろう。政府がどのような選択をするかは，選挙結果や国民の内閣・与党への支持も影響する。

減税をめぐる対立

　政府の税収が好景気やインフレによって増加した場合には，後述する財政再建に充てるほか，減税という選択肢が生まれる。その結果，税を集めようとする財務省や国からの資金に頼る自治体と，減税を求める勢力とで対立が起こる。

　給与所得者が年収103万円を超えると所得税の支払いが発生すると考え，103万円を超えて働くことを控えるいわゆる「年収103万円の壁」の問題が起こる。

2024年の衆議院議員選挙では，この解消を訴えた国民民主党が議席を増やした。選挙後，国民民主党と政府は，所得税の基礎控除・給与所得控除額の水準を現行の103万円から178万円まで引き上げ，住民税についても同様の措置を講じることについて，議論と交渉が行われた。

これに対し地方公共団体は，「年収103万円の壁」が見直しされた場合の税収減の試算を打ち出し反対した。仮に，国民民主党案に沿うと，住民税が4兆円程度の減収になることに加えて，所得税の税収減の33.1％分だけ地方交付税交付金も減少し，その規模は1兆円程度になるとした。つまり，合計で地方の歳入は5兆円程度も減少してしまい，税収減による地方行政サービスへの悪影響を指摘した。

3　予算配分の課題

予算配分と政治　　国家や地方自治体の予算は限られている。予算配分は内容の吟味というよりは前年を参考に財務省を中心に機械的になされているとされるが，その過程での政治家からの影響，内閣の方針も決定を左右する。ジョン・キャンベル（Campbell, J. C.）が日本の予算編成について『予算ぶんどり』と述べたように，予算の使途を決める過程では争いが生じる。どのような形で配分されるかは，議論内容次第で変化する。

第1にインフラの老朽化への対応である。公共事業は，社会資本整備を主な目的とし，戦後の日本経済に発展に対しても物流の促進や人の移動を支え重要な役割を果たしてきた（⇒第4章）。膨大な資金が投じられる政策領域であり，戦後の自民党を中心とした政治のなかで，政治家にとって票田の要にもなってきた。政治家には公共事業を減額するインセンティブはなく，地元への利益誘導の手段として，公共事業や補助金が利用された。しかし，その後，2002年度からは，改革を掲げた小泉内閣の一連の施策により，公共事業関係費は毎年減少を続けた。政府が2006年7月に閣議決定した「骨太の方針2006」に盛り込んだ歳出入改革案においても，今後5年間で1-3％ずつ削減していく方針が明記された。その結果，東日本大震災を経ても公共事業費はかつてのように歳出の10％台には至っていない。

今後公共事業は，老朽化問題にますます直面する（⇒第4章）。地方自治体だけで，自治体の公共事業の維持・管理は困難であろう。限られた予算においては，維持をあきらめる箇所，予算を重点的に配分する箇所が生じると考えられる。富山市では，限られた資源（予算，人員，技術等）で，より多くの橋梁を将来に引き継ぐため，重要な橋は優先的に修繕や更新を進める一方，必要性が低下した橋などは集約化・撤去を含めた対応を行う，橋梁トリアージに基づく選択と集中によるメリハリのある橋梁マネジメントを推進している。このように公共事業維持を選択しなければならない場合には，公共事業の予算配分を住民に丁寧に説明する必要がある。

　第2に教育に関する予算である。日本は世界のなかでも教育への公的支出が少ないとされる。一般会計予算に占める割合も10％に満たない（図10-1A）。経済協力開発機構（OECD）は，小学校から大学までに相当する教育機関に対する公的支出状況などを調査している。国内総生産（GDP）に占める教育機関への公的支出の割合（2019年時点）を発表し，日本は2.8％と，データのある加盟37か国中36位だった。OECD平均は4.1％で，最も高かったのはノルウェーの6.4％，最下位はアイルランドの2.7％だった。

　これに対し，財務省は，2022年の「文教・科学技術（参考資料）」で日本は少子化が進んでいるため，人口全体に占める在学者の割合が低く，総人口に占める在学者数はOECD平均の19.0％に対して，日本は13.53％と7割程度にとどまるとする。在学者1人に対し，どの程度の公財政教育支出を行っているか，でみると，日本はOECD諸国平均と遜色ない水準だとした。

　しかし，日本では，高等教育になると，教育支出の私費負担の割合が67％に達し，OECD平均の31％に比べて2倍以上となる。日本の場合，初等教育と中等教育では私費負担の割合は7％で，OECD平均の10％よりも低いが，高等教育になると，一気に私費負担が増えるのが日本の大きな特徴となっている。

　政府の取り組みとしては，2020年度から高等教育の修学支援新制度を導入し，世帯年収が条件を満たし，学ぶ意欲のある学生に対し，授業料・入学金の免除または減額と，返還を要しない給付型奨学金を設けた。

　さらに，岸田政権では，2023年6月に「こども未来戦略方針」を策定し，次元の異なる少子化対策を実現するに当たり，今後3年間の集中取組として3.6

兆円程度の予算規模の「加速化プラン」は実施するとした。「加速化プラン」による施策の充実として「高等教育の修学支援新制度」については，令和6年度から，対象を世帯年収約600万（目安）までの世帯のうち，子ども3人以上を扶養する多子世帯や私立理工農系の学部・学科に通う学生等について対象を拡充した。

野党は，2024年の立憲民主党の代表選挙で示されたように，若者支援や地方創成の観点から国立大学の無償化を提案している。また，2024年末からの教育政策をめぐる自民党，公明党と，日本維新の会との協議では，日本維新の会が，2025年4月から高校の授業料無償化を実施することを求めた。

4　予算配分の主体はどこにあるのか

官僚主導か　内閣・政治主導か

予算は，財政民主主義に基づき決定されるため，議会による予算審議という財政統制は重要な要素である。2024年10月の衆議院議員選挙の結果，少数与党となった石破政権では，2024年度補正予算が野党との協議の結果修正されたが，与党が多数を占める国会では，予算の修正が行われたことはほとんどなかった（2025年1月現在）。

予算編成の中心にあるのは，長い間当時の大蔵省（現在の財務省）と自民党の政務調査会であった。翌年度の予算に関する概算要求基準の決定は，もともとは大蔵省が単独で決めていた。その後，1960年代終わりごろから，自民党政調会と大蔵省主計局とのパートナーシップ関係のもと，予算編成を行ってきた（真渕 2009：203）。予算規模や概算要求基準のラインは年によって変化してきたとはいえ，自民党政調会と大蔵省主計局が予算編成を主導してきたとことには変わりがなかった。

戦前から主計局を内閣の直属機関にするという提案もあり，戦後の臨時行政調査会（第1次）でも類似の提案が行われているが，実現はしなかった。1997年の行革会議でも，内閣総理大臣のリーダーシップを強化する方法として「予算編成の基本方針」を閣議で発議することが提案された。その後，2001年度の中央省庁再編によって，経済財政諮問会議が概算要求基準の決定において一定の役割を果たすようになった。これは，主計局から自民党に移りつつあった概

算要求基準の決定における主導権を内閣に移すことを目的に行われた。同会議では毎年6月ごろ，経済財政運営の基本指針であるいわゆる「骨太の方針」をまとめ，政府がそれを閣議決定する。

　経済財政諮問会議は森内閣時にも存在したが，実際に同会議を活用し，予算編成に活用したのは小泉内閣である。同会議による「骨太の方針」といった予算に関する議論がなされるようになってからは，従来の自民党政調会と大蔵省主計局による予算編成とは異なる形となった。こうした予算編成の流れは，2025年1月現在も続いている。見方を変えれば，財務省の審査を経て政府案として国会に提出された予算案に対し，（多数を占める場合の）与党と野党が協議し，予算案を国会で修正するという形にはならなかった。

　2009年に政権交代により民主党政権が誕生すると「コンクリートから人へ」を訴え，国家戦略局を設置し，予算編成を政治主導で行おうとした。また，行政刷新会議を中心に2010年度予算編成のために実施した事業仕分けは，公開の場において，国会議員や民間有識者，担当府省の副大臣または政務官からなるメンバーとして議論をし，執行の現場の実態を踏まえて，それぞれの事業ごとに要否等を議論し判定するという手法であった。国民への透明性を確保しながら，政治主導のもと予算に関わるしがらみをなくし，予算編成をしようとした。しかし，2012年11月の総選挙で民主党が大敗したことで，民主党政権は終了し，政治主導を目指した予算編成の流れは終了した。

　以上のように，予算編成過程では，官僚主導の予算編成から，経済財政諮問会議の設置による内閣主導，あるいは，民主党による政治主導の予算編成といった政治を中心とする予算編成の試みがなされてきたことがわかる。選挙で政治家が国民と約束した政策はどのような仕組みによってより実現することができるのだろうか，議論の必要があろう。

| 地方自治体の財政面の自律性 | 第9章でも述べたように日本の地方自治体は約3割の地方税しかなく，小泉内閣による三位一体改革で多少 |

の地方税が増えたのちも「三割自治」の状況は変わっていない。国と地方の関係では，国と地方の歳出比率は2：3で，財源の比率は3：2というねじれた状況となっている。中央政府からの移転財源に頼る結果，国庫補助金を受ける際には，国の決めた基準に従って事業を行うことになる。国庫補助金はすべて

の自治体がもらえるわけではないため，自治体にとって望ましい政策実施の順と，補助金を受けられる事業とが一致するとは限らない。地方自治体の政策決定の自律性を確保するには地方自治体の自主財源の比率を高める必要があるが，住民税，法人税，固定資産税は地域によって偏在しており，地域間の格差が生まれる。どの財源をどのように委譲するか，どのように地域間格差を是正するのか様々な可能性を検討する必要があろう。

　地方自治体では首長に予算調整権があるため，予算案の提出は首長によってされ，予算編成は国と同様，財政部局によって行われている。そのため，地方議会では予算の審議による修正は少なく主に承認のみをしている。住民の地方議会や地方運営への関心も低い名古屋市では，試行的に地域自治区制度によらない協議会にあたる地域委員会を2009年12月から2011年3月，2012年7月から2014年3月の2期にわたり設置した。住民による公選と学区連絡協議会の推薦を受けた住民が委員会の委員となり，第一期では地区の人口に応じて500万円から1500万円の予算の使い道を決定する仕組みを設置した。その際には地方議会の反発や，自治会・町会でこれまで地域活動を行ってきた住民からの反発を受けた。結局，この試行は2期で終了し，根付くことはなかった。2000年代初めには志木市でも住民参加の予算編成が取り組まれたが，根付くまでには至らなかった。

　どのように住民の意見を地方自治体の予算編成の反映させるのか，どのように地方議会による審議の活性化や住民の議会審議への関心を高めるのか，いずれにしても，現在の状況では十分であるとはいえないだろう。

5　社会の変化に対応した予算配分

　予算編成は前年度を規準に行われているとはいえ，上記で検討したように，選挙結果や政権の意向によって左右されることもある。より多くの国民が納得のいく形で限られた予算の配分を決定し，少子高齢化が進む日本で持続可能な社会を作るにはどのような視点・仕組みが必要になるのか，引き続き検討する必要がある。図10-4が示すように，2025年には75歳以上が全人口の18％となる。さらに2065年には団塊ジュニア世代も90歳代となる。この世代は就職氷河

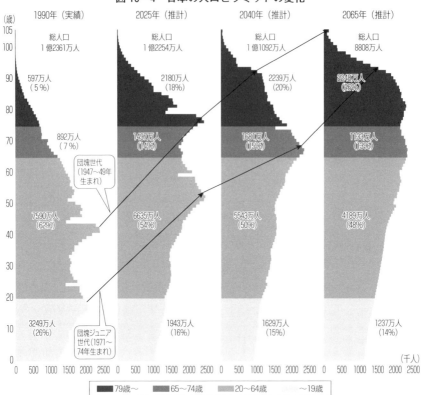

図10-4　日本の人口ピラミッドの変化

資料：実績値（1990年）は総務省「国勢調査」をもとに厚生労働省作成。推計値（2025年，2040年，2065年）は国立社会保障・人口問題研究所「日本の将来推計人口（平成29年推計）出生中位・死亡中位推計」（各年10月1日現在人口）により厚生労働省政策統括官付政策統括室において作成。

（注）　1990年の総人口は，年齢不詳を含む。

出典：『平成29年版厚生労働白書』182頁および『令和4年度版厚生労働白書』6頁をもとに筆者作成。

期世代でもあり，非正規労働者も多い。よって今後も社会保障費を削減させることは難しいだろう。図10-5のように，家族の姿は昭和の時代からは一変し，1980年代は夫婦に子ども2人が世帯のなかで最も多かったが，2020年では単独世帯が最も多い。子どもを産みやすい環境整備も必要であろうが，現状から考えうる未来に合わせて，孤独・孤立対策のように，単身であっても安心して生きていける社会に向けた政策も必要であろう。

　本章で示したように，税率，財政再建，予算配分は様々に考えうる。どのよ

第10章　公共政策と予算

図10-5　家族の姿の変化

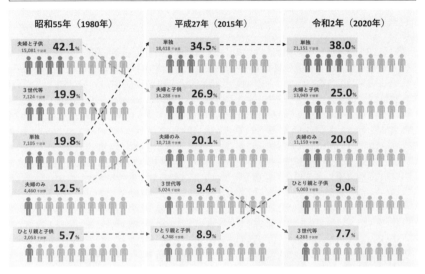

（備考）　総務省「国勢調査」より作成。一般世帯に占める比率。施設等に入っている人は含まれない。「3世代等」は，親族のみの世帯のうちの核家族以外の世帯と，非親族を含む世帯の合算。「子」とは親族内の最も若い「夫婦」からみた「子」にあたる続柄の世帯員であり，成人を含む。
出典：内閣府男女共同参画局，2022，「女性活躍・男女共同参画における現状と課題」。

うな政策を行い，その財源をどうするか，さらには政策を通じてどのような日本にしていくかの解は様々であり答えは1つではない。それぞれの解に対し，賛同者・反対者がおり利害も絡むため，時として対立が起こり選択は容易ではない。しかし，複数の解があったとしても，実際には，国や地方自治体によって何かが選択される。どの選択肢に決めるかは，政治判断となろうが，本章でみたように，選挙で選択肢が提示されることもあり，われわれ有権者は複数の解の選択に無関係というわけではない。

📖 文献案内

① **キャンベル・ジョン・C／真渕勝訳，2014，『自民党政権の予算編成』勁草書房.**
　　官僚や政治家へのインタビューなどを素材に，誰がどのような観点に立って予算編成に参画しているのか，予算編成において官僚と政党はどのように関わるのか，政党内の力学がどのように作用しているのかなど丁寧に分析している。

② 真渕勝，1994，『大蔵省統制の政治経済学』中央公論社．
　　日本で他の先進国を上回る財政赤字が築かれた要因を予算・歳入・金融の一元的掌握をしていた当時の大蔵省と自民党とのとの相互作用から分析している。財政金融の制度配置が財政赤字との関係を示した名著。

1）　2003年衆議院財務金融委員会：塩川正十郎財務大臣が上田清司委員への答弁のなかで一般般会計と特別会計の現状を「おかゆ」と「すき焼き」にたとえた。「私も事実ずっと長い議員生活のなかでは，これは実は疑問を持っておった点なのであります。要するに母屋ではおかゆ食って辛抱しようとけちけち節約しておるのに，離れ座敷で子供がすき焼きを食っておる，そういう状況が実際行われておるんです。特別会計というのは，それぞれの目的があって作ったんですから，その目的をきちっとやってくれるんだったらそれでいいですけれども，そこからルーズになっておるものが相当あると思いますので，その点をまず見直していくことが大事だと思います。」例えば，道路特別会計の場合，同会計から職員宿舎の建設費，工事車両以外の乗用車の購入費，娯楽費（ソフトボールの道具やマッサージチェアの購入費等）が支出されたことがマスメディアをにぎわした。しかし，形式的には，例えば2004年12月に扇千景国土交通大臣が国会で答弁したように，道路工事に直接関係のない費用も「道路整備事業に含まれる費用と考える」ことができ，直ちに違法ということはできないとのことであった。
2）　概算要求基準とは，各省庁が財務省に対して概算要求をする場合に要求できる上限を前年度比として示したものである。各省庁の大臣官房会計課による査定は，この数字をもとに行われる。導入されたのは1961年である。
3）　コロナ関係の予算は2020年からであるため，2019年以前はグラフにない。また，予算割合が近いものを図10－1Aと図10－1Bとに分けた。
4）　2024年1月現在。財務省「付加価値化税率（標準税率および食料品に対する適用税率）の国際比較」（2024年8月18日取得，https://www.mof.go.jp/tax_policy/summary/itn_comparison/j04.htm）参照。
　　EUにおいては，1992年のEC指令の改正により，1993年以降付加価値税の標準税率を15％以上とすることが決められている。なお，ゼロ課税とは，課税の対象であっても，標準税率を適用せずに税率を0％にすることである。非課税は課税の条件を満たしていても，（消費者）課税されないことである。消費者の場合，ゼロ課税は消費税の負担がないため，非課税と区別がない。販売者の場合，非課税の場合は商品の仕入れにかかる消費税の負担が生じるが，ゼロ税率の場合は仕入れにかかる消費税の負担は生じないという違いがある。
　　なお米国では，州の権限で州ごとに異なる税法が定められる。消費税はなく，消費者が商品を買う際に課せられる「小売売上税」が商品の価格に加算される。税率は非課税から10％程度まで幅がある。
5）　2012年の民主党政権（野田内閣）下において，民主党・自由民主党・公明党の三党間において取り決められた，社会保障と税の一体改革に関する3党合意をうけて，成立した「社会保障の安定財源の確保等を図る税制の抜本的な改革を行うための消費税法の一部を改正する等の法律案」によって，5％の消費税率（国および地方を含む）を，2014

年4月1日から8％，2015年10月1日から10％とすることが定められた。

〔引用・参考文献一覧〕

NHK，2017，「消費税の行方と財政再建」（2019年6月30日取得，http://www.nhk.or.jp/kaisetsu-blog/100/281708.html）．

厚生労働省，2019，「『非正規雇用』の現状と課題」（2019年6月30日取得，https://www.mhlw.go.jp/file/06-Seisakujouhou-11650000-Shokugyouanteikyokuhakenyukiroudoutaisakubu/0000120286.pdf）．

財務省，2019，「財政の健全化」（2019年6月30日取得，https://www.mof.go.jp/comprehensive_reform/gaiyou/03.htm）．

財務省，2019，「諸外国における付加価値税の標準税率の推移」（2019年6月30日取得，https://www.mof.go.jp/tax_policy/summary/itn_comparison/j04.htm）．

財務省，2019，「一般会計税収の推移」（2019年6月30日取得，https://www.mof.go.jp/tax_policy/summary/condition/a03.htm）．

財務省，2019「文教・科学技術（参考資料）（2022年11月24日）（2024年8月30日取得，https://www.mof.go.jp/about_mof/councils/fiscal_system_council/sub-of_fiscal_system/proceedings_sk/material/zaiseisk20221114/04.pdf）

清水真人，2005，『官邸主導──小泉純一郎の革命』日本経済新聞社．

神野直彦，2007，『財政学　改訂版』有斐閣．

内閣府，2015，「経済財政運営と改革の基本方針2015」（2019年6月30日取得，https://www5.cao.go.jp/keizai-shimon/kaigi/cabinet/2015/2015_basicpolicies_ja.pdf）．

内閣府，2018，「経済財政運営と改革の基本方針2018」（2019年6月30日取得，https://www5.cao.go.jp/keizai-shimon/kaigi/cabinet/2018/2018_basicpolicies_ja.pdf）．

内閣府，2024，「新型コロナウイルス感染症対策関連予算の執行状況等について（2024年7月2日）」（2024年8月30日現在，https://www5.cao.go.jp/keizai1/keizaitaisaku/2024/20240702chousa.pdf）．

西尾勝，2001，『行政学［新版］』有斐閣．

真渕勝，1994，『大蔵省統制の政治経済学』中央公論社．

真渕勝，2009，『行政学』有斐閣．

Campbell, John Creighton, 1977, Contemporary Japanese budget politics, University of California Press．（小島昭・佐藤和義訳，1984，『予算ぶんどり──日本型予算政治の研究』サイマル出版社．真渕勝訳，2014，『自民党政権の予算編成』勁草書房．）

OECD, 2019a, Table II.1. Statutory corporate income tax rate（2019年6月30日取得，https://stats.oecd.org/index.aspx?DataSetCode = Table_II1#）．

OECD, 2024, Public spending on education（2024年8月30日取得，https://data.oecd.org/eduresource/public-spending-on-education.htm#indicator-chart）．

終章　価値対立と合意形成
合意形成をあきらめない

1　民意の反映の限界

対立と政策選択　本書では，これまで第1章から第10章にかけて，具体的な政策課題をめぐってどのような対立軸が存在しているのかを描出してきた。それらの対立軸は，望ましい政策について検討する際には常に現れてくることが確認された。とりわけ本書が注目したのは，個々人が個人的な利害は考慮に入れずに純粋に社会的な価値を高めることを目指したとしても，避けることのできない対立軸であった。つまり，政策の良し悪しを測るための基準ないし価値をめぐって生起する対立であった。さらに，いずれの政策課題についても，政策の価値に関する対立軸は多元的に錯綜し，それゆえに対立の構図はきわめて複雑であり，特定の1つの政策に決めることには大きな困難が伴うということが強調された。

　そこで，本書の結語として，以下では，次の問いに焦点を当てる。価値対立の不可避性と対立軸の多元性という現実と，日本をはじめ多くの国や地域で重視されている民主主義という理念との間で，どのような状況が生まれうるのであろうか。価値対立が複雑に錯綜するなかで，公共政策についての決定がどのように行われれば，民主主義の理念に近いといえるであろうか。こうした実証的および規範的な観点から政策選択について考察することを通じて，公共政策をめぐる価値対立に対して，民主主義を担う一人ひとりの市民に求められる姿勢を析出する。そこで，価値対立と政策選択との関連性について，実証的に論究することから始める。

　現状は政策を通じて改善されるべき状況なのか。そうであるならば，どのような政策をどのように実施するべきなのか。価値対立の不可避性は，これらの問いへの答えを1つに絞れないことを意味する。すなわち，複数の社会的な価

終章　価値対立と合意形成

値の間にトレードオフが存在するがゆえに，特定の政策を選択しようとするときは常に，何かしらの価値の損失を受け入れざるをえないのである。こうしたなかで公共政策についての決断を行うということは，それらの価値の間に優先順位をつけることを必然的に伴う。

もし公共政策についての決定を特定の1人の個人が行うのであれば，すなわち独裁制を採用するのであれば，その個人の価値観やイデオロギーなどに基づいて，価値の間のトレードオフをどうにか克服し，1つの政策を選択できるかもしれない。しかしながら，民主主義を前提とする限り，複数の人々が政策選択に平等に関わることが求められる。こうした民主主義に基づく政策選択において生じる問題は，それらの人々による価値判断ないし優先順位づけが一致するとは限らないということである（足立 1994）。今日の社会では，価値観やイデオロギーはますます多様になり，そうした多様性が受容されていることを踏まえると，人によって優先順位づけが異なるであろうことは想像に難くない。

それにもかかわらず，特定の1つの政策を選択することは，必ず社会のどこかに不満をもたらすことになる。すなわち，価値対立の不可避性は，政策選択に対する不満の不可避性につながるのである。

対立と多数決

政策的対応をめぐって対立が存在するとき，独裁的にではなく，民主的に政策を選択するにはどうすればよいのであろうか。民主主義を採用する国や地域で広く活用されている手法が，多数決原理に基づく投票であろう。つまり，個々人の意見を集計したうえで，多数意見を社会全体の意見とみなす社会的意思決定方法である。しかしながら，対立克服に向けた多数決の貢献については，民主主義の実践のなかで重視される価値——民意の反映——の観点から，疑問が呈されてきている（鵜飼 2015）。

多数決における民意の反映は，2つの形で確認することができる。第1に，投票を通じて現れた意見分布もしくは各意見の得票率である。第2に，投票の結果として生成される多数意見である。複数の選択肢から1つを選択する手法として多数決をとらえる限り，多数決を通じて反映される民意は，後者のとらえ方に近いといえる。

多数決による政策選択は，後者のとらえ方に従う限り，価値対立の克服をも

213

たらすことは難しい。なぜなら，そうした選択は，採択されなかった意見を支持していた人々にとっては，自分たちが重視する社会的な価値を損なうような政策が選択されたことを意味し，選択結果に対するこうした反発は，多数決によっては決して解消されえないからである。

さらに，選択結果への反発は政策選択の手法に対する不満にもつながる。具体的には，多数決は民主的な手法ではないという批判や，少数意見にもっと配慮すべきとする主張が展開される。結果として，多数決と少数意見の配慮との間でのバランスのとり方や，少数意見の配慮のあり方などをめぐる対立が生起することになろう。つまり，多数決による政策選択は，価値対立を克服することにはならないどころか，むしろ社会的意思決定方法をめぐる意見の相違という新しい対立軸を顕在化させることになる。結果的に，対立軸はますます多元化し，いっそう複雑な対立の構図が生まれかねないのである。

2 合意形成への志向

合意形成に向けた手段　多数決による政策選択に限界があるのであれば，対立の克服につながりうるような公共政策の決定とは，どのようなものであろうか。それは，1つの意見が採択され，他の意見が切り捨てられるという決定ではなく，異なる意見が1つにまとまるという結果をもたらすような決定であろう。すなわち，合意が人々の間に生まれることである。対立が不可避的に存在するなかで，民主主義の実践を通じて志向すべきは，合意形成にほかならないのである。

では，異なる意見は，どのようにして1つにまとまりうるであろうか。ここで必要とされるのは，互いに対立する人々のなかの少なくとも一部の人が自らの意見を変えることである。意見の変容を促す手段として，少なくとも4つが挙げられる（足立 1984）。第1に「ムチ」がある。ある意見の支持者が，敵対的な意見の沈黙や譲歩を引き出すために，実力行使という手段を用いることによって，他の意見に賛同していた人々の姿勢が変わりうる。第2の手段が，利益誘導ないし「アメ」である。ある人が他者から利益誘導を受けることによって，自らの意見を変えうる。第3に，情報操作が挙げられる。ある人が，プロ

パガンダを通じて他者の思想や行為を意識的に操作して、自らの考えに同調させるというものである。

これら3つの手段は、意見の変容に寄与しうる一方で、「他者を一方的に支配し操作しようとの自己絶対化の精神」（足立 1984）に基づいている。現実において複数の選択肢から1つを社会全体で選ぼうとするとき、こうした手段が有用となるケースが起こりうることには疑いの余地はない。しかしながら、政策の良し悪しという観点から答えを1つに選ぶことができず、それゆえに対立が不可避的に生起するなかで、自己絶対化の精神に基づく行動を、対立の克服をもたらす手段として積極的に評価することは難しい。その意味で、これら3つの手段は、あくまで必要悪なものとして認識されるべきであろう。

熟議への期待　そこで、合意形成に貢献するものとして期待されるのが、第4の手段である「議論」である。ここでの議論とは、自発的な同意を引き出すための理性的な議論であり（足立 1984）、今日では「熟議（deliberation）」として注目を集めている（田村 2008）。

熟議では、「選好の変容」が強調される。選好とは、経済学、心理学、政治学など多様な学問分野で用いられる用語で、起こりうる結果を最も望ましいものから最も避けたいものまで順位づけしたものを表す（Tadelis 2013）。平たくいえば、好き嫌いを意味する（梶井・松井 2000）。したがって、熟議における選好の変容とは、熟議を通じて、その熟議の参加者が自らの選好（好き嫌い）を変えていくことである。ここに、先述の3つの手段とは異なる熟議の第1の特異性が確認できる。すなわち、熟議のなかで選好を変容させうるアクターには、他者だけでなく、自分自身も含まれるということである。

第2の熟議の特異性は、選好の変容のプロセスないし目的にある。当初の立場が変わるという結果それ自体は、実力行使でも利益誘導でも情報操作でも起こりうる。しかしながら、その変容の背景には、ムチを打たれたくない、アメがほしい、情報を誤って解釈してしまったといった個人的な理由が見出されうる。他方、熟議において求められる選好の変容とは、熟議の参加者が「他者の観点を自分自身の観点に組み込んだり、自分自身の観点から再解釈したりする」プロセスであり、その根底には公共善ないし共通善を目指す姿勢が存在するのである（田村 2008）。

これらの特異性を有する熟議と選好の変容は，本書が描出してきた不可避的な価値対立の生起を踏まえると，その意義がいっそう明確になろう。ある社会問題への対応策として1つの政策案を支持しているとき，価値対立の不可避性のもとでは，常に自らとは異なる立場に触れることになる。とりわけ本書で言及された人口変動，国際情勢の変化，パンデミック，ICTに関わる技術革新といった社会の変化は新たな対立軸を生み出し，その結果人々は新しい意見を見聞きし，新しい対立のなかに身を置くことになる。ここで重要なのは，自らの意見に固執し，他者に対する批判や説得に専心してはならないということである。多様な意見に触れるなかで，自分の当初の考えが揺らぐことに大きな意味がある。その揺らぎのなかで，絶対的な正解が存在しないことを認識したうえで，社会にとってどのような政策が望ましいのか（すなわち公共善ないし共通善）について改めて熟慮し，自らの当初の選好を変えることも辞さない姿勢をもつことが求められる。こうした揺らぎと熟慮が多様な人々のなかに生じることによって，対立克服や合意形成に向けた社会全体の取り組みが促される。その意味で，選好の変容は，政策の選択の検討において，個々人の価値観に基づく思考と社会全体で共同作業とを結びつける機能を有するのである（田村2008）。

選考の変容と主権者教育　日本では，2015年の選挙権年齢の満18歳への引き下げによって，主権者教育にますます多くの関心が集まっている。主権者教育を通して，民主主義を担う市民を育成することが目指されているのである。しかしながら，先述したように，熟議や選好の変容には民主主義における政策選択に向けて重要な貢献が期待されるにもかかわらず，それらは主権者教育のなかで十分に強調されていないようにみえる。例えば，総務省と文部科学省が作成・配布している高校生向け副教材「私たちが拓く日本の未来」によると，「課題を多面的・多角的に考え，自分なりの考えを作っていく力」と「各人の考えを調整し，合意形成していく力」，そして「とりわけ，根拠をもって自分の考えを主張し説得する力」の習得が，主権者教育のねらいとして明記されている。こうした「個人」の意見の形成・表明と，論争を通じての他者への「説得」に重きを置くことは，熟議を通じて合意形成を志向することと必ずしも調和的であるとはいえない。

終章　価値対立と合意形成

「個人」や「説得」を強調する主権者教育のなかで積極的に活用されているものに，ディベートが挙げられる。ディベートの実践においてはいくつかの前提が設定される（水山 2003；吉村 2001）。第1に，選択肢が2つに限定され，参加者はどちらか一方を支持し続けなくてはならない。第2に，ディベートでは，別の立場をとる他者よりも説得力のある主張を展開することが求められる。第3に，ディベートの結果は勝敗というかたちで示され，それは第三者による判断に基づく。これらの前提のもとで進められるディベートでは，終着点が対立の明示化にとどまり，そこから対立克服や合意形成に向けた積極的な取り組みが生まれるとは期待し難い（松田 2017）。

今日の社会は，本書で強調してきたように，対立軸が多元的に錯綜し，深刻な対立が至るところで生まれる危険性に直面している。こうした状況において「個人」や「説得」に着目することにとどまる限り，社会には常に大きな不満が存在することになろう。他方，熟議では，ディベートでは想定されていない選考の変容が重視され，勝敗ではなく合意形成が強調される。つまり，社会の進むべき方向性や採用されるべき政策などについて他者とともに探究することが目指される。こうした熟議がもつ社会的な意義は，今日とりわけ大きいといえよう。

主張の展開プロセスについての理解　では，熟議や選好の変容のこうした社会的な意義が発揮されるためには，熟議に参加する個々人には何が求められるのであろうか。自らの意見を絶対視せず，他者の観点を自分自身の観点に組み込むことは，熟議の参加者の間の相互理解によって促される。ここでの理解とは，他者と自分自身に対する深い理解である。それは，互いの主張のみに着眼して達成されるものではない。それぞれの主張が導出されるプロセス全体を視野に入れることが求められる。

主張の展開プロセスをとらえることは，主張を支えるさまざまな理由を明らかにすることである。主張展開についてのこうした検討のための1つの方法として，「トゥールミン・モデル」が注目されている（トゥールミン 2011）。以下で，このモデルのエッセンスを紹介する（足立 1984；福澤 2018；松田 2012）。

例えば，「政策Xを支持する」という主張Aは，現状についての具体的なデータB（数値的なデータなど）とセットで示されることが多い。しかしなが

ら，主張の展開プロセス全体をみるには，これでは不十分である。データの解釈は多様に存在することを踏まえれば（⇒序章），データをどのように解釈するのかという説明Cと，その解釈がなぜ望ましいのかという説明Dも必要となる。あわせて，理由から主張がどの程度必然的に導出されるのかについての説明αや，主張や理由の前提はどのようなときに崩れるのかについての説明βも明示化されなければならない。つまり，主張Aの理由Bおよびその必然性α_Bと前提β_B，理由Bの理由Cおよびその必然性α_Cと前提β_C，理由Cの理由Dおよびその必然性α_Dと前提β_D……という流れで，主張が導出されてきたプロセスを，主張から理由へと逆向きにたどることが求められる。

第一歩としての相互理解

このような形で自分自身および他者の意見について理解を深めていくにつれてみえてくるのは，それぞれが立脚する価値観である。すなわち，それぞれが，社会のあるべき姿を考えるうえで，複数の相反する社会的な価値の間にどのような優先順位をつけたかである。それぞれの優先順位づけないし価値観がそれぞれの主張を導出したことが明らかになることによって，ここにそれぞれの立場の違いが生まれた根源があることが理解される。

対立の根源である社会的な価値のとらえ方の違いを認識し合うことこそが，熟議のなかで要求される相互理解であるといえよう。この違いを少しでも埋めていくために，熟議が行われ，選考の変容が起こることが期待される。その意味で，それぞれの価値観についての相互理解は，合意形成のための第一歩としてとらえられるのである。

本書が描出してきた対立の構図は，こうした相互理解に向けた視座となりうるものである。それぞれの政策課題をめぐる対立軸は，自分自身や他者の立場を相対的に位置づけるための座標軸として機能する（松田 2009）。もちろん，それぞれの立場の座標を，数学の世界のように明確に表すことは不可能であるし，また，4つ以上の対立軸が存在するときには，4次元以上の世界となるために，想像することも難しいかもしれない。しかしながら，価値対立が不可避的な状況において合意形成を目指すとき，対立の構図を意識することは，仮にそれがイメージ的なものにすぎなかったとしても，個々人の思考のなかに組み入れられる価値はあろう。

3 「とりあえず」の「おとしどころ」としての公共政策

インクリメンタリズムからの示唆　熟議を通じての合意形成が目指されるとき、現実に選択される政策はどのようにとらえられるべきであろうか。この問いについて、チャールズ・リンドブロム（Lindblom, C.E.）らによって提唱された「インクリメンタリズム（incrementalism）」という観点から検討する（Braybrooke and Lindblom 1963）。

　インクリメンタリズムとは、現実の人間と社会の状況を前提にしたうえで政策選択のあるべき姿を規範的に描いたモデルである。その前提には、例えば、政策の良し悪しを決める価値が複数存在するといった本書でも着眼した社会の状況についてのとらえ方に加えて、人間には情報収集・解釈や将来予測の正確性に限界があるとする人間の能力に関わる前提などが含まれる。

　こうした前提に立つと、現状に大きな変更を与える政策の選択は避けるべきであり、むしろさまざまな人々による意思決定が小規模な形で連続的に（インクリメンタルに）行われることが望ましいと、インクリメンタリズムは強調する。抜本的な政策変更では、人間の能力の限界を踏まえると、その影響の予測が難しくなると同時に、多様な価値が存在するなかでは、その変更に対して強い反発が生じることになる。想定外の影響が生まれる危険性を小さくし、社会のなかでの同意が得られる可能性を大きくするには、多様な視点から検討を行ったうえで、小規模な変化を選択するとともに、選択後も社会の状況についての継続的な分析や評価に基づいて微修正を繰り返すことが求められるのである。

　インクリメンタリズムの考え方から引き出される示唆として、本章では2点に論及する。第1に、熟議の重要性を改めて確認することができよう。自らの意見を絶対視せずに、多様な立場が対等に作用し合う熟議には、インクリメンタリズムが主張する多元論の観点からも、その意義を見出すことができる。

　第2に、価値対立のもとで実際に選択される政策をどのようにとらえるべきかについての示唆である。インクリメンタリズムによれば、目指すべきは現状の微修正であり、そうした微修正を連続的に進め続けることが望ましい。この

視点から熟議のゴールをとらえると，熟議を通じての合意形成は，対立する立場の間に「おとしどころ」を見つけ出すことであり，その合意は最終形でも絶対的な正解でもなく，「とりあえず」の決定ということであろう。それゆえに，政策選択後も社会状況についての分析や評価を実施し続け，小規模な改善を進めていく必要があるのである。

> 価値対立のなかでの市民

本章がこれまで強調してきたことは，価値対立が不可避的であるからこそ，熟議を通じての合意形成の意義が見出されうるということである。しかしながら，価値の間のトレードオフと対立軸の多元性のもとでは，現実には熟議の行く先が合意形成とはなりえないともいえる。互いに理解し合えたことは，「どうにも埋められない溝がある」ことにすぎなかったという事態になりかねない。この溝をどうにかして埋めようとすれば，ムチやアメや情報操作といった手法のほうが，現実的には有用であるという声も出てくるであろう。その意味では，現実の政治には闘争や勝敗の側面が存在することを否定することはできない。こうした現実を踏まえれば，主権者教育のなかでディベートや模擬選挙が積極的に活用されることは実践的な手法として高く評価されうるであろう。それにもかかわらず，熟議や合意形成に注目する意義があるとすれば，それは何なのであろうか。

価値対立の不可避性と対立軸の多元性が意味するのは，本書のなかで繰り返し確認してきたように，どのような公共政策を選択するべきかという問いに対する答えを1つに絞れないということである。つまり，現実の政策はいずれも，何かしらの社会的な価値を損なうという意味で，批判を免れることはできない。しかしながら，その一方で，何も決められずにいれば，目の前の状況はますます悪化することになりかねない。それゆえに，特定の政策を選択するということは「とりあえず」の「おとしどころ」を設定するにすぎず，絶対的な正解からは程遠いものを選択しなくてはいけないという意味で，政策選択は苦渋の決断なのである。

現実の政策のこうした不完全性を踏まえると，民主主義を担う市民にはどのような姿勢で公共政策の考察や選択に臨むことが求められるのであろうか。それは，どの政策も絶対ではないということを認識すると同時に，個々の政策について批判することだけに専心するのを控えるという姿勢であろう。こうした

終章　価値対立と合意形成

歯がゆさや謙虚さが市民一人ひとりのなかで意識されない限り，社会には常に対立や不和がくすぶり続けることになり，それらの解消に向けた建設的な取り組みが実現される可能性はきわめて低いといえよう。熟議を通じての合意形成がほぼ到達不可能な理想にすぎなかったとしても，その理想に向かって他者とともに邁進(まいしん)し続けることが，現実を改善させるための原動力となるのである。

📖 文献案内

① 足立幸男，1984，『議論の論理――民主主義と議論』木鐸社．
　社会問題に対する認識やその解決方法についての意見が多様に存在する今日の社会のなかで，議論を行うことの意義と，論理的な議論を進めるための思考法について論究する貴重な一冊である。

② 田村哲樹，2017，『熟議民主主義の困難――その乗り越え方の政治理論的考察』ナカニシヤ出版．
　本章で論及した熟議をめぐっては，さまざまな阻害要因が指摘されている。本書は，それらの阻害要因について丁寧に検討することを通じて，熟議民主主義の意義を理論的に析出する，読みごたえのある一冊である。

③ 山崎望・山本圭編，2015，『ポスト代表制の政治学――デモクラシーの危機に抗して』ナカニシヤ出版．
　機能不全に陥っているとされる今日の代表制民主主義について，その意義を再考し，新たな可能性を探究する。社会に存在する意見の多様性や民主主義における熟議の有用性といった，価値対立とその克服に関わる重要なテーマが取り上げられている。

〔引用・参考文献一覧〕

足立幸男，1984，『議論の論理――民主主義と議論』木鐸社．
足立幸男，1994，『公共政策学入門――民主主義と政策』有斐閣．
鵜飼健史，2015，「民意は代表されるべきか？」山崎望・山本圭編『ポスト代表制の政治学――デモクラシーの危機に抗して』ナカニシヤ出版．
梶井厚志・松井彰彦，2000，『ミクロ経済学――戦略的アプローチ』日本評論社．
田村哲樹，2008，『熟議の理由――民主主義の政治理論』勁草書房．
トゥールミン，スティーヴン／戸田山和久・福澤一吉訳，2011，『議論の技法――トゥールミンモデルの原点』東京図書．
福澤一吉，2018，『新版 議論のレッスン』NHK出版．
松田憲忠，2009，「今後の日本政治への視角」岡田浩・松田憲忠編『現代日本の政治――政治過程の理論と実際』ミネルヴァ書房．
松田憲忠，2012，「トゥールミンの『議論の技法』」岩崎正洋編『政策過程の理論分析』三和書籍．
松田憲忠，2017，「カウンター・デモクラシーと主権者教育」岩崎正洋編『日本政治とカウ

ンター・デモクラシー』勁草書房.
水山光春,2003,「『合意形成』の視点を取り入れた社会科意思決定学習」『社会科研究』(58):11-20.
吉村功太郎,2001,「社会的合意形成をめざす社会科授業——小単元『脳死・臓器移植法と人権』を事例に」『社会系教科教育学研究』(13):21-28.
Braybrooke, David and Charles E. Lindblom, 1963, *A Strategy of Decision: Policy Evaluation as a Social Process*, The Free Press.
Tadelis, Steven, 2013, *Game Theory: An Introduction*, Princeton University Press.

索　引

【あ　行】

赤字国債……………………………… 20, 191
安倍晋三……… 35, 46, 103, 107, 109, 145, 148, 149, 184, 197, 201
新たな情報財…………………………… 125, 126
アリソン，グラハム……………………… 133
EU市民権………………………………… 163, 164
一般会計予算……………………… 20, 191, 193
一般競争入札……………………………… 74-76
イノベーション…… 51, 52, 63-66, 68-71, 123-126, 130
移民政策………… 4, 6, 7, 10, 153, 155-160, 164, 165, 168, 169
インクリメンタリズム（incrementalism）
……………………………………………… 219
上乗せ・横出し……………………………… 48
エネルギー安全保障…… 94-98, 106, 107, 109
エネルギー基本計画（エネ基）…… 97, 100, 107, 109
エネルギー転換…………………………… 106
エビデンス（evidence）……………… 8, 9, 48
エビデンスに基づく政策立案（evidence-based policymaking）……………………… 8
応益負担………………………… 180, 181, 188
大きな政府………………………………… 15, 32

【か　行】

カーボンニュートラル（脱炭素）… 104, 105, 109
外交青書…………………………… 135, 136
外国人材…………………………… 154, 155
外国人材の受入れ・共生のための総合的対応策……………………… 154, 167, 168
外国人労働者問題関係省庁連絡会議…… 157, 165
開発協力大綱……………………… 141, 144, 145
革新的エネルギー・環境戦略（エネ環戦略）

…………………………………………… 102, 103
家族観の対立……………………………… 30, 31
価値対立…… 3-11, 94, 96-101, 103, 104, 110, 114, 128, 212-214, 216, 218-220
価値判断……………………………… 8, 102, 213
機会均等………………………… 38, 45, 46, 49
機関委任事務………………… 173, 174, 176, 182
技術革新…………………………… 7, 65, 216
規制改革・民間開放推進会議……………… 39
技能実習（制度）／技能実習生…… 31, 153, 154, 156
教員……………… 35-38, 42, 43, 48, 162, 183
軽減税率………………………… 23, 197-199, 202
減税……………………………… 16, 64, 69, 202
建設国債…………………………………… 191
合意形成…… 9, 10, 12, 25, 27, 80, 94, 100, 101, 103, 107, 110, 111, 120, 214-221
COVID-19（新型コロナウイルス感染症）… 7, 17, 24, 48, 56, 66, 80, 127, 141, 156, 184, 186, 187, 192, 193, 195, 210
公益のヴェール…………………………… 3
公共財……………………………… 81, 82, 135, 136
公共事業…… 6, 10, 14, 73-76, 81-84, 88, 91, 174, 175, 191, 195, 199, 203, 204
厚生経済学の第1基本定理……………… 53, 54
厚生経済学の第2基本定理………………… 55
公設公営………………………………… 34, 35
公平性…… 7, 51, 54-57, 60, 61, 63, 64, 69, 197
効率（性）…… 2, 3, 16, 29, 48, 51-56, 60, 61, 63, 65, 69, 75, 94, 115, 137, 159, 160, 193
国家安全保障戦略…………… 141, 142, 145, 146
コロナ禍………… 18, 79-81, 127, 149, 156, 195
コンセッション方式……………………… 83-86, 91

【さ　行】

財政移転…………………………………… 35
再生可能エネルギー（再エネ）… 95, 97, 99-

223

101, 104, 106, 109, 112
財政健全化……………………197, 199-202
財政民主主義………………………191, 206
GX（グリーントランスフォーメーション）
………………………………………109
市　場…2, 14-16, 39, 48, 49, 51-55, 57-61, 64, 67, 69-71, 82, 83, 89, 94, 95, 111, 136, 139
市場の失敗……………………………2, 53
自治事務………………………………174, 182
シティズンシップ／国籍／国籍法…153, 157, 158, 161-165, 168, 169
指名競争入札……………………………74, 75
JICA……………………………………140
社会的余剰………………………………2, 57
社会統合／社会統合政策…12, 15, 153, 155-157, 161-165
社会保障と税の一体改革……………197, 211
集団的自衛権……………………………146
柔軟な権利制限……………………124, 126
住民自治…………………………………173
熟議（deliberation）…………102, 215-221
主権者教育…………………………216, 220
出入国管理及び難民認定法（入管法）…153
出入国管理及び難民認定法及び法務省設置法の一部を改正する法律（改正入管法）
……………………………………154-156
出入国管理庁（入管庁）……………154, 168
上下分離方式……………………………80, 83
少子化…12, 18, 20, 24, 25, 32, 35, 36, 41, 44, 49, 155, 185, 204
消費者余剰………………………………57
消費税…20, 35, 57, 175, 190, 191, 196-199, 201, 202, 210
所得再分配……………………………2, 3, 13
資力調査（ミーンズテスト）……………5, 28
司令塔会議………………………………118
水道施設………………………………76, 84, 92
スティグマ（汚名・烙印）………………28, 29
生活者………………………155-157, 160, 164-168
「生活者としての外国人」に関する総合的

対応策（総合的対応策）………165-168
生産者余剰………………………………57
政治的コンディショナリティ……………139
生成AI……7, 114-117, 119, 120, 122, 128, 129
政府の失敗………………………………82
世代間の対立…………30, 31, 51, 58, 65, 69
積極的平和主義…………………………145
説明可能なAI……………………………123
ゼネコン汚職事件………………………75
選好の変容……………………………215-217
選択と集中……………………………45, 204
選択の自由……………………………38-40
選別主義………………………5, 28, 29, 31
Society5.0…………………………114, 118

【た　行】

大規模言語モデル………………………115
第三の道……………………………15, 16, 32
多数決………………………………213, 214
脱原発……94, 96, 100-104, 106, 107, 109, 110, 112
脱石炭火力………………94, 95, 104-110, 112
タブー・トレードオフ…………58, 66, 68, 69
団体自治…………………………………173
地域公共交通活性化再生法……………79, 80
小さな政府…………………………15, 16, 32
知的財産推進計画……115, 119, 123, 125, 129
地方分権一括法………………………174, 182
著作権………115, 116, 119, 122-126, 128, 129
ツーレベルゲーム………………………134
積立方式…………………………………31
定住化………………160, 161, 164, 168, 169
ディベート…………………………217, 220
トゥールミンモデル……………………217
東京一極集中………………………46, 174, 185
統合イノベーション戦略推進会議…117, 118, 130
討論型世論調査………………………101, 102
特定技能………………………………154-156, 169
特別会計予算…………………………191, 193

224

トリクルダウン……………………………… 46
トレードオフ……………… 4, 7, 53, 55, 213, 220

【な　行】

ニコルソン，ハロルド………………… 134
日米安全保障条約…………………… 144, 147

【は　行】

パレート効率的…………………………… 53
パンデミック………………… 7, 56, 80, 216
PFI ……………………………………… 83, 85
賦課方式……………………………… 24, 31, 201
普遍主義………………………… 5, 28, 29, 31
プライバシー……………………… 9, 28, 115
プライマリーバランス（PB）… 199, 201, 202
ふるさと納税………… 170, 174, 177-181, 188
平成の大合併………… 170, 176, 177, 183, 189
法定受託事務………………………… 174, 182

補正予算………………… 71, 190, 191, 192, 205
骨太の方針………………… 194, 202, 203, 206
本予算…………………………………… 190

【ま　行】

民意………………… 5, 40, 42, 43, 49, 148, 213
民意の反映………………… 42-44, 49, 212, 213
民営化………………… 14, 16, 79, 80, 83-87, 91

【や　行】

ヤングケアラー………………………… 26, 32
予定価格………………………………… 75, 92

【ら　行】

ライドシェア………………………… 89-92
利益誘導………………… 146, 203, 214, 215
利害対立………………………………… 2, 3
老朽化………………………… 76, 87, 203, 204

225

◇著者紹介　（執筆順，＊は編者），①所属，②主要論文・著書

＊松田　憲忠（まつだ　のりただ）　　　　　　　　　　　　　　　　　　　　序・終章
①青山学院大学法学部教授
②『社会科学のための計量分析入門――データから政策を考える』（共編著，ミネルヴァ書房，2012年）
　『よくわかる政治過程論』（共編著，ミネルヴァ書房，2018年）
　『政策と情報』（共著，ミネルヴァ書房，2022年）

堀田　学（ほった　まなぶ）　　　　　　　　　　　　　　　　　　　　　　第1・9章
①拓殖大学政経学部准教授
②『ダイバーシティ時代の行政学――多様化社会における政策・制度研究』（共著，早稲田大学出版部，2016年）
　『地方自治の基礎』（共著，一藝社，2017年）
　『行政学』（共著，文眞堂，2021年）

青木　栄一（あおき　えいいち）　　　　　　　　　　　　　　　　　　　　　第2章
①東北大学大学院教育学研究科教授
②『地方分権と教育行政――少人数学級編制の政策過程』（勁草書房，2013年）
　『文部科学省――揺らぐ日本の教育と学術』（中央公論新社，2021年）
　『地方自治論〔新版〕――2つの自律性のはざまで』（共著，有斐閣，2024年）

鶴田　芳貴（つるた　よしたか）　　　　　　　　　　　　　　　　　　　　　第3章
①青山学院大学国際政治経済学部教授
②"What Affects Intranational Price Dispersion?: The Case of Japanese Gasoline Prices," *Japan and the World Economy*, 20(4), 2008
　"Global Warming and Border Carbon Adjustments," *Asian Journal of Law and Economics*, 13(2), 2022（共著）

＊三田　妃路佳（みた　ひろか）　　　　　　　　　　　　　　　　　　　　　第4・10章
①宇都宮大学地域デザイン科学部准教授
②『公共事業改革の政治過程――自民党政権下の公共事業と改革アクター』（慶應義塾大学出版会，2010年）
　「政策終了における制度の相互連関の影響――道路特定財源制度廃止を事例として」（『公共政策研究』（12），2012年）
　『公共政策の歴史と理論』（共著，ミネルヴァ書房，2013年）

高橋　洋（たかはし　ひろし）　　　　　　　　　　　　　　　　　　　　　　　第5章
①法政大学社会学部教授
②『イノベーションと政治学——情報通信革命＜日本の遅れ＞の政治過程』（勁草書房，2009年）
　『エネルギー政策論』（岩波書店，2017年）
　『エネルギー転換の国際政治経済学』（日本評論社，2021年）

藤本　吉則（ふじもと　よしのり）　　　　　　　　　　　　　　　　　　　　　第6章
①尚絅学院大学総合人間科学系社会部門教授
②『ローカル・ガバメントとローカル・ガバナンス』（共著，法政大学出版局，2008年）
　『被災地から考える日本の選挙——情報技術活用の可能性を中心に』（共著，東北大学出版会，2013年）

杉浦　功一（すぎうら　こういち）　　　　　　　　　　　　　　　　　　　　　第7章
①文教大学国際学部教授
②『国際連合と民主化——民主的世界秩序をめぐって』（法律文化社，2004年）
　『民主化支援——21世紀の国際関係とデモクラシーの交差』（法律文化社，2010年）
　『変化する世界をどうとらえるか——国際関係論で読み解く』（日本経済評論社，2021年）

鈴木　規子（すずき　のりこ）　　　　　　　　　　　　　　　　　　　　　　　第8章
①早稲田大学社会科学総合学術院教授
②『EU市民権と市民意識の動態』（慶應義塾大学出版会，2007年）
　「フランスにおける市民的統合と移民の動向——ポルトガル系移民の政治的・経済的統合に関する事例」（『三田社会学』（21），2016年）
　『ヨーロッパにおける移民第二世代の学校適応——スーパー・ダイバーシティへの教育人類学的アプローチ』（共著，明石書店，2017年）

Horitsu Bunka Sha

対立軸でみる公共政策入門〔第2版〕

2019年10月20日　初　版第1刷発行
2025年5月1日　第2版第1刷発行

編　者　松田憲忠・三田妃路佳
　　　　まつだのりただ　みたひろか

発行者　畑　　光

発行所　株式会社　法律文化社
　　　　〒603-8053 京都市北区上賀茂岩ヶ垣内町71
　　　　電話 075(791)7131　FAX 075(721)8400
　　　　customer.h@hou-bun.co.jp
　　　　https://www.hou-bun.com/

印刷：㈱冨山房インターナショナル／製本：㈱吉田三誠堂製本所
装幀：仁井谷伴子

ISBN 978-4-589-04412-9
Ⓒ2025　N. Matsuda, H. Mita　Printed in Japan

乱丁など不良本がありましたら、ご連絡下さい。送料小社負担にてお取り替えいたします。
本書についてのご意見・ご感想は、小社ウェブサイト、トップページの「読者カード」にてお聞かせ下さい。

JCOPY　〈出版者著作権管理機構　委託出版物〉

本書の無断複写は著作権法上での例外を除き禁じられています。複写される場合は、そのつど事前に、出版者著作権管理機構（電話 03-5244-5088、FAX 03-5244-5089、e-mail: info@jcopy.or.jp）の許諾を得て下さい。

石井まこと・所 道彦・垣田裕介編著 〈Basic Study Books〉 **社 会 政 策 入 門** ―これからの生活・労働・福祉― Ａ５判・238頁・2860円	従来の教科書にはない学生（読者）目線で，社会を生きていく上で重要な知識や考え方を身につけられるように，ライフステージ別で起きる生活・労働・福祉の問題を事例を踏まえて，現行制度の使い方，問題点，新しい制度の作り方などを理解できるように工夫した。
原田 久著 **行　　政　　学**〔第２版〕 Ａ５判・194頁・2420円	制度・管理・政策の次元から行政現象をとらえたコンパクトな入門書。「どうなっているか？」「なぜそうなのか？」という問いを中心に各章を構成。身近な事例と豊富な図表から現代日本の行政をつかむ。政治状況の変化を踏まえて事例をアップデート。
村上 弘著 **日本政治ガイドブック**〔全訂第３版〕 ―教養の政治学― Ａ５判・254頁・2640円	第Ⅰ部「政治学入門」を設け，基礎用語や基本的な理論体系が学べる。第Ⅱ部以降日本政治についての幅広い基礎知識に加えて，現代日本で問われる，民主主義，ポピュリズム，選挙分析，憲法改正にそれぞれ１章を設ける。新版以降の政治情勢を踏まえて全面改訂。
上田道明編 **いまから始める地方自治**〔改訂版〕 Ａ５判・226頁・2750円	町内会から地方財政まで，地域を幅広い視点で捉えた入門テキスト。初版以降の動き，自治体DX等を盛り込み，自治体の可能性を考える。「まちづくりの担い手」「変わる地域社会」「地方自治の仕組み」の３部18章編成。
佐藤史郎・川名晋史・上野友也 齊藤孝祐・山口 航編 **日本外交の論点**〔新版〕 Ａ５判・290頁・2640円	日本外交における「すべきである／すべきでない」の対立を取り上げ，日本が直面している課題について，安全保障・国際協力・経済・文化などの要素を盛り込み，議論の材料を提供する。新たに宇宙政策の論点を収録。
坂本治也編 **市　民　社　会　論** ―理論と実証の最前線― Ａ５判・350頁・3520円	市民社会の実態と機能を体系的に学ぶ概説入門書。第一線の研究者たちが各章で①分析視角の重要性，②理論・学説の展開，③日本の現状，④今後の課題の４点をふまえて執筆。〔第16回日本NPO学会林雄二郎賞受賞〕

―法律文化社―

表示価格は消費税10％を含んだ価格です